350万円で自分の家をつくる

［改訂カラー版］

畠山サトル イラスト・文

X-Knowledge

これが僕の家です

ほどよい広さの小さな家

撮影／大槻夏路

家のなかを風が通り抜ける

開け放せば、リビングは庭

リビング。右が寝室空間

ものを持たずにシンプルに暮らす

鉄板でつくったローボード

こうすると「作品」に見えるでしょ

使いやすいI型キッチン

開け閉めして空間を仕切る

障子や間仕切りも自作

壁に埋め込んだ収納

寝室からキッチンを見る

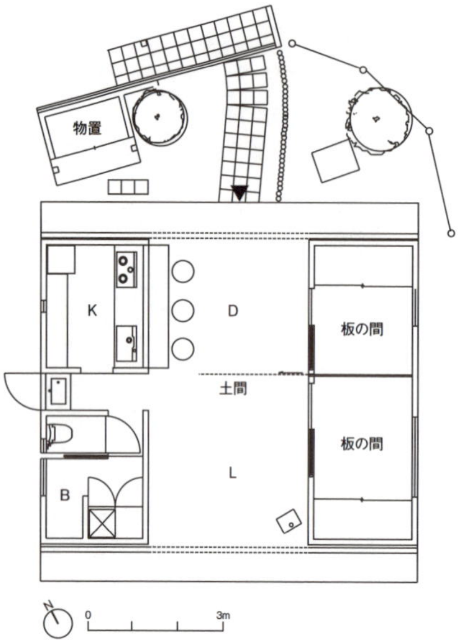

敷地面積／389.18㎡
建築面積／52.17㎡
延床面積／52.17㎡
構造／木造平屋建て
設計施工／畠山サトル（デザイン和俱）

この作品は「住まいの環境デザイン・アワード2012」で住空間デザイン最優秀賞を受賞しました。

これが僕の家です。約15坪の小さな家です。敷地は130坪ほどですが、周囲は森や畑に囲まれ、北には海が見える自然たっぷりの環境に建っています。

家族はパートナーのMさんと豆柴犬のハルコ。ふだんMさんは働きに出かけ、僕は寝室のコーナーを利用したデスクを仕事場にして建築関係の仕事をしています。庭では野菜を育てています。朝起きて食事を済ませたら、僕はハルコと散歩に出かけます。大抵は竿を持って海まで出かけ、船で沖に出て魚を釣ります。たくさん釣れたときは、散歩帰りにご近所さんの畑で穫れたものと物々交換したりします。週末には友人が訪ねてくることもあり、お酒を飲みながら話をしたりして過ごします。

建築関係の仕事をするなら、もっと大きな街に住むほうが繁盛するのにと思うかもしれません。でも、だいたいのところはインターネットを使ってやりとりできますし、必要があればバイクでトコトコ出かければいい（僕は車を持っていません）。このスタンスが僕には合っています。

僕の家に来た人は、この家をセルフビルドでつくったというと驚きます。工期は冬から夏にかけての約６カ月。費用は約350万円というと、もっと驚きます。家はそんなに安くて簡単にできるものではない、と誰もが思っているようです。

たまたま僕は建築関係の仕事をしていますが、だからといって軽々とつくれるものではありません。特別に器用でも体力があるわけでもない僕にとって、その６カ月は決して楽な道ではなく、つらいこともたくさんありました。しかし、でき上がったときには、身体のなかからじんわりと達成感というか満足感がこみ上げてきました。つくり上げれば、自分自身に自信が持てたし、これから先に明るい光が見えたような気がしました。

セルフビルドについてあれこれ考えてきたことから話を始めます。

僕がセルフビルドした理由

ずっと賃貸住宅に住み続けますか？

生きていくなかで「住まい」をどうするのかは大きな問題です。お金持ちや高額所得者は住まいに関する苦労は少ないでしょうが、僕らのような不安定な商売や低額所得者は、ローンを組んでまでして家を建てられないので、賃貸住宅に住もうと考えます。

でも、考えてみましょう。僕らはせっせと働き毎月家賃を払います。賃貸住宅に50年住み続ければ、仮に1カ月6万円の家賃だとしても3,600万円にもなります。一刻も早く、この状態から抜け出して家賃を払わなくてよい生活を築きたいと、僕は思うのです。

ローンを組んで住宅を買いますか？

一般的に住宅を購入するときには、多額のローンを組むようになっています。ローンは借金ですから条件によって異なりますが、たとえば2,000万円を35年ローンで借りると、返済の利息によって3,000万円も返さなければなりません。1,000万円は銀行の儲け。この場合、なんとローンで払う金額の1/3は利息なのです。低額所得者はローンを借りると、地獄に足を突っ込むようなものです。だから高額なローンを組まずに、家を建てようと思います。

工事費用の半分以上が人件費

では、家を建てるときにかかる費用の内容をチェックしてみましょう（図1）。内訳をみると、総額の約1/3がコンクリートや木材などの建材や給排水や電気、水まわり設備機器などの「材料費」になります。そして、残りの半分が「人件費」となり、あとの残りが設計料や監理料など設計者や施工者の取り分になります。それ以外にローンの利息や保険料などが加わります。

材料費は、若干のコストダウンはできても削れないお金です。しかし、人件費や工務店などに払うお金はなんとか減らせそうです。

「見えない所得を稼ぎ出す」という考え方

僕は、材料費以外の人件費や業者の取り分に当たる分を自分でやれば（つまりセルフビルドにすれば）、自動車を買うくらいのお金で家が建てられると考えました。

もし、僕の家を工務店に頼んだら、1,000～1,100万円かそれ以上になると思います。この1/3の約350万円が材料費で、約650万円が人件費と諸経費です。また、工事費に土地代を加えると当然、ローンを組むことになり、それに対する手数料や保険料、登記料、利息などを加えると、総額で1,300万円（土地代を含まず）近くかかってしまいます。約950万円が人件費や諸経費になります。

僕は、この金額をセルフビルドによって「稼ぎ出す」と考えます。現実的に手元にお金は入りませんが、「見えない所得」になります。

家を建てるのに1年かかって「950万円を稼ぎ出した」とすると、2〜3年かかったときは年間当たりの「見えない所得」は減ることになります。だから、施工期間は短いほうがいいのです。

しかも、この950万円の見えない所得には税金はかかりませんし、手取り金額と考えれば、その分多く稼いでいることになります。

家はプロにしか建てられないのでしょうか？

建築はプロの領域で、工務店や建築家に頼まないといけないもの、と多くの人は思っています。しかし、それぞれの工程をよく調べてみると、プロしかできない仕事はそれほど多くないと気がつきます。ある程度の道具があれば、素人がやっても技術的にこなせる作業は少なくありません。たとえば断熱材充填の施工方法などはネットで簡単に検索できますし、材料を安く手に入れるためにネットで調べるのは、今や初歩的な作業です。

現代は、ほんとうにセルフビルドで家を建てやすい時代です。巨大な経済社会の恩恵を最大限利用してつくれるのです。素人はきれいにできなかったりしますが、自分が建てたことで誇りと愛着を持つことができます。

図1　僕の家を工務店に任せたときの総工費内訳(予想)

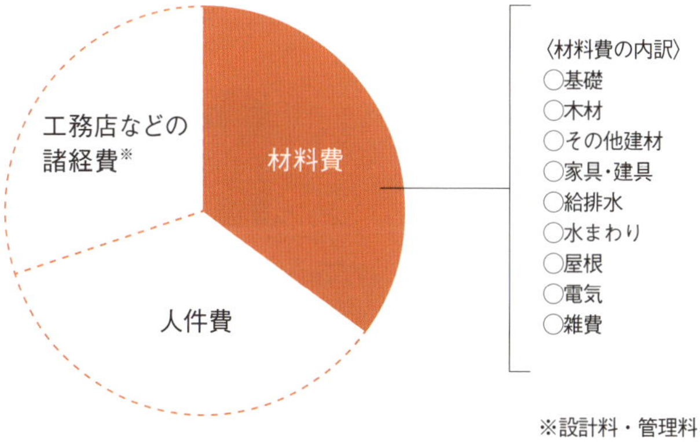

※設計料・管理料など設計施工側の取り分

経済的な面から見たセルフビルド

究極のセルフビルドを追求していくと、コストは限りなく0円に近くなります。たとえば、自分の土地に木を植えて育てて構造材にすれば、材料費は0円。しかし、現実的に考えれば木の成長と人間の寿命は合いませんから、家を建てる材料が揃ったのに、人間にはお迎えが来てしまうということもあります。まだ完成にはほど遠いのに、すでに補修しなければいけないところも出てきてしまいます。

結局は時間をかければコストは下がっていき、コストをかければ時間がかからなくなります。この2つの関係を調整しながらつくり上げるのが、合理的な家づくりです。すべてがコストにつながっています（図2）。

◯ 6カ月でつくる経済性

何年も何十年もかけてセルフビルドする人もいますが、その間の家賃や生活費を心配しなくていい幸せな人でしょう。しかし、僕のように何年もかけて家を建てるほど暇じゃない人は、少なからずいると思います。現実的な問題として、多くの人はつくっている間の仕事や生活費をどうするのか、子どもの学校は…とたくさんの問題を抱えているのです。

経済的な面から考えても、僕は一刻も早く建てたいと思います。チャンスが来たら、6カ月で一気に建てられるように計画します。そして6カ月は、これまでの人生になかったくらい必死に働きます。この間は家を建てることが仕事なのです。苦しいけど、たったの6カ月と思えばがんばれます。だから、リストラや退職という人生のピンチをポジティブ

図2 家づくりの時間とコストの関係

家づくりにかける時間とコストは反比例するという概念図

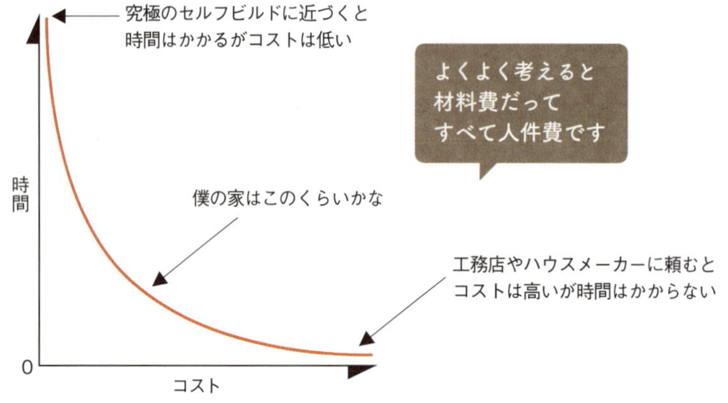

に変換する最大のチャンスなのです。

ただし、ここで注意しておかなければいけないのは、そのための準備です。会社を退職したその次の日から基礎工事に取りかかれるくらいに、用意周到に作戦を練っておきましょう。家の計画はたった今からもできます。それは、何年後かの「6カ月」に向けてのステップです。

◯「1人でつくる」を基本に

人件費や諸経費を大幅にカットするために、自分1人で全部行うことを貫きましょう。家を建てることのすべてを1人でできるわけではありませんが、友だちを当てにするのは基本的にやめます。職人的な技が必要なところ、作業的に手が必要なところはありますが、現代にはそれらをサポートするいろいろな方法があります。

木材の切り出しや仕口をつくるのは、プレカット工場に頼みます。特殊な加工は高くつきますが、ベーシックな寸法と加工であれば、コスト的にかなり抑えることができます。

素人が使ってもプロ並みの仕事をしてくれる道具や材料も充実しています。わからないことを簡単に調べられるネットも発達しています。それらを駆使して「1人でつくる」を貫きましょう。人件費は最小限になるはずです。

最初は苦労しますが、完成近くなると段取りがよくなり、技術的にも上達しているというオマケがつきます。

◯ なにより「シンプル」を大切に

素人が6カ月でつくるわけですから、夢ばかり見てはいられません。家のデザイン、材料の選択、作業の手順などのすべてに対して「シンプル」を心がけましょう。

これは家だけでなく、暮らし方や生き方も含めての話です。こだわるところに多少お金がかかっても、カットできるところは徹底的に削り、シンプルに考え、シンプルにつくる。それがコストダウンにつながります。

サトルのひとりごと

これからのセルフビルドは普及型

これまでのセルフビルドは、少々風変わりな人が長い時間をかけて、自分の隠れ家をストイックにつくり上げるというイメージがありました。完成した家にはその人の個性が表れていて、胸を打つような仕上げがなされている。あくまでも趣味の領域で、常に個に向かって発信されている感じでした。

でも、現代の住宅の標準的なものが自分でもつくれるとわかったら、その見方は変わると思います。僕のセルフビルドは「普及型」だと思っています。趣味の世界ではなく、ごく普通の人が行える家づくり。ほんとうに必要なものを見極めて、自分らしくシンプルに暮らしていこうと考える人のための家づくりです。

Index 1つずつこなしていけば、6カ月後にはわが家が完成します

サトルのひとりごと

これからのセルフビルドは普及型

2階建てと平屋、どちらが安い？

家族の変化には、そのときどきで対応

出まわりにくい安い土地

料理をつくる気分で家をつくろう

地鎮祭もセルフビルド

3軒建てないと満足する家にならない？

思うようには動きません

写真／大槻夏路（カバー、表紙、P2～8及び★）
酒井さとこ（◆）、大須賀順（♠）
畠山サトル（上記以外すべて）
イラスト／畠山サトル
デザイン／米倉英弘＋成冨チトセ（細山田デザイン事務所）

1ヶ月目

すべての大元は
ここにある

2ヶ月目

きついのは3カ月まで。
ここが踏んばりどころ

サトルの
ひとりごと

寸法の測り間違いなんて日常茶飯事
確認、確認、また確認
侮ることなかれ
くれぐれも型枠は強固に
う◯こが流れないのではないかと心配
アンカーボルトの入れ忘れ
工事はすんなりとは進めません
「ファイトー、イッパーツ」
たくさんの友人に手伝ってもらうと はかどるか？
3カ月はひたすらがんばります

3ヶ月目

4ヶ月目

コツコツと、
ただひたすら作業を続ける

サトルの
ひとりごと

5ヶ月目

だんだん家らしくなり、
楽しくなる

サトルの
ひとりごと

ものを持たないで暮らす
ちょっとだけ主夫の薦め
訂正印ばかりの書類
なんだかなつかしい、この思い
住んでみると広い！

6ヶ月目

完成するけど完成しない。
これからも
ずっと続いていく

〔付録〕

この本の使い方

この本は、僕がセルフビルドで家を建てたときの記録をベースに書いています。施工についてはほとんど素人で、特別器用でもない僕がほとんど1人で行った家づくりです。工務店のようにいくつもの工事を同時並行的に行う施工手順とは少し違っていますが、01番から順番にこなしていけば、1人でも家は完成できるようになっています。

これは、これまで住宅の現場で仕事をしてきた僕が、セルフビルドに適した最善の方法だろうと判断したやり方です。しかし、それが正解というわけではありません。人それぞれの見解や方法があっていいと思います。この本では大きな流れを知り、そこでどのようなことをしなければならないのか、どんな失敗を起こしやすいのか、を知ってもらいたいのです。そのうえで自分で考えた自分なりのやり方を見つけてもらえたら、うれしいです。

世の中には調べたり聞いたりすればわかることがたくさんあります。悩んで勉強して工夫して、それでも迷ったときに、この本を開いてください。たぶん「あぁ、なんだ。こんなんでいいやん」と思い、少し気が楽になると思います。

工事にかかる前に

確認申請が下りるまでに、
これだけはやっておこう

01 家の計画

図1 水まわりの寸法

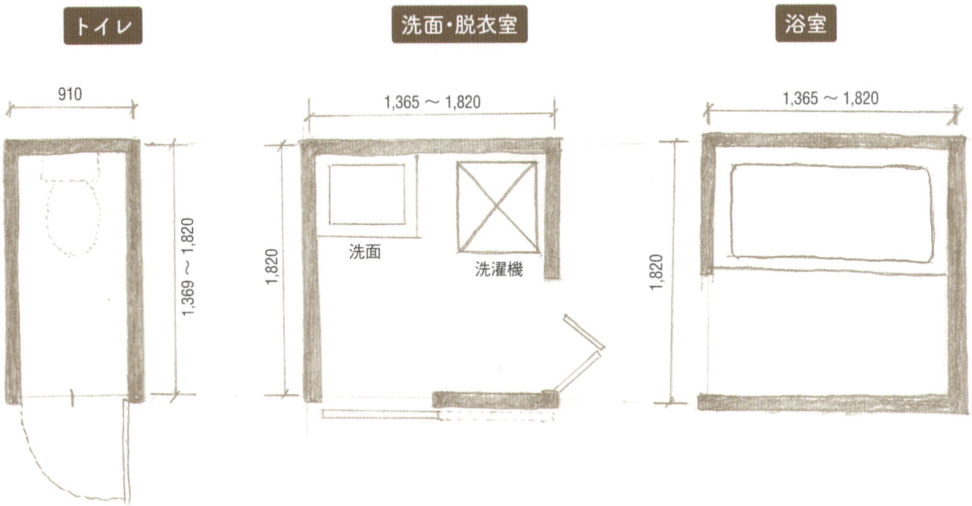

たった今からイメージづくり

一般的には土地が見つかってから家の計画を始めますが、セルフビルドでは家のイメージを固めてから、それに合う土地を探したほうがいいと思います。

僕が自分の家をイメージし始めたのは、10代後半くらいからです。なんとなく家を思い浮かべ、間取り図などを描いていました。それを現実のものにしようとするとわからないことが多かったので、建築を勉強しようと思ったのです。

セルフビルドをスムーズに進めるには、こうしたイメージづくりをたくさん行うことです。

●身のまわりの寸法を測り具体化

何枚も間取り図を描いていると、寸法が気になってきます。そのときに住んでいる家の寸法を測ったり、気になる家の間取りを寸法通りに描き写してみたりして現実のスケール感を身につけましょう。

> Point
> 自分が
> 使いやすいと感じる
> 寸法を確かめましょう

> Point
> いろいろな住宅の
> 平面図もチェック

●水まわりの寸法を入れてみる

そのときに手掛かりになるのが、キッチンやトイレなどの水まわりの大きさです。家の機能として絶対削れない場所ですし、大きな家でも小さな家でもこれらの大きさはさほど変わりません。そこを押さえたうえで、自分がほしい要素や広さを検討します（図１）。

●何を選んで、何を捨てるか？

あれもほしい、これもほしいといっていると、家はやたら大きくなり収拾がつかなくなります。家は大きければいいのではなく、自分の住み方に合っていれば小さくてもいいのです。ましてセルフビルドですから、

> Point
> 割り切りは
> 成功の秘訣

家の計画は、思い立ったときから始めましょう。
イメージした間取りを現実的にして、自分でつくることに注意しながら、
どんな構法でつくるかを検討していきます。

図2 家の形と外壁面積

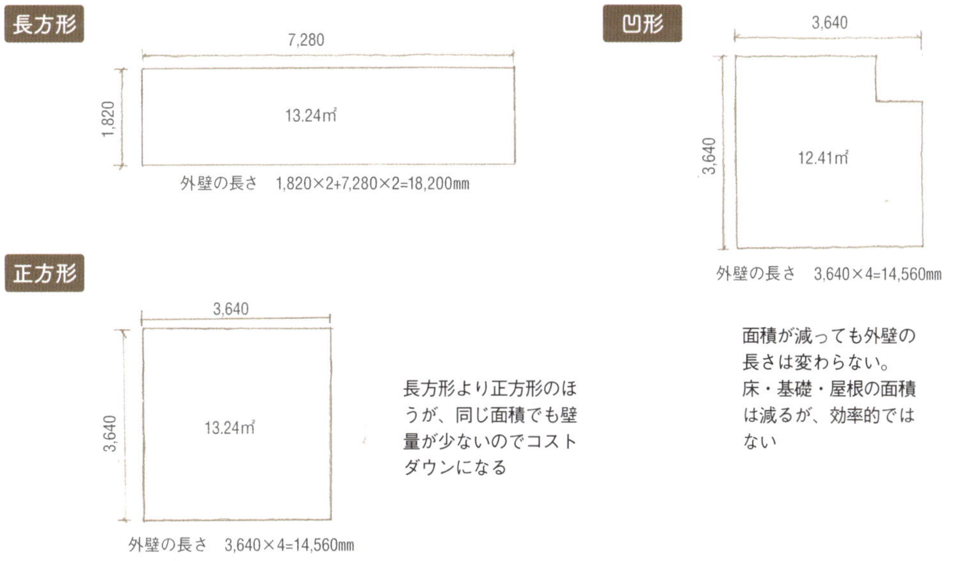

建てやすいのは小さい家です。そのために、自分の生活にないと困るものと、なくてもいいものを見極めておきましょう。

セルフビルドでつくるときの3つのポイント

家を計画するときに、セルフビルドならではの注意点があります。

●予算を抑える

家の規模を小さくすると、使う材料や作業量が減るのでコストが下がります。そしてグレードの高い設備や特注の材料などはやめます。仕上げ材などは種類を多くせず、入手しやすいものを選びます。価格比重の高い建具の数も減らしましょう。開口をいくつもとるのではなく1つの大きな開口にするなど、コストを抑える工夫が必要です。

●施工期間を短くする

セルフビルドで短期間につくるとなると、構造やつくりの詳細をできるだけ単純化しなければなりません。作業の種類もできるだけ少なくします。

僕は作業を単純化して、間違いが起こるリスクを減らすために、できるだけ小さな四角い家にしました。長方形よりも正方形に近いほうが、同じ面積でも外壁面が小さくなるので、コストが下がります(図2)。

●機能的にする

経済性・施工性を重視するあまりに、使い勝手が悪く不快感があるようでは困ります。特にキッチン・トイレ・洗面・脱衣室・浴室は、自分が納得できる快適設備と間取りを考えましょう。単に経済性・施工性だけを考えるなら、テントで十分なのです。僕は快適でなければ我が家といえないと思います。

図3 構法のいろいろ

木造在来軸組構法

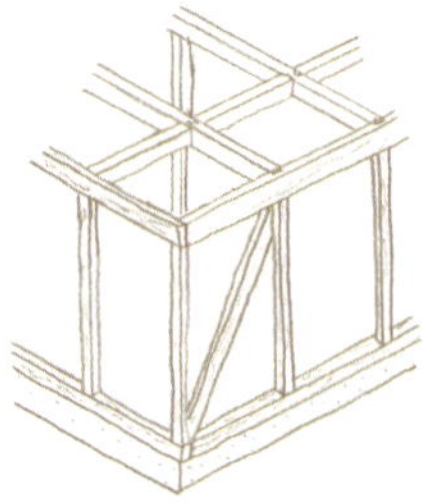

柱と梁、筋かいで家をつくる

2×4工法

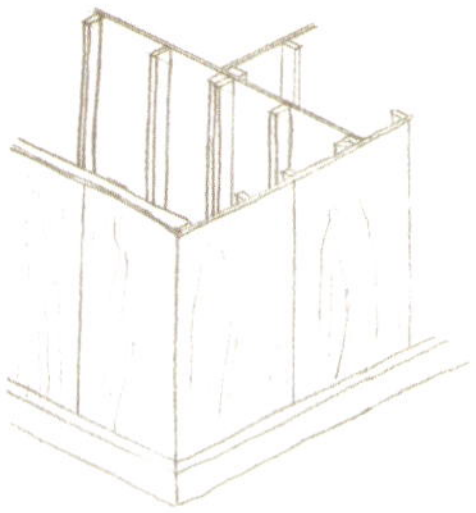

厚さ2インチ（38㎜）×幅4インチ（89㎜）の材と合板で家をつくる

ログハウス

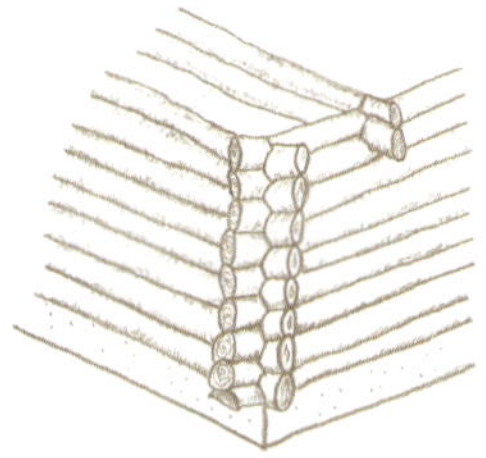

丸太で家をつくる

図4 スパン表に従って計画する

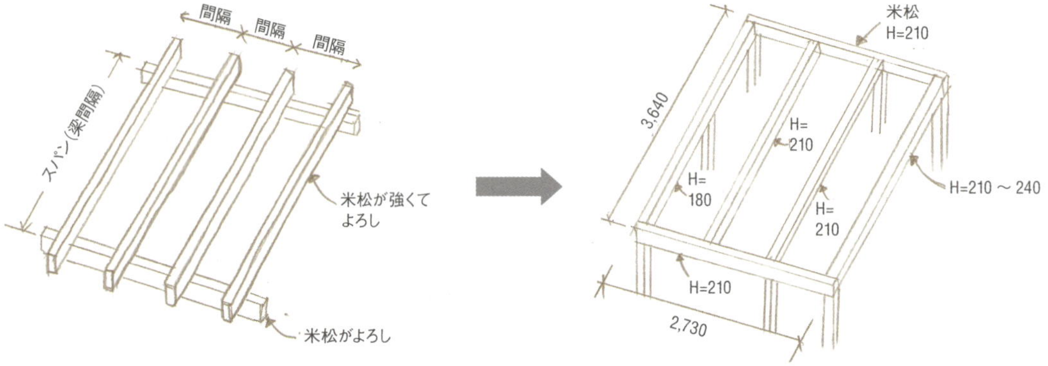

木造住宅梁材スパン表（材幅105㎜） 単位㎜

間隔＼スパン	900	1,800	2,700
1,800	105〜120	135	150〜180
2,700	150〜180	210	240
3,600	210〜240	270	300〜330

このスパン表は構造の基本的な考え方を示しています。3.64mのスパンごとに柱が必要というもので、4.55m以上のスパンになると、きちんと構造計算をしなければなりません。まずは、最大3.64mごとに柱があるように間取りを考えていきましょう。図はスパン表を元に計画した例です

セルフビルドに合った構造

ここで構造を何にするか決めます。僕は、素人でも簡単に早く家を建てるには、どのようなつくり方をすればいいのか、ということばかり考えていました（図3）。

●ログハウス（丸太組構法）

セルフビルドにはログハウスのイメージがありますが、実際にログ（丸太）を加工するのは難しい作業ですし、組み立てるときに長期間、重機が必要です。最近ではマシンカットされたログハウスのキットが販売されていますが、間取りの自由度もなく、けっこう値段も高くなります。

●２×４工法（木造枠組壁工法）

２×４工法は、かつては技術のない人でも簡単につくれるといわれていたようですが、調べてみるとあまり情報がありません。２インチ×４インチの材と合板で床・壁・天井のパネルをつくり一斉に組み上げるというつくり方なので、屋根がかかるまで時間がかかり、床下に水がたまってしまうこともあります。１人でセルフビルドするには施工が難しいと判断しました。

●木造在来軸組構法

そこで、日本で昔から行われている木造在来軸組構法を検討しました。最初は木の加工に技術が必要でうま

図5 屋根の形

サトルのひとりごと

2階建てと平屋、どちらが安い？

2階建ての家と平屋の家ではどちらがコストをやすくできるのでしょうか？ 僕はあまり変わらないのではないかと思います。

平屋は、基礎工事、屋根工事の費用は2階建てに比べて割高になりますが、階段室は必要なく、大体2坪分くらい小さくできます。足場の費用も平屋はかかりません。構造が違うので、筋かいの量とそれに伴う金物は少なく、構造断面も小さくてすみます。そして2階の外壁張りや材料の上げ下ろしも必要ないので、平屋のほうがはるかに作業性はよいといえます。両方考え合わせると、コストはあまり変わらないでしょう。

もし、田舎で比較的広い土地が手に入ったならば、僕は平屋をおすすめします。シンプルに暮らそうと思うなら平屋、絶対平屋です。

くいくかどうか心配でしたが、調べてみると、プレカット工場で木の加工ができるとわかり、これなら特別の技術がなくてもできると判断しました。木造在来軸組構法は、梁・柱・筋かいを用いた昔ながらの構法ですから、一番情報量も多く応用が利きます。この構法が一番建てやすいと思いました（図4）。

屋根の形

屋根の形状で、コストや施工性がどう違うかを考えてみました。コスト的には単純な形状のものほど安く、同じ勾配で同じ面積の場合は、切妻→片流れ→寄棟の順に高価になります。

図5は屋根の形です。セルフビルドでは切妻か片流れをおすすめします。寄棟は樋工事の量も多く、建前で手間がかかります。僕の家は片流れの屋根ですが、これは屋根工事を業者に委託するので、少しでも屋根を単純化してコストを下げようとした結果です。棟の板金工事が少しでも減るように考えましたが、片流れだと外壁面の面積が増えるので、結局は切妻と同じくらいの金額になりました。ときには「安さ」では決めません。意匠的な好き嫌いで決めることがあってもいいと思います。

図6 僕の家の間取り

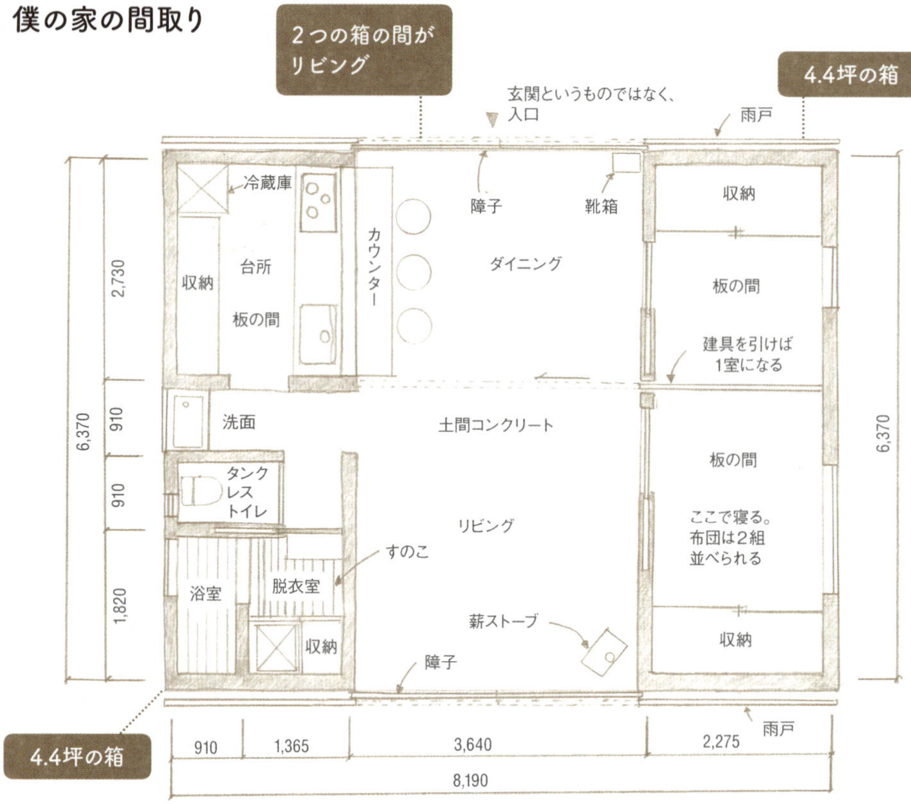

僕の家の計画

　僕の場合は、身の丈に合った機能的な家をお金をかけずにつくることが目的でした。しかも僕は大工の技術もなく器用でもありませんから、施工は簡単でできるだけ早く建てられること。大きな家は自分の首を絞めるだけなので、小さな家にすること。これらをベースに考えました。

●シンプルなつくり

平面図（図6）を見るとわかるように、僕の家は4.4坪（14.5㎡、約9畳）ほどの広さの2つの箱（水まわりの箱と寝室の箱）を並べて置き、その上に屋根を載せただけのシンプルなつくりです。2つの箱の間がリビングで、室内なのか屋外なのか区別のつかないあいまいな空間になっています。雨風をしのぐための建具を閉めるとしっかり囲われた空間、開ければ庭の一部。そんな変化が楽しめます。

●豊かに暮らすためにやめたこと

15坪の小さな家にのびのびと住むために、思い切って削ったところがあります。

・玄関をやめました。靴を脱いだら、そこはダイニング。仰々しい玄関はありません。

・浴室はシャワーだけ。ふだんからシャワーしか浴びないので、僕たちにとっては特別なことではありません。湯舟に浸かりたいときは近くの温泉に行きます。

・寝室は布団を敷いて寝ます。ベッドを置いたら寝るだけの部屋ですが、これなら人も集まれますし、雑魚寝もできます。

・大きな家は動線が気になります。小さな平屋ならば、すべての物に手が届き、動きまわらずにすみます。「動線のない家」とでもいいましょうか。

●応用プラン

熟考してきた間取りの家が建つ土地を探しますが、ときには方角や土地の状態で、間取りがうまく納まらない土地もあります。そのときに対応できるように応用プラン（図7、図8）を紹介します。

　僕の家は田舎仕様なので開放的な間取りになりますが、隣家などが気になる場合は、まわりに木を植えたり囲いを付けたりして解決しましょう。

応用編

図7 西側に道路がある場合

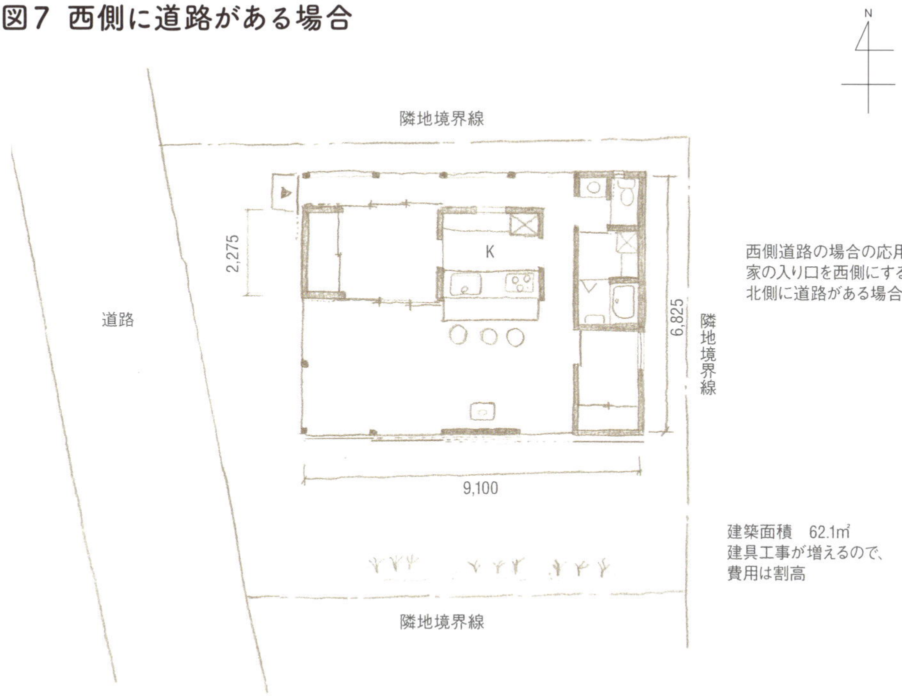

西側道路の場合の応用編。
家の入り口を西側にする。
北側に道路がある場合も使える

建築面積 62.1㎡
建具工事が増えるので、
費用は割高

応用編は箱の組み合わせを変えていけば、
いろいろな土地に対応できる

図8 3〜4人家族の場合

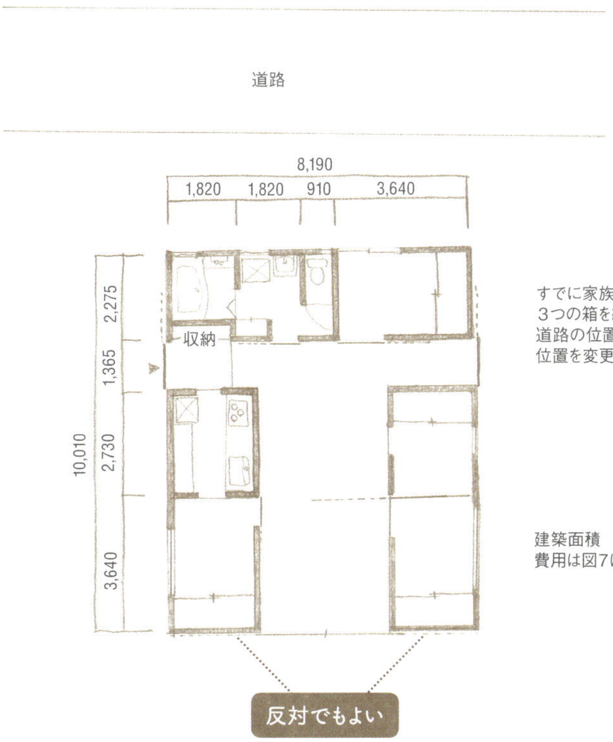

すでに家族がいる場合（4人くらい）の応用編。
3つの箱を組み合わせる。
道路の位置・方向によって、それぞれの箱の
位置を変更していけばよい

建築面積 81.98㎡
費用は図7に比べて割安

サトルのひとりごと

家族の変化には、そのときどきで対応

　家の大きさを決めるときに考慮するのは家族構成です。今は１人でも将来は２人になり、子どもができて3～４人になる。先のことを考えすぎると家は大きくなる一方で、まだ存在していない子どものために部屋を用意することになります。

　僕は、６畳や８畳の子ども部屋を確保するのをやめて、１人分の寝るスペースがあればいいと考えます。子どもは小学生くらいまでは親子一緒に寝ることも多いし、中学・高校の６年間は個室がほしいかもしれないけれど、大学となると家から通うかどうかもわからないのです。そうなると、たった６年間のために大きな家にする必要はないと思います。もし、ほんとうに必要になったら、親子で一緒につくればいいのです。

　せっかく建てるのだから一度に工事してしまおう、という考え方もありますが、その時間とコストはたいへんなものです。ほんとうに必要になったときにつくればいいんじゃないか。そのほうが自然のような気がします。「あってもなくてもいいものは、なくてもいいんだな」という相田みつをさんの言葉を思い出します。これは家をつくるときに役立つ言葉で、僕の家づくりの基本でもあります。

　リフォームの現場に行くと、たくさんの部屋が余っている家がよくあります。そんな現状を見ると、基本は夫婦２人の住まいをつくっておき、あとはそのときどきに応じてリフォームすればいいのではないかと思います。初めから大きなものをつくろうとすると、空まわりしてモチベーションも続かないし、管理もたいへんです。やはり最初は小さく建てるのがよろし。

02 土地を探す

僕は海の近くに住みます

僕は、将来、人口増加によって食料が不足するということを、脅迫観念的に信じています。食材価格が上昇して僕の手元には届かなくなると本気で思っています。だから、その危機に備え、海の近くに住み、魚を釣って食べる生活をしようと考えています。

自分で釣ったという充足感と新鮮な魚を手にする原始的な生活は、とても心強いと思うのです。そして家の庭では野菜をつくりますから、完全な自給自足とはいかなくても、市場社会から一歩引いたところで暮らしていけます。多くの人がコンビニの近くに住んで便利さを求めるように、僕は海に便利さを求めて、海の近くに住むのです。

さて、愛車のスーパーカブにまたがり、土地を探し始めます。「こんな眺めのいいところがいいな」「こんな静かで自然に囲まれたところもいいな」なんて思いながら、愛車で海岸線を走ります。そこに住む自分を想像するだけで心が弾みます。

Point

あせってはダメ。
あせると満足できる土地に出会えません。
時間の余裕を持って探しましょう

土地の価値を見極めるポイント

できるだけ安い土地のほうがいいとは思いますが、地盤が悪ければ改良しなければなりません。安直に価格だけで判断しないことです。土地そのものより、ライフラインの整備にかかる費用がかさむことはよくあります。

さらに考えておかなければいけないのは、通勤や子どものこと。会社や学校からあまりにも遠いと、将来にわたって費用がかかります。

次の点に注意して、土地の価値を判断しましょう。

●水の確保／敷地に水道メーターがあれば問題ありませんが、水道メーターがない場合は、敷地の前面道路に公共の給水管がきているかどうかチェックします。これは市区町村役所の上水道課に聞けば、すぐわかります。給水管を敷地まで配管し、メーターを設置する費用は実費払いです。

注意しなければならないのは、その地区の上水道分担金。前もって役所の上水道課に聞いておきましょう。高いところでは、工事費別で40万円も払わなければならないところもあります。

給水管がきていない土地では、地下水を汲み上げて使う方法があります。ポンプ込みで17～25万円くらいです。しかし、地下水がとれない土地もあるので、近所のお宅や近くの給排水設備会社に問い合わせてみましょう。

●排水／下水道がきていれば問題なし。これにも地区の分担金がある場合があるので、役所に問い合わせましょう。下水道がきていなければ、浄化槽を設置します。浄化槽は、市町村によって30～60万円くらいの補助金が出るので、これを利用するのも手です。また、浄化槽の排水場所を役所に聞いて確認します。排水場所がないと、設備にかなりの費用がかかります。

●電気／水と並んで工事に必要なのは電気です。近くに電柱や電線があれば、おおかた電気は引けます。管轄地区の電力会社に問い合わせましょう。

●ガス／都市ガスがなければLPガスに。これはどこにでも設置できます。暮らしのエネルギー全体で考えて、オール電化にするという手もあります。

Point

安い土地は、住めるようにするのに
多くの費用がかかることも。
不動産屋に任せきりにせず、
全体を考えて自分で動いて判断します

法務局で調べる

気になる土地があったら、その土地のことを調べに法務局に行きます。法務局というと苦手意識が働きますが、案外気楽なものです。わからないことばかりなので、受付で聞くと親切に教えてくれます。

法務局では、その土地の公図、地籍測量図（ない場合もある）、登記事項要約書をもらいます。公図で見て、道路と敷地の間に他人の土地がある場合は、建物が建たないことがあるので気をつけましょう。

図 建物が建てられる土地かどうか判断する初歩的な条件

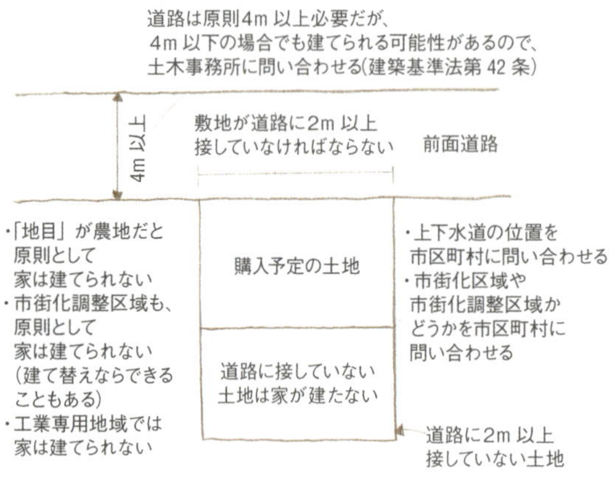
道路は原則4m以上必要だが、
4m以下の場合でも建てられる可能性があるので、
土木事務所に問い合わせる(建築基準法第42条)
4m以上
敷地が道路に2m以上
接していなければならない
前面道路
・「地目」が農地だと
原則として
家は建てられない
・市街化調整区域も、
原則として
家は建てられない
（建て替えならできる
こともある）
・工業専用地域では
家は建てられない
購入予定の土地
道路に接していない
土地は家が建たない
・上下水道の位置を
市区町村に問い合わせる
・市街化区域や
市街化調整区域か
どうかを市区町村に
問い合わせる
道路に2m以上
接していない土地

法律について

土地に関する法律は、専門家でないとわからないと思われています。しかし、素人であっても、管轄地域にある都道府県土木事務所の建築課で直接聞いてみるといいでしょう。土地の写真とその場所がわかる住宅地図、土地と建物の公図、および登記簿事項要約書を持って行き、次のことを聞きます。

●この土地に家は建てられるか？

●気をつけておかなければいけない法的規制はあるか？（たとえば砂防指定地域、急傾斜地崩壊危険域など）

●用途地域の種類、容積率・建ぺい率、防火地域／準防火地域／法22条地域か、などは？

わからない言葉が出てきますが、まずはわからないままメモをして、帰ったらネットで調べます。市街化調整地域など家が建ちにくい土地や「敷地は道路に2m以上接していないといけない」などの法規制があります。不明点は土木事務所で聞きましょう。自分で調べることで少しずつわかってきます。

土地を見つけた！

見つけた土地は、知り合いの不動産屋からたまたま教えてもらいました。ほんとうに偶然です。僕の土地は以下のような実状で、あちこちに確認しました。

●水道管が前面道路まできています。

→市役所の水道課に確認します。

●下水道なし。

→浄化槽を設置します。これも市役所の上下水道課に確認します。

●崖があり法的規制があります。

→崖から規定の距離をとって計画すれば擁壁などをせずに建てられそうです。近所の土木事務所の建築課に問い合わせ確認します。

●4m以上の道路に接しています。

→実際の道路幅を測り、建築基準法上の道路であるか、土木事務所に問い合せます。

●用地地域指定なし。建ぺい率60%、容積率200%。

→土木事務所の建築課に確認します。

●防火指定なし。

→土木事務所の建築課に確認。

●地目は雑種地。

→法務局の登記事項要約書に記載されていました。農業用地は土地の地目転用しなければならず、手続きが必要です。一般的に難しいでしょう。

●価格は目が飛び出るくらい安い。広さは300〜500㎡くらい。

ここまではすべて合格。高台なので海の眺めもよろしく、お隣さんとは100m以上離れていて、これも合格。欲をいうと海が少々遠いのが難点（でも、バイクで数分）ですが、総合的にこれまで探してきたうちで一番よかった。これに決めた、これに！

●砂防指定地区／大雨などで山の斜面の崩壊や渓流内の不安定な土砂が流出することで起こる土砂災害を防止するために、一定の制限を指定された土地。●急斜面地崩壊危険区域／傾斜が30度以上ある土地で、斜面の崩壊により住民の生命に危害の恐れのある区域。都道府県が指定。●用途地域／都市計画法の地域地区の1つで、建築物の用途の混在を防ぐことが目的。住居、商業、工業など市街地の大枠としての土地利用を定めている。●容積率／敷地面積に対する建築延べ面積(延べ床）の割合(建築基準法第52条)。●建ぺい率／敷地面積に対する建築面積（建坪）の割合。●防火地域・準防火地域／都市計画法に基づき、防火のために特に指定される地域。●がけ条例／崖のうえでは崖の下端から当該崖の高さの1.5倍、崖の下では崖の上端から当該崖の高さの2倍※に相当する距離以内の場所に、居室を有する建築物を建築してはならないという規定。
※都道府県により倍数の違いあり。

サトルのひとりごと

出まわりにくい安い土地

土地探しをしていて痛感したことがあります。不動産屋の土地広告のほとんどが1,000万円台で、たまに500万円台があるくらいです。僕は土地にお金はかけられないから、予算は300万円以内。安い土地がほしいといっても、不動産屋は800万円の物件を出してきます。恥ずかしながら「予算300万円」というと、先方のトーンがとたんに落ちます。できればほかの店で探してくれよ、といった感じになります。

その後、自分で土地探しをしてみて、どうして不動産屋が安い土地に手を出さないか、わかりました。不動産屋は仲介手数料で利益を上げます。手数料はその土地の値段で決まるから、値段が安ければ、利益は少ない。土地を探して下調べして、契約書をつくる。リスクをしょって仕事をするのは、高くても安くても同じ。それなら高い価格のほうを優先するのは当然。安い土地が敬遠されるわけです。

基本は自分自身で探すこと。田舎であればあるほど、知り合いに聞くほうがいいでしょう。不動産屋も知らない余った土地が、けっこうあります。

それでも僕は、しつこいくらいに不動産屋に通って、いろいろなことを教わり、仲よくなりました。いい土地だなと思ったのに、上下水道が本管から遠かったり、購入間際で土木事務所から「ここには家は建てられない」といわれたり。もうダメだ、と何度も思いました。

人生とは面白いもので、必死に探しまわっていたときには良い結果が得られず、もう見つからないとくじけそうになったときに、良い物件がひょっこり顔を出す。苦労したからこそ、この土地にたどり着いたのです。そう信じたいと思います。

03 地盤調査と土地の購入

僕が購入した土地。向こうには海が見えていい眺め

Point

地盤調査の前に
家の大きさと配置を決めておく。
ずれてしまうと、
きちんとした数値が出せません

悪い地盤だと、後がたいへん

土地が決まって心が弾めば弾むほど、なんだか不安になります。もしかして、あの土地は重大な問題があるのでは……と思ったりします。その不安を解消すべく、地盤調査を専門の業者にお願いします。

不動産屋に地盤調査を許可してもらい、地盤調査会社を紹介してもらいます。費用は約３万円。調査の機器や道具を買って自分でやることを考えたら断然安いのですが、痛い出費です。しかし、土地を購入してから地盤が悪いことがわかり、地盤改良に数十万円も必要なんてことになると、気分的にも予算的にもまいります。調査して問題が発覚し買うのをやめると、３万円は無駄になりますが、これは賭け。祈るばかりです。

地盤調査をする前に

地盤調査はスウェーデン式サウンディング試験（SWS試験）です。地面にロッドという槍のような棒を突き刺して、そこに重りを載せて回転させ、ロッドの沈み具合と回転数で地盤の強度を調べます。家が建つ場所の四隅と中央の５箇所で行います。

ということは、調査の前に家の大きさを決め、家の建つ場所がわかるようにしておく必要があります。つまり、地盤調査の前には家の計画ができていないといけないのです。

土地を購入する前に地盤調査をします。
家が建つ場所の地盤の強度を調べるので、それまでに家の計画ができているようにしましょう。

実測した敷地の図面 S=1：400

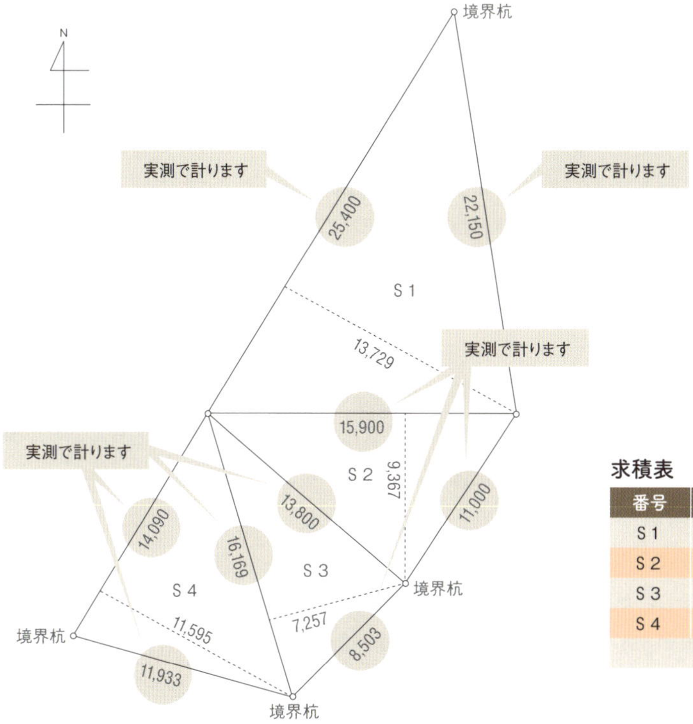

求積表 単位（m/㎡）

番号	底面	高さ	面積
S 1	25.400m	13.729m × 0.5	174.358㎡
S 2	15.900m	9.367m × 0.5	74.467㎡
S 3	16.169m	7.257m × 0.5	58.669㎡
S 4	14.090m	11.595m × 0.5	81.686㎡
面積合計			389.180㎡

結果は良好で土地を購入

調査結果は後日、書面で郵送されてきます。結果は、調査会社が心配になるくらい良好でした。調査のときに、あまりにも数値がいいので、念のため7～8箇所調べていたくらいです。調査会社はあまりに「良好」だと、かえって心配なのでしょう。

僕は胸をなでおろします。地盤改良の費用もいらず、これで購入決定。契約にこぎつけました。ちなみに購入時には、敷地境界線をしっかり決定しておきましょう。

購入後にまず行うこと

購入したら、まず確認申請書作成のために土地の測量をします。地籍測量図に信憑性があれば、それを元に敷地図面をつくれますが、僕の場合はそれがなかったので、測量しました。面積を測るには、敷地のなかで三角形をつくり、その三辺を測っていきます。それをCADに移し込んでいけば難しい計算もいらず、簡単に敷地の形や面積表をつくれます。

同時に地盤面の高さを測ります。自分の敷地、道路、近隣の敷地の高さを測り確認します。

これらは建築確認で必要になります。インターネットで「4号建築物の確認申請図書作成例」を検索し、参考にしてください。

●CAD／コンピュータを用いた製図システム。●4号建築物／建築基準法第6条に定められた1～3号の建築物に該当しないもので、都市計画区域等内にあり木造2階建てで延べ面積が500㎡以下の建築物など。確認申請は必要。

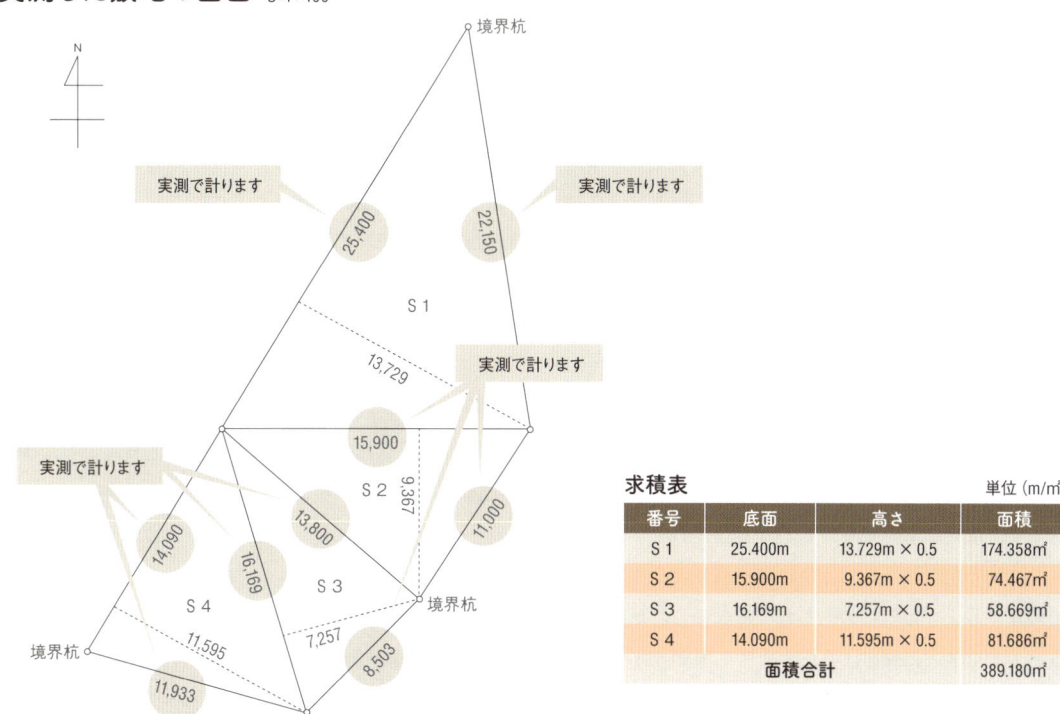

04 確認申請をする

木造2階建て100㎡以下の建築物は、資格がなくても申請できます。

確認申請とは、これから建てようとする建築物が法律に適合しているかどうか、役所に確認してもらう審査のことです。これを受けていないと法律違反になります。一般的には建築士の資格がないとできないと思われていますが、木造2階建て100㎡以下であれば資格がない人でも申請できます（※）。（資格がない人の場合、都市計画区域外では100㎡以下の木造建築物の確認申請は必要ありません（※）。ただし建築工事届は必要。）

確認申請は、セルフビルダーが最初につまずくところです。単純な単語からしてわからないので、たいへんな作業です。しかし、ここが踏んばりどころ。プロに頼んでしまうと、この先もわからないことが出てくると、すぐ他人に頼むようになってしまいます。だから、じっくり腰をすえて、わからない言葉を一つひとつ理解しながら進めていきましょう。これから始まる現場作業の理解や整理につながります。

ちなみに確認申請をプロに頼むと、10～20万円くらいかかります。それとは別に一番小さい建築物の場合でも、確認申請審査料18,000円、中間検査料23,000円、完了検査料23,000円（平成21年度の価格。地域によって異なる）かかりますから、ここでの出費は大きいのです。苦労しますが、次の作業の訓練だと思えば安いもの。だから簡単にプロに頼むことなかれ。

まず、図面を作成します

確認申請だけをプロに頼んだとしても、その元になる設計図面は自分で描かなければなりません。まずは自分で図面を作成しましょう。これを元に、申請書に従って進めていくことになります。

僕はコンピュータで無料ソフトのJW-CADを使って図面を描きました。もちろん、手描きの図面でも問題ありません。コツコツと作業を続けます。

細かな寸法がわからなくても

設計図面を描くうえで大きなハードルになるのは、建物に規定の強さがあるかどうかのチェックをする構造計算です。提出書類としては耐力壁の量と金物の取り付けを確認するくらいなので、この段階であまり難しく考えなくても大丈夫です。確認申請では木材の厚みや大きさの詳細を問われることは少ないので、木材の加工を頼むプレカットの時点（P44参照）で具体的に決めるといいと思います。プレカットを発注するときに相談すると、ほとんどの場合、きちんとした構造図面（梁の大きさなど）を起こしてくれます。

確認申請書の作成

家の計画図面ができたら、いよいよ確認申請書です。（財）建築行政情報センターの確認申請を検索し様式書類を、さらに「4号建築物の申請図面図書作成例」をダウンロードして参考にしながら作業を進めます。このくらいなら1日もあれば十分でき上がります。

Point

確認申請書に記されている言葉は、
一字一句大切です。
見落としがないように
一つひとつ確認しながら進めましょう

○確認申請で提出する主な図書

- 付近見取り図
- 配置図
- 各階平面図
- 床面求積図
- 2面以上の立面図
- 2面以上の断面図
- 地盤面算定表（僕の家はあきらかに高さ規制をクリアしているので省略）
- 室内仕上げ表

※ただし、条例など別の規制により資格や申請が必要になる場合もあるため、都道府県・市区町村役所に相談すること

建築物が法律に適合しているかどうかを確認してもらう審査です。
難しそうですが、申請書に従って1つずつ数字を求めていけば、スムーズに作成できます。

・筋かい計算見付け面積図と筋かい計算書
・採光・換気等計算書
・シックハウスにおける換気計算表
※詳細については建築基準法施行規則第１条の３の表参照

次ページからは、具体的な申請図書に従って説明していきますが、最初は構造計算です。木造住宅の構造計算では壁量計算、耐力壁のバランス、接合部の強度をチェックし、すべてクリアできれば建築基準法に適合していることになります。

図1　平面図　S=1：200

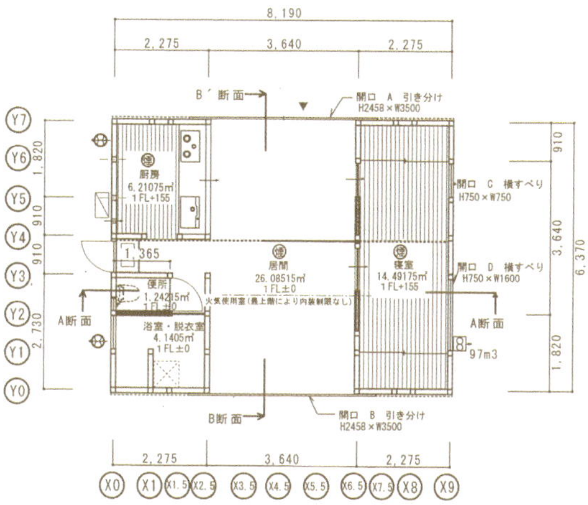

図2　東側立面図　S=1：200

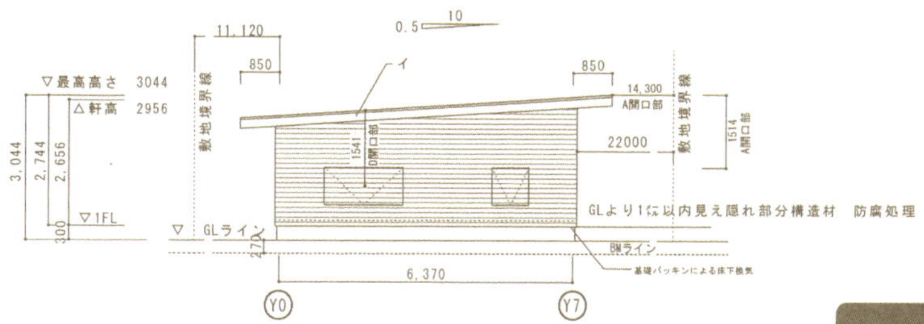

Point
居室の天井高さは
2,100mm以上必要

図3　断面図　S=1：200

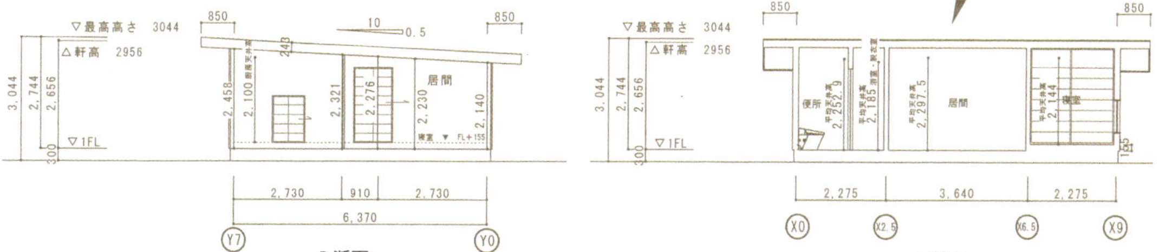

B断面　　A断面

必要壁量を算定

地震や台風に備えた建築基準法に定められている必要壁量を求めるものです。そのためには、地震力に対する必要壁量と風圧力に対する必要壁量を算定して、いずれか大きいほうの数値を採用します。基本となるのは床面積と見付け面積です。

❶地震力に対する必要壁量を求めるには、床面積を出します（図1）。

6.37×8.19＝52.17㎡

❷❶に係数（表2）を掛けて必要壁量を算定します。

52.17㎡×0.11m/㎡（係数）＝5.739m→表1 [1]

❸風圧力に対する必要壁量を求めるには、立面図から見付け面積を出します（図5）。見付け面積とは風を受ける建物の面積のことで、1階床から1.35mのところに線を引き、それより上の部分の垂直面積となります。

・東西方向の必要壁量に対する見付け面積は、南北方向の見付け面積を求めて東西方向の壁量を算出。

6.3㎡＋1.02㎡＋0.21㎡＋0.21㎡＝7.74㎡

・南北方向の必要壁量に対する見付け面積は、東西方向の見付け面積を求めて南北方向の壁量を算出。

11.42㎡＋0.55㎡＋0.55㎡＝12.52㎡

❹❸に係数（表2）を掛けて必要壁量を算定します。

・東西方向は、7.74㎡×0.5m/㎡＝3.87m→表1 [2]

・南北方向は、12.52㎡×0.5m/㎡＝6.26m→表1 [3]

❺地震力・風圧力に対して、値が大きいほうを選びます。

・東西方向では、地震力5.739m、風圧力3.87m

・南北方向では、地震力5.739m、風圧力6.26m

結果、東西方向では5.739m以上の耐力壁と、南北方向では6.26m以上の耐力壁が必要となります。

耐力壁を配置

耐力壁を配置します。耐力壁としては、木材筋かいを用いたものにします（図6）。

筋かいを取り付けた壁は通常の壁の何倍かの強度を持ちます。筋かいの大きさでその効果は違い、たとえば厚み30mm×幅90mmの木材筋かいでは1.5倍（たすき

図4 床面積

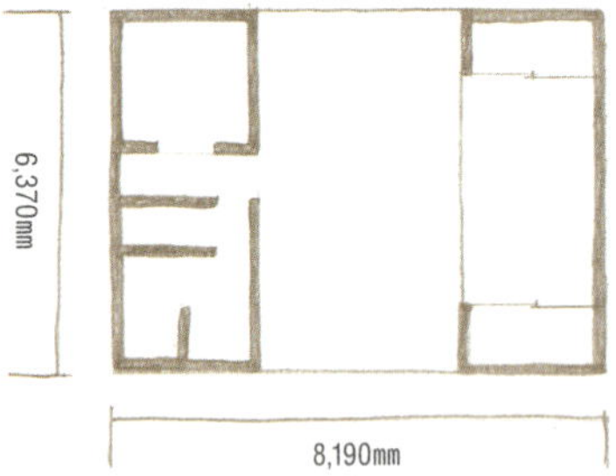

図5 筋かい計算見付け面積図

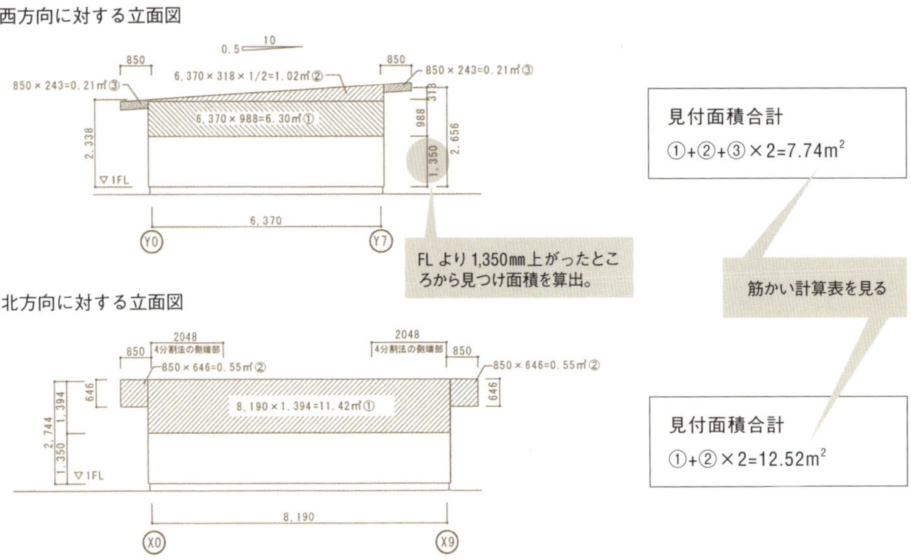

表1 建築基準法施行令第46条第4項に基づく筋かい計算表

	南北（下欄は東西方向の数値を記入）	東西（下欄は南北方向の数値を記入）
床面積による必要軸組長さ 小屋裏 Ah/2.1 床面積 52.17 ㎡x 0.11 = **1** 5.7387 屋根軽 0.11 m/㎡ 屋根重 m/㎡	東西方向見付面積による必要壁量 7.74 ㎡x 0.5 m/㎡= **2** 3.87 m 南側端必要壁量 1.593 mx 8.19 mx 0.11 m= 1.435 mx mx m= mx mx m= **7** 合計 1.435 北側端必要壁量 1.593 mx 8.19 mx 0.11 m= 1.435 mx mx m= mx mx m= **8** 合計 1.435	南北方向見付面積による必要壁量 12.52 ㎡x 0.5 m/㎡= **3** 6.26 m 東側端必要壁量 2.048 mx 6.37 mx 0.11 m= 1.435 mx mx m= mx mx m= **9** 合計 1.435 西側端必要壁量 2.048 mx 6.37 mx 0.11 m= 1.435 mx mx m= mx mx m= **10** 合計 1.435

二階建ての一階部分

壁、軸組の種類					東西方向の壁長		存在壁量 南側			存在壁量 北側			南北方向の壁長		存在壁量 東側			存在壁量 西側		
材種	厚さ	幅	軸組長	倍率	箇所	有効軸組長	箇所	有効軸組長	壁量充足率	箇所	有効軸組長	壁量充足率	箇所	有効軸組長	箇所	有効軸組長	壁量充足率	箇所	有効軸組長	壁量充足率
木材	3	9	0.91	1.5	8	10.92	4	5.46	**11**	4	5.46	**12**	12	16.38	4	5.46	**13**	4	5.46	**14**
襷がけ	3	9	0.91	3		0		0			0									
木材	4.5	9	0.91	2		0		0			0									
襷がけ	4.5	9	0.91	4		0		0			0									
木材 **4**	3	9	1.365	1.5	1	2.048		0	**15** 3.80		0	**16** 3.80					**17** 3.80			**18** 3.80
						0		0			0									
						0		0			0									
						0		0			0									
						5 0		0			0			**6**						
合計					Ok	12.97	ok	5.46		ok	5.46		ok	16.38	ok	5.46		ok	5.46	
判定							壁比率	1≧0·5 OK **19**							壁比率	1≧0.5 OK **20**				

表2 筋かい計算表の係数（建築基準法施行令第46条第4項）

地震に対する必要壁量を算出する場合に用いる係数

建築物の種類		階の床面積に乗ずる数値（単位：cm/㎡）					
		階数が1の建築物	階数が2の建築物の1階	階数が2の建築物の2階	階数が3の建築物の1階	階数が3の建築物の2階	階数が3の建築物の3階
(1)	土蔵造りの建築物その他これに類する壁の重量が特に大きい建築物及び(2)に掲げる建築物以外の建築物	15	33	21	50	39	24
(2)	(1)に掲げる建築物以外の建築物で、屋根を金属板、石板、木板その他これに類する軽い材料でふいたもの	11	29	15	46	34	18

※この表における階数の算定については、地階の部分の階数は、算入しないものとする。

風に対する必要壁量を算出する場合に用いる係数

区 分		見付面積に乗ずる数値（単位：cm/㎡）
(1)	特定行政庁がその地方における過去の風の記録を考慮してしばしば強い風が吹くと認めて規則で指定	50を超え、75以下の範囲内において特定行政庁がその地方における風の状況に応じて規則で定める数値
(2)	(1)に掲げる区域以外の区域	50

がけは3.0倍）、厚み45mm×幅90mmの木材筋かいでは2.0倍（たすきがけは4.0倍）という具合です。→表1 **4**

セルフビルドでは、木材筋かいで片側をおすすめします。たすきがけは金物などの取り付けが難しくなるときがあり、また、面材による耐力壁は、断熱材の施工のときに防湿欠損ができて内部結露が起きやすいと考えるからです。

僕の家の筋かいは、厚み30mm×90mmの木材筋かいにしました。その結果、以下のようになります。

図6 木材筋かいを用いた耐力壁

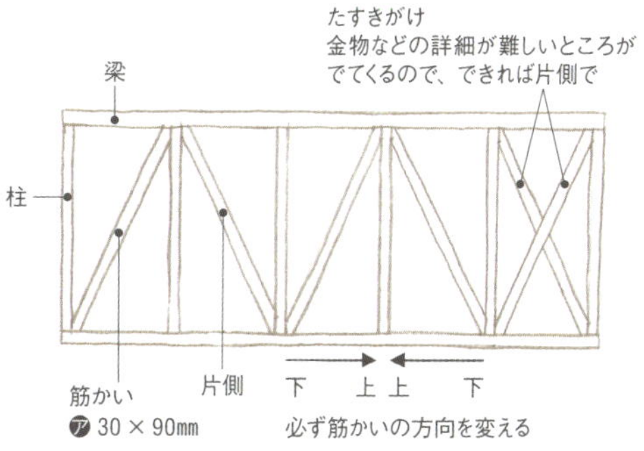
たすきがけ
金物などの詳細が難しいところがでてくるので、できれば片側で
梁
柱
筋かい
㋐ 30×90mm
片側
下 上 上 下
必ず筋かいの方向を変える

図7 僕の家の耐力壁の配置図

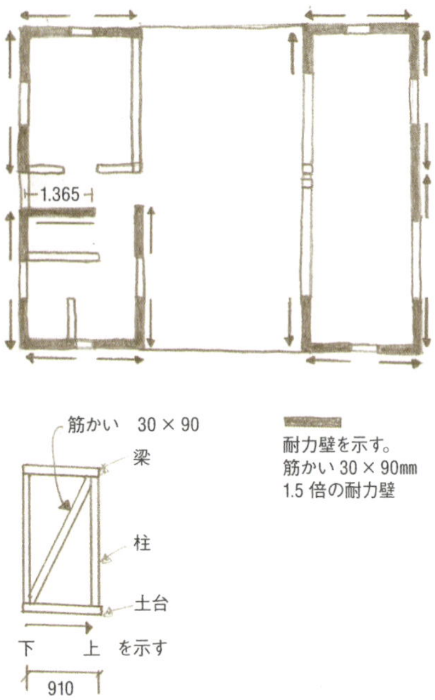

図8 4分割法による耐力壁の算定

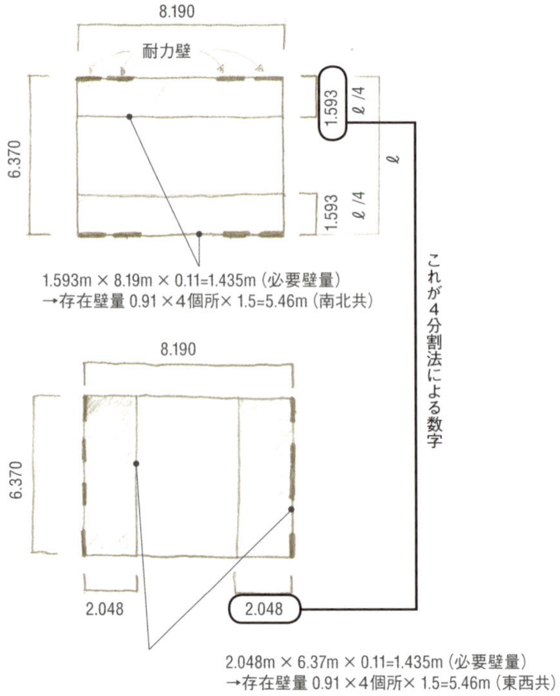

・東西方向の耐力壁は、

0.91m×8個所×1.5倍＝10.92m

1.365m×1個所×1.5倍＝2.048m

合計　12.97m→表1 5

・南北方向の耐力壁は、

0.91m×12個所×1.5倍＝16.38m→表1 6

ともに、東西方向の5.379m、南北方向の6.26m以上なので、強度はクリアします。

耐力壁のバランス

耐力壁をかたよって配置すると、耐力壁の本来の力が発揮できません。バランス良く配置されているかどうかを「4分割法」でチェックします。

❶僕の家の耐力壁は図7の通りです。この平面図を東西方向、南北方向に4分割します（図8）。

❷必要壁量を算定します。

・東西方向の耐力壁

南側　1.593m×8.19m×0.11（地震係数）＝1.435m→表1 7

北側　1.593m×8.19m×0.11（地震係数）＝1.435m→表1 8

・南北方向の耐力壁

東側　2.048m×6.37m×0.11（地震係数）＝1.435m→表1 9

西側　2.048m×6.37m×0.11（地震係数）＝1.435m→表1 10

❸計画で存在する耐力壁の量を算定します（図8）。

・南側の耐力壁は4個所

0.91m×4個所×1.5倍＝5.46m→表1 11

・北側の耐力壁は4個所

0.91m×4個所×1.5倍＝5.46m→表1 12

・東側の耐力壁は4個所

0.91m×4個所×1.5倍＝5.46m→表1 13

・西側の耐力壁は4個所

0.91m×4個所×1.5倍＝5.46m→表1 14

❹壁量充足率を算定します。

南側　5.46m÷1.435＝3.8→表1 15

北側　5.46m÷1.435＝3.8→表1 16

東側　5.46m÷1.435＝3.8→表1 17

西側　5.46m÷1.435＝3.8→表1 18

すべて1以上なのでクリアしています。

表3 国土交通省告示1460号

木造の継手及び仕口の構造方法を定める件	国土交通省告示

表1（平屋部分又は最上階の柱）

軸組の種類		出隅の柱	その他の軸組端部の柱
木ずりその他これに類するものを柱及び間柱の片面 又は両面に打ち付けた壁を設けた軸組		表3(い)	表3(い)
厚さ1.5cm以上幅9cm以上の木材の筋かい又は径9mm以上の鉄筋の筋かいを入れた軸組		表3(ろ)	表3(い)
厚さ3cm以上幅9cm以上の木材の筋かいを入れた軸組	筋かいの下部が取り付く柱	表3(ろ)	表3(い)
	その他の柱	表3(に)	表3(ろ)
厚さ1.5cm以上幅9cm以上の木材の筋かいをたすき掛けに入れた軸組又は径9mm以上の鉄筋の筋かいをたすき掛けに入れた軸組		表3(に)	表3(ろ)
厚さ4.5cm以上幅9cm以上の木材の筋かいを入れた軸組	筋かいの下部が取り付く柱	表3(は)	表3(ろ)
	その他の柱	表3(ほ)	
構造用合板等を昭和56年建設省告示第1100号別表第1(1)項又は(2)項に定める方法で打ち付けた壁を設けた軸組		表3(ほ)	表3(ろ)
厚さ3cm以上幅9cm以上の木材の筋かいをたすき掛けに入れた軸組		表3(と)	表3(は)
厚さ4.5cm以上幅9cm以上の木材の筋かいをたすき掛けに入れた軸組		表3(と)	表3(に)

表は僕の家全体について示したもの

表3

(い)	短ほぞ差し、かすがい打ち又はこれらと同等以上の接合方法としたもの
(ろ)	長ほぞ差し込み栓打ち若しくは厚さ2.3mmのL字型の鋼鈑添え板を、柱及び横架材に対してそれぞれ長さ6.5cmの太め鉄丸くぎを5本平打ちとしたもの又はこれらと同等以上の接合方法としたもの
(は)	厚さ2.3mmのT字型の鋼鈑添え板を用い、柱及び横架材にそれぞれ長さ6.5cmの太め鉄丸くぎを5本平打ちしたもの若しくは厚さ2.3mmのV字型の鋼鈑添え板を用い、柱及び横架材にそれぞれ長さ9cmの太め鉄丸くぎを4本平打ちしたもの又はこれらと同等以上の接合方法としたもの
(に)	厚さ3.2mmの鋼鈑添え板に径12mmのボルトを溶接した金物を用い、柱に対して径12mmのボルト締め、横架材に対して厚さ4.5mm、40mm角の角座金を介してナット締めしたもの若しくは厚さ3.2mmの鋼鈑添え板を用い、上下階の連続する柱に対してそれぞれ径12mmのボルト締めとしたもの又はこれらと同等以上の接合方法としたもの
(ほ)	厚さ3.2mmの鋼鈑添え板に径12mmのボルトを溶接した金物を用い、柱に対して径12mmのボルト締め及び長さ50mm、径4.5mmのスクリュー釘打ち、横架材に対して厚さ4.5mm、40mm角の角座金を介してナット締めしたもの又は厚さ3.2mmの鋼鈑添え板を用い、上下階の連続する柱に対してそれぞれ径12mmのボルト締め及び長さ50mm、径4.5mmのスクリュー釘打ちとしたもの又はこれらと同等以上の接合方法としたもの
(へ)	厚さ3.2mmの鋼鈑添え板を用い、柱に対して径12mmのボルト2本、横架材、布基礎若しくは上下階の連続する柱に対して当該鋼板添え板に止め付けた径16mmのボルトを介して緊結したもの又はこれと同等以上の接合方法としたもの
(と)	厚さ3.2mmの鋼鈑添え板を用い、柱に対して径12mmのボルト3本、横架材(土台を除く。)布基礎若しくは上下階の連続する柱に対して当該鋼板添え板に止め付けた径16mmのボルトを介して緊結したもの又はこれと同等以上の接合方法としたもの
(ち)	厚さ3.2mmの鋼鈑添え板を用い、柱に対して径12mmのボルト4本、横架材(土台を除く。)布基礎若しくは上下階の連続する柱に対して当該鋼板添え板に止め付けた径16mmのボルトを介して緊結したもの又はこれと同等以上の接合方法としたもの
(り)	厚さ3.2mmの鋼鈑添え板を用い、柱に対して径12mmのボルト5本、横架材(土台を除く。)布基礎若しくは上下階の連続する柱に対して当該鋼板添え板に止め付けた径16mmのボルトを介して緊結したもの又はこれと同等以上の接合方法としたもの
(ぬ)	(と)に掲げる仕口を2組用いたもの

❺小さい壁量充足率を大きな壁量充足率で割った壁比率を算出します。

3.8（南側）÷3.8（北側）＝1→表1 19

3.8（南側）÷3.8（北側）＝1→表1 20

ともに0.5以上なのでクリアしています。

接合部の強度／金物の決定

地震や風圧によって柱・梁・土台が抜けないように、接合部の強度を高めます。そのために金物を取り付けますが、これは耐力壁の倍率や出隅などによって種類が決定されます。表の「国土交通省告示1460号」のなかの「表1」と「表3」に従って決めていきます（表3）。

❶平屋建てなので「表1」を見ます。たとえば「厚さ3cm幅9cm以上の木材の筋かい」で「その他の柱（筋かいの下部に取り付いていない柱）」なおかつ「出隅の柱」の場合、「表3」の「に」の金物になります。その金物の内容が示されています。

❷「表3」に該当する金物がメーカーから販売されています。それを使って取り付けます。

シックハウスにおける機械換気設備

シックハウス対策のために「居室の空気を1時間に0.5回以上入れ替えなければいけない」という法律があります。そのための換気扇などの機械換気設備を検討します。

僕の家では極力簡単に考えたいので、排気を機械によって行い、給気は自然給気口で行う「第三種換気」にしました。下の換気計算表を用いながら説明します。

❶家のすべての空間（容積）の合計を出します。僕の家は、116.51㎥です。→表4 1

❷❶の空気を1時間に0.5回換気するには、58.255㎥以上の換気ができればいいことになります。

❸次に1時間に58.255㎥以上換気できる換気扇を探します。僕の家の場合、できるだけ換気扇の数を減らしたいので、1つの換気扇で家全体の換気ができるパイプファンφ150器具を探します。

換気扇の製品仕様図面は確認申請書に添付しなければいけないので、ダウンロードしてプリントアウトします。

表4 換気計算表

階段	室名	床面積(m2)	平均天井高(m	気積(m3)	換気種別	自然吸気	換気機による排気量(A)(m3/h)	換気回数(n)
1階	居間	26.08515	2.2975	59.93	第3種換気方式(自然吸気及び機械排気)			
	台所	6.21075	2.2	13.66		1ヶ所		
	寝室	14.49175	2.144	31.07			97	
	浴室・脱衣室	4.1405	2.185	9.05				
	便所	1.24215	2.2529	2.80				
				0.00				
	合計			**1** 116.51			97	0.833 OK

購入する換気扇のメーカーに問い合わせ有効換気量を教えてもらいその書類を確認申請書に添付する

機械換気は0.5回以上なのでOK

表5 採光・換気算定表①

窓の記号	窓の種類	有効採光(窓面積) W	× H	有効換気面積 窓面積	×有効面積	室名	床面積
A	引き分け	3.5	2.458	8.603	1	居間 厨房	**4** 32.2959
		=	**2** 8.603	=	**3** 8.603		
D	横滑り	1.6	0.75	1.2	1	寝室	14.4918
		=	1.2	=	1.2		

厨房と居間を足し合わせたもの

表6 採光・換気算定表②

窓の記号	a必要採光面積 居室面積×係数		b有効採光面積 窓面積×算定値(採光補正係数)		判定 a≦b	c必要換気面積 居室面積×係数		d有効換気面積	判定 c≦d
A	32.2959	1/7	8.603	3		32.2959	1/20		
	=	**5** 4.614	≦ =	**6** 25.809	**7** OK	=	**10** 1.615	≦ 8.603	**11** OK
D	14.49175	1/7	1.2	3		14.49175	1/20		
	=	2.070	=	3.6	OK	=	0.725	1.2	OK

採光補正係数	開口部 Aの算定値	14.3/1.514*10−1 **8**	=	93.452	>3 算定値 3 **9**
採光補正係数	開口部 Dの算定値	3.156/1.541*10−1	=	19.480	>3 算定値 3

必要採光面積より小さい場合は窓を大きくするか数を増やす

隣地境界から軒先の距離

軒先から窓中心の高さ

用途地域により決定します。この場合用途地域の指定がないのでこの値

❹器具を選んだら換気扇の屋外フードを決定し、メーカーに連絡して、その換気扇の有効換気量を確認し資料としてもらいます。これらは確認申請書に添付します。

家全体を1つの換気扇で換気する場合は、開きドアはアンダーカット（床とドアの下部の隙間を10㎜以上開けること）して、換気経路を確保しなければなりません。また、ほかに火を使用する設備がある場合の換気設備についても、有効換気量を求めなければいけません。

居室の採光・換気算定

確認申請添付書類に計算式の表があるので、これに従って作成します（表5）。以下は居間・厨房の場合です。

❶窓の面積を出します。平面図に記載している大きさで計算します。

窓の面積　3.5m×2.458m＝8.603㎡→表5 **2**

❷有効換気面積を出します。

有効換気面積　3.5m×2.458m＝8.603㎡→表5 **3**

僕の家の場合、居室を厨房・居間と寝室に分けて、一番大きな窓を選定して算定します。居室の採光・換気算定は大きな窓があればクリアできることが多いので、すべての窓を加えてはいません。もし算定して規定値に届かなかったら、そのほかの小さい窓も加えます。

引き違い窓は、実質的に開口できるのは半分で、有

効換気は1/2になるので注意します。

❸表6で必要採光面積を求めます。必要な採光面積は床面積の1/7以上（規定値）です。

居間・厨房の床面積は26.08515㎡＋6.21075㎡＝32.2959㎡→表5[4]

その1/7ですから、4.6137㎡以上の採光が必要です。→表6[5]

❹実際の窓の採光（有効採光面積）を算定します。

窓面積8.603㎡×算定値（採光補正係数）3＝25.609㎡→表6[6]

必要採光面積が4.6137㎡なのでクリアしました。→表6[7]

❺必要換気面積を求めます。

居間・厨房の床面積32.2959㎡×係数（1/20法的数値）1/20＝1.615㎡→表6[10]

❷で出した窓面積8.603㎡のほうが大きいので、クリアしました。→表6[11]

浄化槽の設置書類

浄化槽の設置書類も確認申請に添付します。これは設置業者が書いてくれます。

確認申請の提出

確認申請の書類ができ上がったら、市町村の都市計画課に1部を提出します。さらに確認検査機関に3部と建築概要書2通、建築工事届1通（これらはインターネットでダウンロードできます）を提出します。各確認検査機関及び土木事務所によって若干異なるので、事前に確認してください。これで一段落。1～2週間ほど待ちます。

ホッとするのもつかの間。確認検査機関から電話があります。呼び出されて訂正部分を指摘されます。

足し算の間違いや脱字があると、連鎖的にほかの箇所の間違いが増えます。また、法律規制をクリアしていない場合はきちんと訂正しなければなりません。自分のおっちょこちょいさ加減に赤面し、1人ぶつぶついいながら直します。まぁ、チェックする側の人もたいへんです。1度や2度の呼び出しにめげずにがんばりましょう。

〈採光補正係数〉

採光補正係数は、地域によって数値が異なるので注意します（建築基準法施行令第20条第2項参照）。

❶僕の家は、図9のようになります。

Dは開口部の軒先から敷地境界線までの距離

Hは軒先から開口部中心線までの垂直距離

具体的に開口部Aについて考えます。僕の土地は用途地域指定のない区域なので、係数D/H×10-1に当てはめます。

14.3m/1.514m×10-1＝93.452→表6[8]

❷決まりごとに従い採光補正係数は3となります。→表6[9]

必要換気面積を求めます。

居室の面積×係数(1/20法的数値)＝必要換気面積

32.2959㎡×1/20＝1.615㎡→表6[10]

表5の[3]よりも少ないのでクリア。→表6[11]

図9 僕の家の断面図

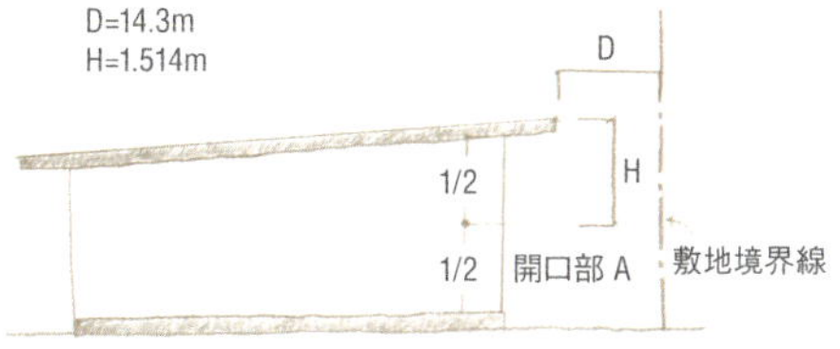

●プレカット／住宅建築の木工事で、木材の切断や加工をあらかじめ工場で行っておくこと。●壁量／構造計算に使用する耐力壁の量を算定する数値。●耐力壁／建築物において、地震や風などの水平荷重(横からの力)に抵抗する能力を持つ壁のこと。●見付け面積／風を受ける建物の面積のことで、風圧力に対する必要軸組の長さを求める元になる。●筋かい／柱と柱の間に斜めに入れて、建築物などの構造を補強する部材。●壁量充足率／小規模な木造住宅の平面図において、タテ(張り間方向)、ヨコ(けた行き方向)双方の、両端の1/4スペース内にある存在壁量が、必要壁量に対してどのくらいあるかを計算すること。●出隅／壁などの2つの面が出合ってできる外壁・内壁の角。●居室／人が居住・執務・娯楽のために継続的に使用する室。●パイプファン／排気用パイプの外壁貫通部分に小型のファンを内蔵させた換気扇。

05 道具や材料を揃える

金づち

プロ用が使いやすい

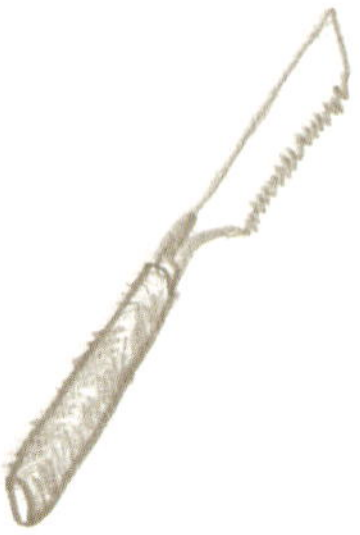

手のこぎり

刃が替えられるものを

のみ

幅15㎜くらいのもの

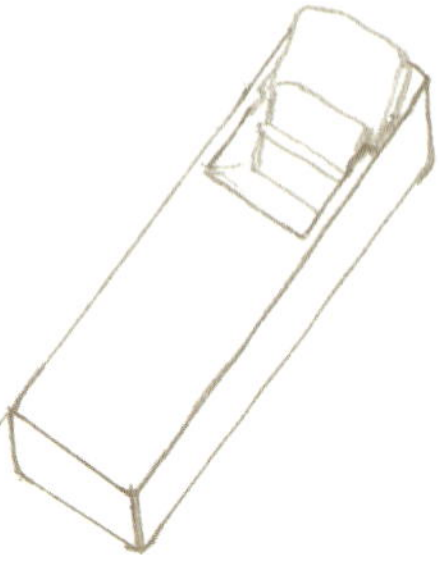

かんな

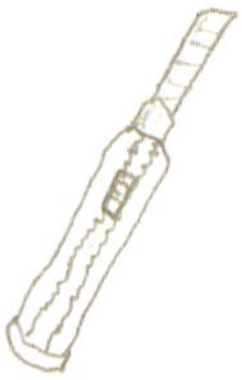

カッターナイフ

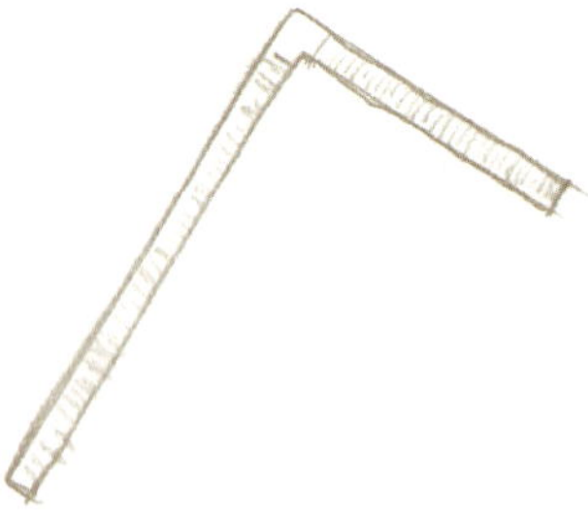

差し金

曲尺ともいう。30㎝と45㎝のものがあれば十分

メジャー

敷地を測ることができる20mくらいのものと、日常的に使う7.5mくらいもの（コンベックス）があるといい

常に必要な道具

それぞれの工事によって使う道具は異なるので各ページに示しますが、ここでは、いつも手元に置いておく道具を紹介します。すべてを一度に揃えるとなると費用もかかるので、常日頃から少しずつ揃えておきましょう。

確認申請が下りるまで、順調にいっても1～2週間ほどかかるので、
その間にできることをせっせとやっておきます。その1つが道具や材料を揃えることです。

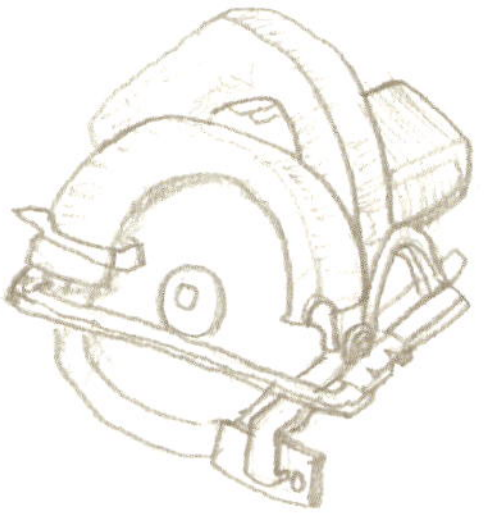

電気丸のこ

卓上スライド丸のこ

木材を思いの角度に切れる。
スライド式なら、いろいろな幅の材に対応

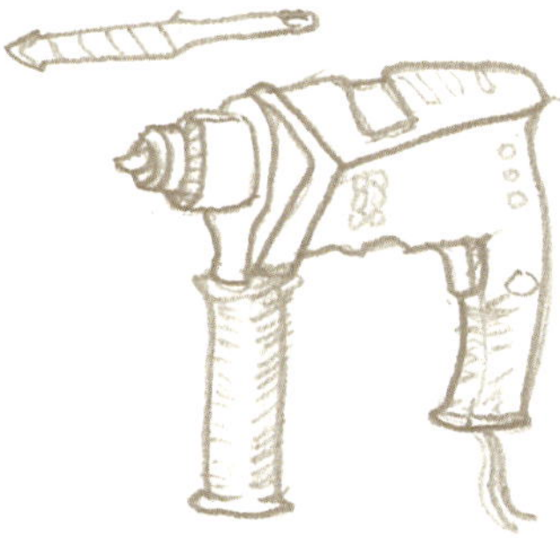

振動ドリル

あまり使わないので
安いものでよい

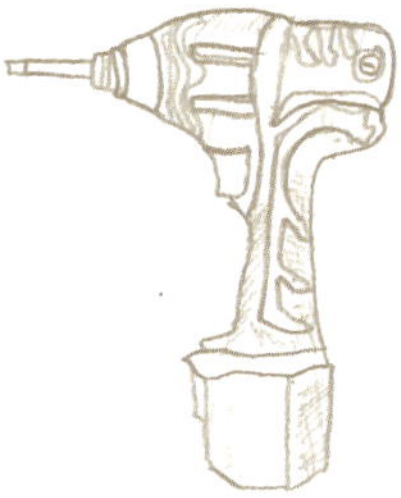

インパクトドライバー

ネジを締めたり、
ドリルをつけて穴をあけたり、
簡易的なレンチにもなる

Point

絶対プロ用を。
道具がいい仕事を
してくれます

グラインダー

木材の研磨や金属の
サビ落とし、裁断に使う。
あまり使わないので
安いものでよい

タッカー

建築用ホチキス

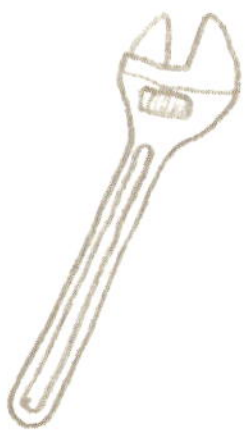

モンキーレンチ

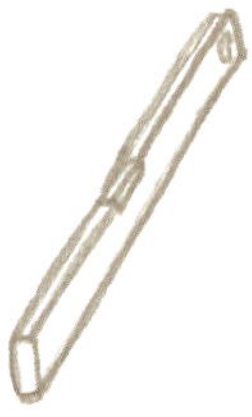

水準器

墨つぼ

建材に基準線をつけるもの。
10mに対応できるものを

バール

釘抜き。
30㎝くらいのもの。
それより小さな
インテリアバールもあると便利

脚立

高さ1,800㎜のものを
できれば2脚

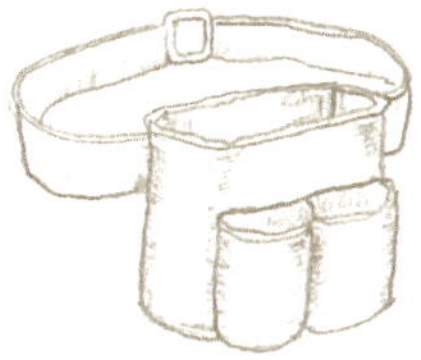

腰袋

道具類を入れる
ポケットがついた袋。
作業が格段にはかどる

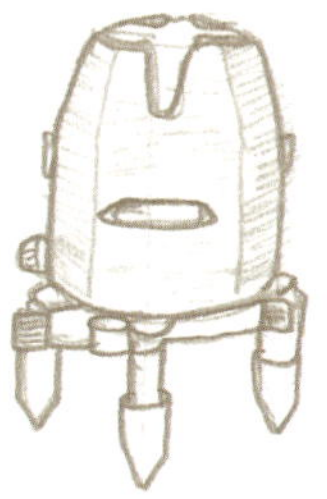

レーザーレベル

水平･垂直･直角がわかるもの。
35,000円以上するので、レンタルを利用するか、
原始的にバケツとホースで水平を出して
ピタゴラスの定理で直角を出す手もある

材料の入手

●インターネットで購入

インターネットのおかげで、セルフビルドは飛躍的に可能になったのではないかと僕は思っています。わからない言葉だけでなく、作業や施工方法も検索できるうえ、電気製品や設備機器、さまざまな建材も調べて購入できます。しかも価格も安くなります。プレカット構造材もネットから問い合わせできます。

●ホームセンターやプロショップで購入

最近のホームセンターはなんでも揃っています。さらに大型のホームセンターにはプロショップもあり、業務用のものが簡単に手に入ります。工事を始める前に、品揃えや価格を調べておくと、工事中になにかと便利です。

●近くの建材屋や心やさしい業者から購入

とても強い味方です。知り合いに建築関係者がいたら、いろいろなことを教わりましょう。家が建てやすくなります。

レンタルで調達したいもの

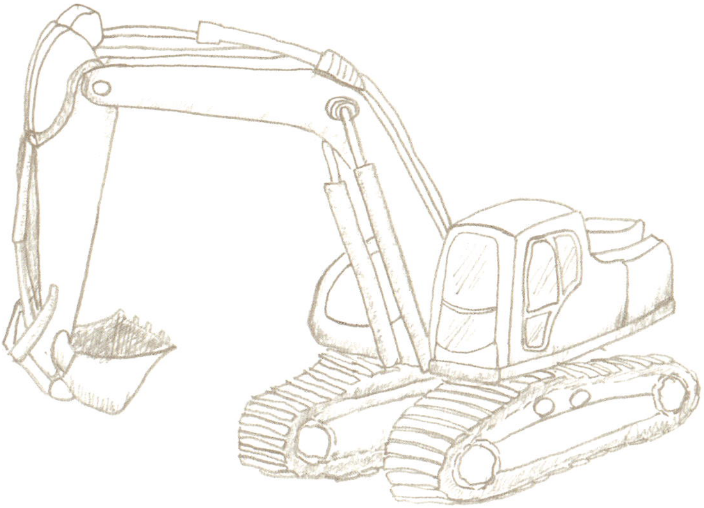

バックホー

基礎などを掘削するときに使用するショベル(バケット)がオペレーター側に向いている建設機械。レンタル料は1日10,000円程度(バックホーを運搬するトラックは別途)。それならレンタルしてお金をかけるより、バックホーを持っている職人に20,000～30,000円くらいで基礎を掘ってもらうほうが効率的かもしれない[※]

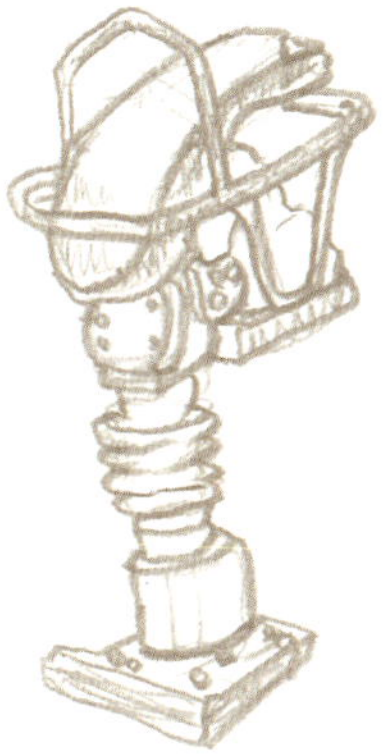

ランマー

上下動の振動で地盤を締め固める機械。レンタル料は1日2,500円程度

サトルのひとりごと

料理をつくる気分で家をつくろう

僕は料理をするのが苦になりません。材料を揃えレシピを見ながら料理すれば、そこそこの味になります。追求すればキリがなくなりますが、僕としては自分で許せる範囲であれば十分だと思っています。

料理は、食材や調味料などの材料を、庖丁や鍋などの道具を使ってつくりあげます。自分のさじ加減でおいしくもまずくもなります。家づくりも同じようなもので、木材やボンドなどの材料を、のこぎりや金づちなどの道具を使ってつくり上げます。レシピ通りにつくれば、そこそこの家ができ上がります。変に背伸びをしたようなものを望まなければ、センスのいい家だってつくれます。家づくりに正解なんてないのですから、自分の好きな味付けで、自分の好きな器に盛って食べればよいのです。

ちなみに僕の家は「チャーハン」です。高級な食材を使った高級フランス料理ではなく、常に冷蔵庫にある材料でちゃちゃっと最大限おいしいものをつくるという感じ。高級料理はたまに食べるからおいしいのであって、毎日いただいていると飽きがきます。そういうものはたまにホテルかなにかで楽しめばよろし。僕はチャーハンがいいのです。ホームセンターで買い揃えられる材料を工夫して調理し、おいしくできれば、それもまた味わい深いと思うのです。

※バックホーを運転する際には、あらかじめ「車両系建設機械運転技能講習」の受講をオススメする

06 仮設電気取り付け

仮設電気の取り付け

作業を始めるには電気がきていないと困るので、近くの電力会社に行きます。受付で「仮設電気をつけたい」というと、「臨時電気使用申込書」という書類をくれます。電気工事は資格のある者しか申請・工事できないので、それを電気工事店に持って行きます。できるだけ自分で書いてみようとやってみますが、使用場所と使用者くらいしか書けません。

電気工事店で書いてもらった書類を関西電力に持って行き、仮設電気工事手数料12,075円を払いました。現場に1mくらい穴を掘って鉄のポールを立て、ブレーカーとメーターボックスを設置、電力会社がメーターを取り付けてくれるのを待ちます。１週間後には仮設電気が取り付けられました。

地盤調査をする前に

工事には水も必要です。道路を掘って本管から水道管を分岐してもらいメーターを取り付けるのですが、これも役所が決めた工事業者に依頼します。

水道メーター

サトルのひとりごと

地鎮祭もセルフビルド

地鎮祭は、神主さんを呼んで、土地の神様にこの土地に家を建てさせてもらうことの許しを得る儀式です。僕も地鎮祭をしようと思いますが、どうせならこれもセルフビルドしようと、ネットで調べました。要するに、土地の神様にきちんとご挨拶をすればいいようです。

お供え物は、畑から引き抜いた大根、家にあったかぼちゃや万願寺ししとう、前日に釣った魚をザルに盛ります。くわとかまを持ち、藁を脇に挟み、一升瓶の酒と米、塩を袋につめて、いざ出陣です。

神主は僕のパートナー。そして施主・工事施工者・設計者は僕。清めの儀式や神様を呼ぶ儀式はパートナーに任せます。ネットで調べた祝詞をわけもわからず読みにくそうに読み上げます。…オホトコヌシ……実際に聞こえたのはこれくらいで、後はオッサンのいびきのように聞こえます。土地の四隅にお祓いし、くわを持って「エイエイエイ」、かまを持って「エイエイエイ」。ちょっぴり恥ずかしさがこみ上げてきます。ポケットから出した５円玉のお賽銭を土に埋めました。

お供え物を下げたら、お神酒をいただきます。うっかり盃を忘れてきたので、僕らは一升瓶をらっぱ飲みです。一気に口のなかに入ってくるお神酒が喉を締めつけます。パートナーの唇から滴るお神酒がいやにいやらしく感じます。傍から見れば、昼間からお酒を飲んでいるただのダメ人間で、それでもなんだか二人で顔を見合わせて笑ってしまう。平和だなァなんて思ったりするのです。

コレハカミヘノボウトクナリカ。

カミヨオコルコトナカレ。

事故など起こらぬよう、ただただ祈るだけです。

07 プレカット

プレカットの可能性

木造住宅では、柱や梁の接合部分（継手・仕口）の加工をする必要があります。かつてはもっぱら大工が刻んでいましたが、最近では自動工作機械のある工場で加工できるようになりました。これがプレカットです。

木材の刻みを自分でやろうとすると、継手や仕口の加工はできても、その位置や納まりなど素人にはわかりにくいところが出てきます。構造的にも不安があり、失敗する可能性も多々あります。その点、プレカット工場で図面を描く人たちははるかに経験があり、相談すればアドバイスをもらうこともできます。僕はそれによって、かなり安全で精度のある建築になると思います。

コストについてもお得です。僕が近くの製材屋さんに木材を注文したら、材料費はプレカット工場の価格より1割くらい高くなりました。安くなった分をプレカット加工費と考えます。プレカットは大量生産によるコストダウンを図っているので安いのです。利便性と経済性。プレカット工場で加工した構造材を購入することで、これからのセルフビルドはよりやりやすくなると考えています。

プレカット工場との打ち合わせに必要なもの

●平面図／確認申請に提出したものでよい。

●立面図／確認申請に提出したものでよいが、4面すべて必要です。

●土台の位置がわかる図面／土台の位置とは、簡単にいえば柱が載るライン。

●内部・外部の建具の高さを示した絵／部屋の展開図ができればいいのですが、最初にサッシや内部建具の大きさを決めて、それを平面図に描き込んでもよい。アルミサッシは規格寸法なので、このときにアルミサッシの大きさをチェックします。サッシの幅は柱間で決まりますが、高さは規格寸法より3mmくらい大きめにして隙間をパッキンで調整するように考えます。

●筋かいの位置がわかる図／確認申請で提出したものでよい。樹種は米栂《つが》か米松で、大きさも確認申請のときと同じ。

●床の構造がわかる絵／土台天端から床の仕上げの高さがわかればよい。木造軸組在来構法では、1階の床は土台・大引きに根太を載せ、そのうえに合板、仕上げ材を張りますが、僕は根太をやめて、24mmの合板を大引きに直接載せて仕上げ材を張る方法をとりました。なぜなら、僕の家ではリビングと寝室の床の差を少なくし、また、根太をやめることで工程が短縮されると考えたからです。

●柱・大引き・土台・間柱の大きさと樹種／僕の家の場合は柱は杉の乾燥材で105mm角、大引きは防腐剤注入の栂材で105mm角、土台は防腐剤注入の栂材で105mm角、間柱の大きさは105×30mm、材料はすべて乾燥材（KD材）です。

●特に詳細をこだわっているところの指示／薪ストーブを設置するときは煙突が通る天井の開口部の位置を示すという具合です。

これくらい決めて打ち合わせを始めます。あとはプレカット工場から仕様書を渡されるので、それに書き込みます。下の図をそのときの手掛かりにしてください。

Point

実際の寸法を
確実に決めていきます。
あやふやにしておくと失敗のもと

重要な図面のチェック。気持ちを集中して

プレカット工場から図面ができ上がってきたら、猛烈に集中してチェックします。プロといえども人間ですから、間違えることもあります。こちらの指示ミスもあるでしょう。とにかく徹底チェック。よく間違え

プレカット工場から上がった図面のチェックポイント

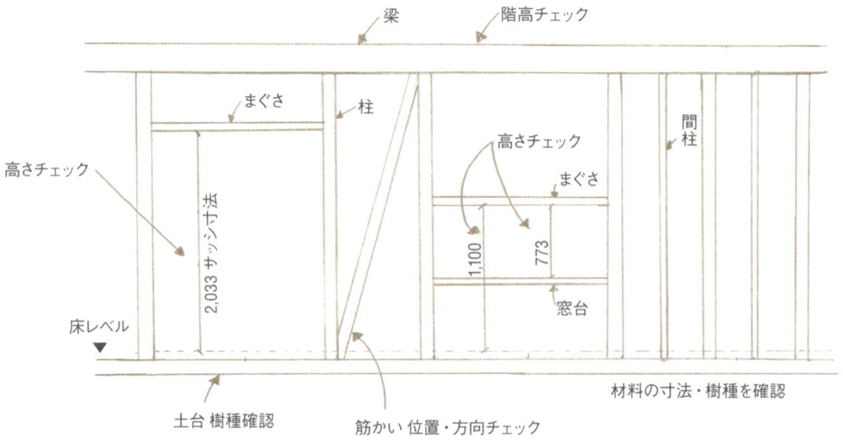

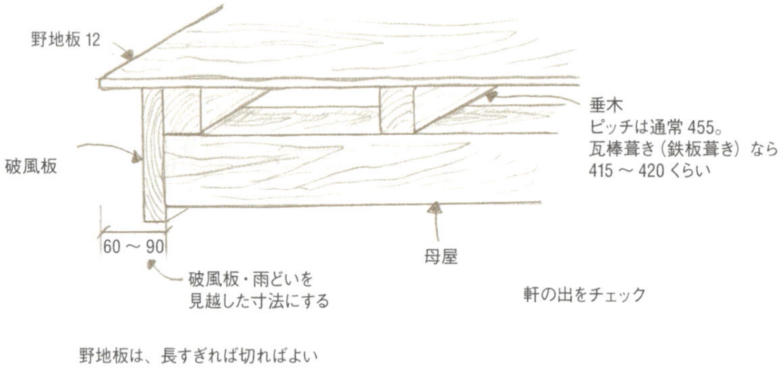

るのは以下のところです。

- ●開口部の高さと位置
- ●筋かいの位置と方向
- ●軒の出の寸法
- ●使用材料の種類
- ●詳細部分の寸法

Point

プレカット図面を描く人とどれだけ話をつめることができるかが成功の鍵

こちらが意図していることと工場側が解釈したことが、ときとして食い違ったりします。建ててみたらまったく違う建物になっていたということのないように、１つずつチェックします。そのためにも、簡単な構造の家のほうが間違いは起こりにくいと思います。でき上がってきたプレカット図面は182ページに掲載しました。

プレカットすると、このように番号がつけられてくる

●継手／材と材をつなげる際の接合部。●仕口／直角や斜めなどに角度をつけてつなげる際の接合部。●根太／土台や大引きの間に渡される、床材を受ける構架材。

08 鉄筋曲げ

必要な道具と材料

- □ メジャー
- □ カットベンダー
- □ 鉄筋D10、D13

標準的な基礎

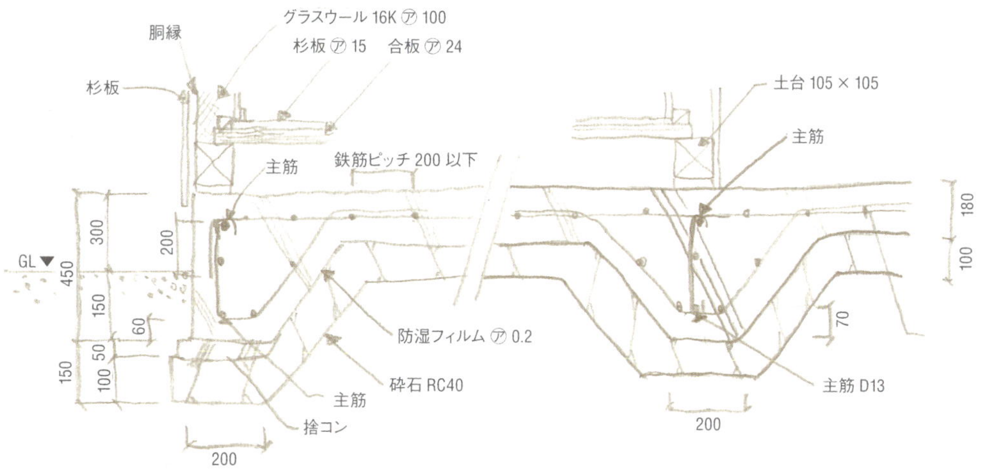

いよいよ工事の段取りに入ります。浄化槽については市の補助金を受けることにしたので、市役所に書類を提出して少々時間が空きました。最初に浄化槽を設置したいので、本格的な基礎工事はその後になります。時間がもったいないので、鉄筋曲げから始めます。

Point
鉄筋は長いものから加工する

鉄筋は基礎のコンクリートに埋め込んで強度を高めるものです。カゴのように組むため、鉄筋を曲げておかなければなりません。なにをどうやったらいいのか、わからない作業。手探りです。

基礎断面図を見ながら、曲げるものを確認して本数を拾い出します。カットベンダー（鉄筋曲げ機）で切断し、曲げていきます。鉄筋は直角（90度）に曲げる以外は精度が出にくいので、曲げる鉄筋の原寸大の絵を描いて、それに合わせるようにして曲げます。このほうが素人にはやりやすいと思います。

Point
短い材料は、できるだけ長い材料の残りを使います

カットーベンダー。鉄筋を曲げたり切ったりします。曲げる順番を間違えると曲げにくくなるので要注意

曲げる鉄筋のいろいろ

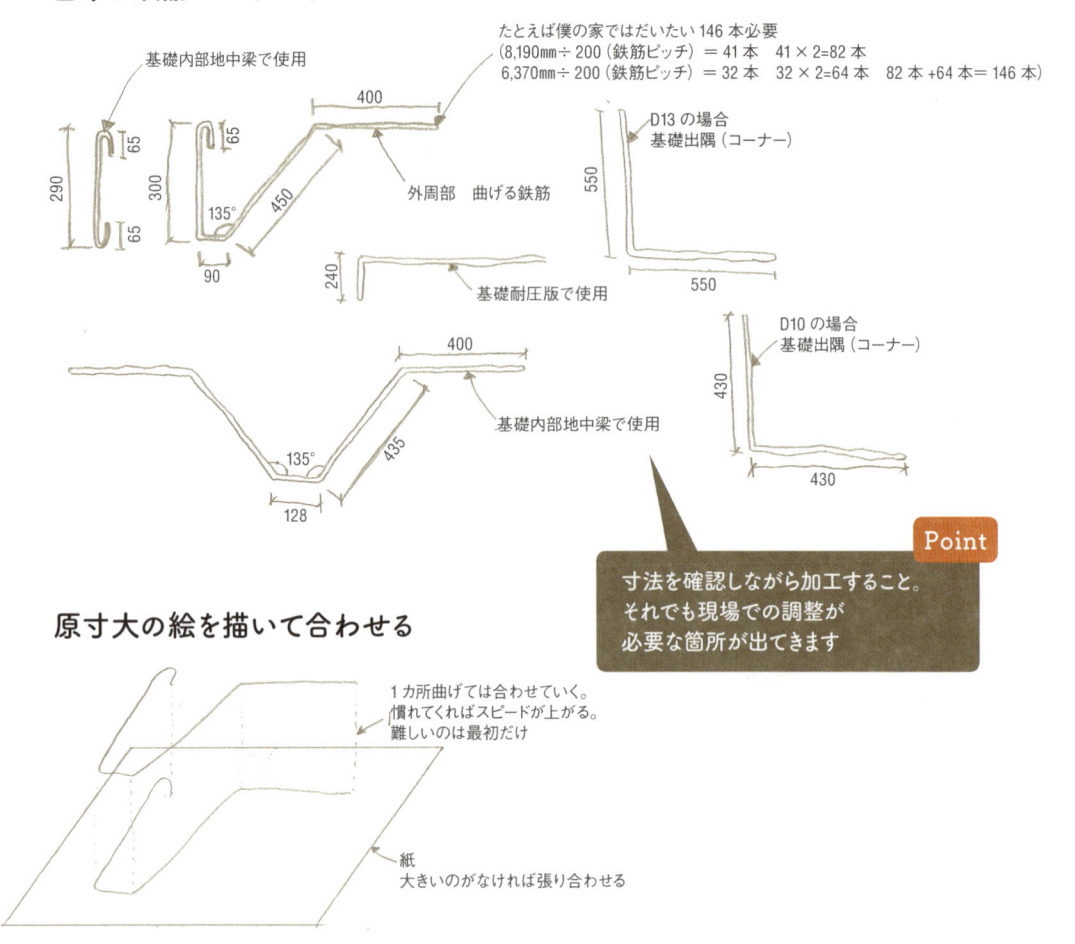

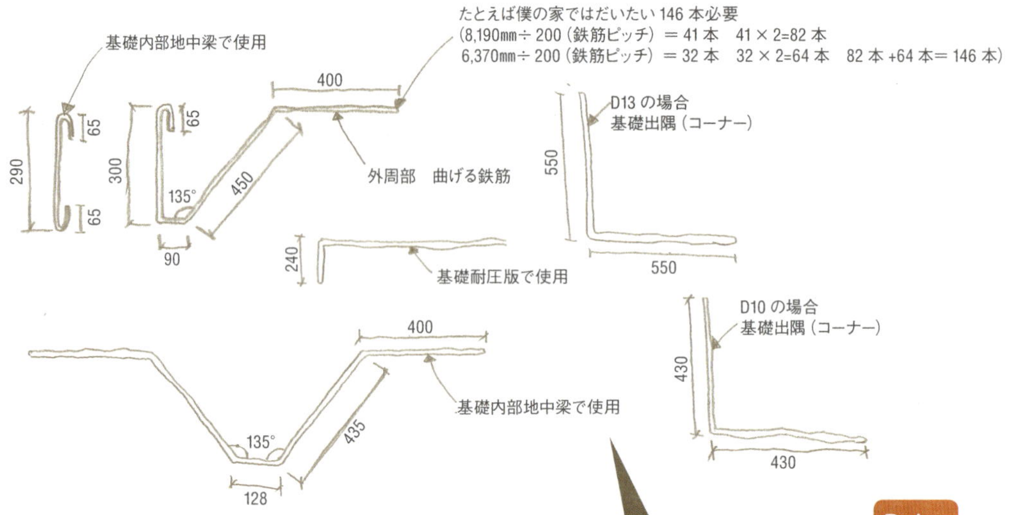

Point
寸法を確認しながら加工すること。
それでも現場での調整が
必要な箇所が出てきます

原寸大の絵を描いて合わせる

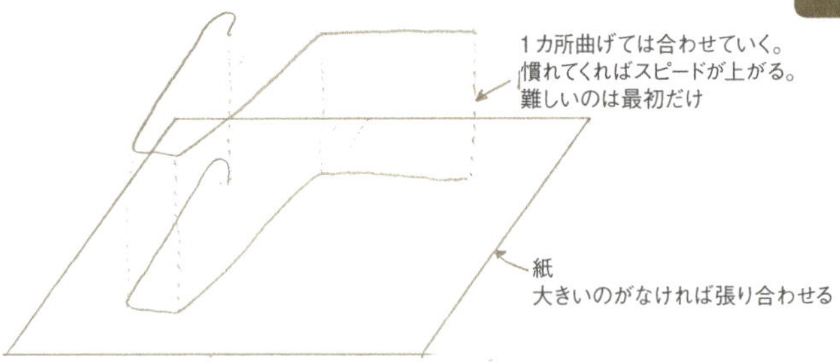

形が難しい鉄筋は、原寸大の絵を紙に描いてそれに合わせる

サトルのひとりごと

3軒建てないと満足する家にならない?

「昔から3軒建てないと満足する家は建たないというよ」と隣のおばさんが難しい顔で忠告してくれました。でも、そうじゃないと僕は思います。人間の欲望はどこまでいっても満足できないものだし、たとえ満足しても、それは一瞬のこと。そのうち不満がでてくるに違いないのです。3軒も建てれば、それにも慣れて、不便なところもしかたないと思うようになり、「完全な家なんてない」とあきらめの気持ちが湧いてくるのではないでしょうか。矛盾するけど、満足するということはあきらめるということなのではないか、と思うのです。

どうせ満足する家なんてできないのなら、最初から強欲にならず、必要最小限にしてみようと僕は考えます。そのほうが開き直れます。

やたらたくさんの収納や大きな寝室があるのではなく、豪華なリビングもいらない。まともな玄関もいらず、お風呂もシャワーがあればいい。お湯に浸かりたいときは、近くの温泉に行けばいいのです。必要最小限。削ぎ落とし。人間は悲しいかな、一度にたくさんのものを手に入れることはできません。ほしいものを手に入れるなら、なにかをあきらめなければいけないのです。生きていくなんて、そんなものじゃないか、と思います。

ちなみに僕は家の模型を3軒つくりました。

着工

一気に工事を進める
6ヶ月のスタート

一歩踏み出して一気につくります

一見、のんびりとスローな感じがするセルフビルドですが、実際にやってみると、そんな悠長な感じではなく、目の前の作業をただひたすら全身全霊をかけてこなしていかなければなりません。まさに仕事。仕事以上の仕事として作業しなければならず、僕はつくっていた６カ月、こんなに働いたことはないというくらい、頭も身体もフル回転していました。頼れるのは自分１人ですから、自分自身を律して、自分の決めたことくらいはきっちり守ろうと思い、ひたすら動きまわりました。

素人が家をつくるのですから、不安はいっぱいです。まわりからは「相当な覚悟をしたのだろう」と言われるので、よけい不安になります。でも、ひとたび腹をくくったら、１つの冒険が待っています。とっくに忘れていた心のときめきを感じます。

不安はあるけれど、すべて自分の責任でつくっていくのがセルフビルドです。正解などありませんから、ほかの人に気を使うこともなく、自分が思う通りの自画自賛の家を建てればいいのです。どちらかというと、まわりからは白い目で見られ、孤独のなかでつくっていきますが、家の形が見えて完成が近づいてくると、いままでに感じたことのない充実した思いがこみ上げてきます。

一歩前に踏み出す力が、セルフビルドの家を完成させる力でもあると思います。

倒産、リストラをチャンスに変えましょう

セルフビルドをやろうと思ったときにネックになるのが、時間の問題です。建てたい気持ちはあっても、休みを利用して何十年もかけて家づくりをするなんて、外国ではよく聞きますが、現代の日本では現実的ではありません。でも、６カ月程度だったら、どうでしょう。勢いよく飛び出し、その勢いのままつくってしまうことができれば、最初にイメージした思い通りの形の家ができ上がる、と僕は考えています。

チャンスはあちこちにあります。今の時代、会社の倒産、リストラ、転職などは日常茶飯事です。そういう状況になったときに、この世も末と落ち込まないで、「たくさん時間がとれる」と喜び、セルフビルドがスタートできると考えましょう。人生一度くらいは無収入の時期があってもいいのではないでしょうか。そのチャンスを生かして自分で家を建てれば、その後の人生はきっと安定してきます。できるだけ若いうちに家づくりができたら、その経験が大きな自信になり、次の就職の機会も広がるはずだと思います。

そのためにも、勢いよく６カ月で家を建てましょう。もちろん、いつでも気持ちよくスタートするためには、チャンスのときまでに家の計画や土地の入手などをコツコツと準備しておく必要があります。お忘れなく。

基礎工事

すべての大元はここにある

09 地《じ》縄《なわ》張り・水《みず》盛《も》り遣《や》り方

必要な道具と材料

- □ビニール紐
- □釘120㎜(紐を地面に留めるため)
- □メジャー
- □水糸
- □釘45㎜
- □杭450㎜角×1m
- □貫板
- □掛矢
- □水準器(レーザーレベル)
- □金づち

Point
バックホーを積んだ車両が入れるように、一部は開けておく

Point
地縄張りでは必ず直角を出しましょう。対角線が同寸ならOKです

地縄張り

地縄張りとは、地面に縄を張って家の形を示すことです。特に縄である必要はなく、ビニール紐でもOKです。地盤調査のときにも張りましたが、今度はもっときちんと張ります。

注意するのは、家のコーナーなどの直角を出すことです。４辺の寸法が合っていても平行四辺形では困るので、ピタゴラスの定理を利用してしっかり90度を出します。四角形の対角線が同寸法であれば合っています。２～３㎝程度のずれはよしとしましょう。

水盛り遣り方

建物の正確な位置や高さを決定していく作業で、「丁《ちょう》張《は》り」ともいいます。基礎工事の要になるので、慎重に作業します。

❶地縄から約１ｍ外側に、水盛り遣り方を行います。ホームセンターから長さ１ｍの木杭を買ってきて、1.8～２ｍ間隔で杭を立てます。掛矢（大きな木づち）を使って地面にしっかり打ち込みます。基礎を掘る機械（バックホー）が入るところ（約3.5ｍ）は杭を立てずにおきます。

地面に縄を張って家の形を示し、建物の正確な位置や高さを決めていく作業です。
これからの作業の基準となります。

図1

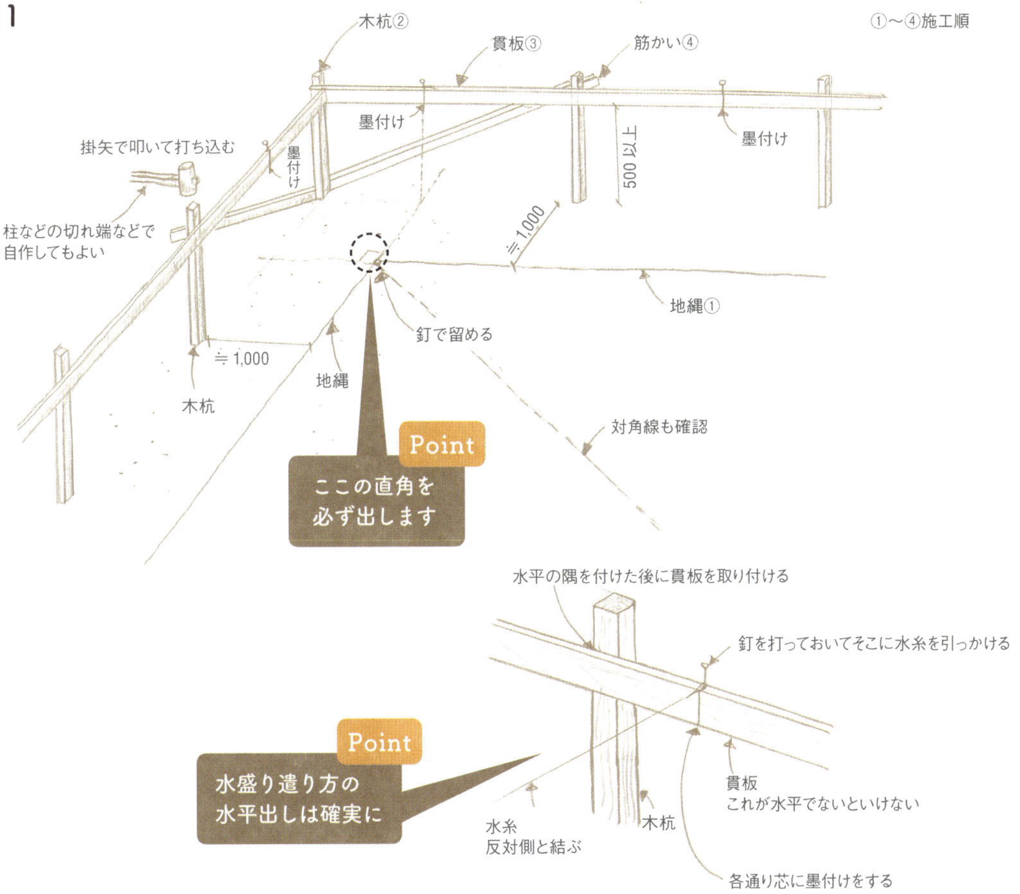

木杭②
貫板③
筋かい④
①～④施工順
墨付け
掛矢で叩いて打ち込む
墨付け
500以上
墨付け
柱などの切れ端などで
自作してもよい
≒1,000
地縄①
釘で留める
≒1,000
地縄
木杭
対角線も確認
Point
ここの直角を
必ず出します
水平の隅を付けた後に貫板を取り付ける
釘を打っておいてそこに水糸を引っかける
Point
水盛り遣り方の
水平出しは確実に
貫板
これが水平でないといけない
水糸
反対側と結ぶ
木杭
各通り芯に墨付けをする

❷コーナー部分の杭には筋かいをビスか釘で取り付けます。
❸水準器（レーザーレベル）を使って、木杭すべてに水平の印（地盤面／GLから600㎜くらいの位置）をします。
❹幅60～90㎜×厚さ12×長さ4,000㎜の木材を貫板とし、水平の印に沿って釘またはビスを使って張っていきます。通り芯となるラインを貫板に記し、上に釘を打ちます。ここに水糸を引っかけて柱の通り芯とします。ここがこの先、配管や型枠取り付けの基準となります。この通り芯も直角が出るようにします。

水準器（レーザーレベル）

これがあると間違いが少なく、工期短縮できます。水平・垂直・直角が出るものを選びましょう。金物屋でリースできます

●地縄／敷地に建物の位置を示すために張りめぐらせる縄。●貫板／幅60～90㎜、厚さ9～15㎜程度の杉板。●通り芯／建物の平面において、柱、壁あるいはサッシなどの中心線を決めて、工事中の基準線とするもの。●ピタゴラスの定理／三平方の定理。直角三角形の3辺の長さの関係を表す等式。●水糸／水平線を示すのに用いる糸。

10 浄化槽の設置

位置を決めたら掘り始める

Point

浄化槽の構造を理解して、
排水の勾配がきちんと
とれるか確認したうえで、
設置位置を指示しましょう

浄化槽断面図

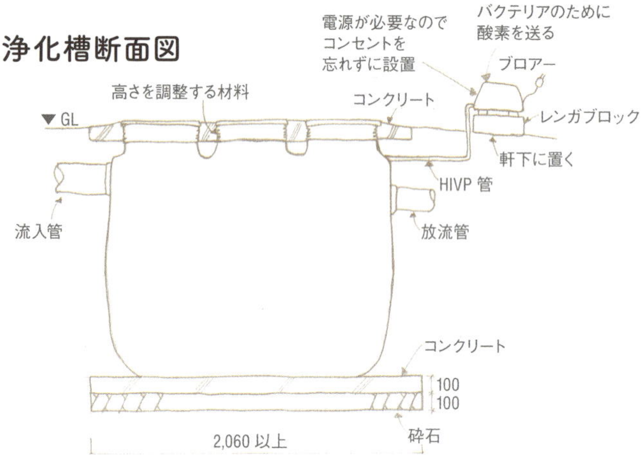

コンクリートを打設して、浄化槽を設置

浄化槽は市の補助金を受けることにしたので、専門業者に任せなければいけません。そのため費用は高くなりますが、しかたありません。

❶業者がバックホーを積んだトラックで来ました。僕が浄化槽の設置場所を示し、そこを掘ってもらいます。深さ２×幅1.5×奥行き2.5mほどを２時間ほどで、あっという間に掘ってしまいます。地盤は良好です。

❷割栗石を入れ、締め固めます。

❸浄化槽の基礎のための型枠を立てメッシュ筋を入れ、コンクリートを100㎜厚に流し込みます。これらを１日もかからずやってしまうのは、さすがプロ。

❹コンクリートの強度が出るまで何日か待ちます。

❺浄化槽を設置し、空気を送り込むブロアの配管をします。（浄化槽が動かないように、基礎と浄化槽をワイヤで縛っていました）

❻浄化槽に水を入れながら埋め戻します。

❼浄化槽上部にコンクリートを流し込み、完了。

●割栗石／基礎の下に敷く12～15㎝くらいの大きさに割った石。
●型枠／液体状の材料を固化させる際に、所定の形状になるように誘導する部材・枠組み。●メッシュ筋／ワイヤーメッシュまたは溶接金網。3～6㎜の鉄丸棒の縦線と横線を直角に配列させ、交わった点を電気抵抗溶接して製造したもの。

11 基礎掘削工事

必要な道具と材料

- □バックホー
- □バカ棒
- □ショベル角型
- □水糸
- □くわ

掘削する部分

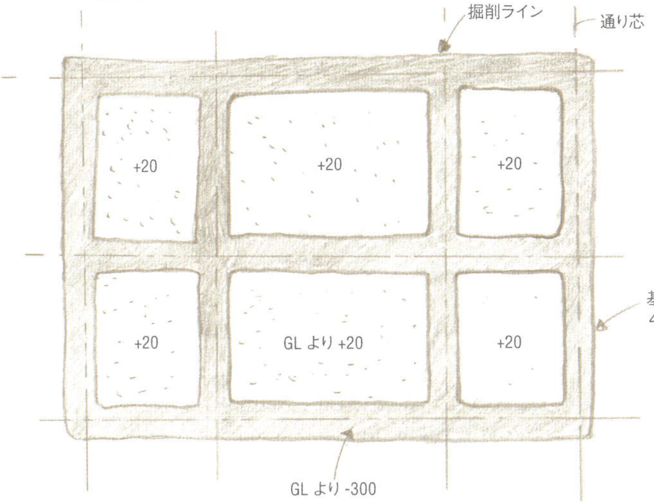

掘削の様子

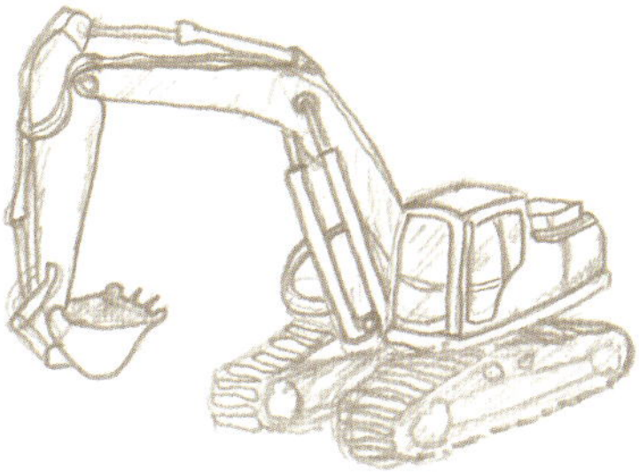

僕の家の基礎は「布基礎」（逆Tの字型の鉄筋コンクリートを連続させる基礎）ではなく、底版一面に鉄筋コンクリートを打ち、家の荷重を底版全体で受け止める「ベタ基礎」で計画しました。布基礎に比べてコンクリートの量は増えますが、手間がかからないので、セルフビルド向きです。その地中に埋め込む基礎根入れ部分を掘削します。

❶外周部と内部耐力壁の通り芯に沿って、46ページでつくった鉄筋を入れるために、深さ300mm、幅450mmの溝を掘っていきます。バックホーのバケット幅が450mmなので、その幅のまま掘っていきます。掘る場所に石灰のラインなどを付けておくと間違えません。僕はくわで少し掘ってラインを付けました。

❷掘削する以外のところは地盤面より20mm高くするので、堀った土の一部を室内側に入れます。

Point
掘削した部分の深さを測るのはバカ棒で

サトルのひとりごと

思うようには動きません

初めて操作するバックホーは思うように動きません。頭で考える方向に操作しても実際の動きは違ってしまい、歯がゆい思いをします。混乱して貫板にバケットを当てたりします。やれやれ。「これじゃあ、ちっとも終わりやしない」これだけの作業で1日半かかりました。この先、こんなことばかり続くのかと不安になります。

●布基礎／逆Tの字型の断面形状の鉄筋コンクリートが連続した基礎。●根入れ／地盤面（GL）から基礎の下端までの距離。●耐力壁／地震や風などの水平荷重（横からの力）に抵抗する能力を持つ壁。●バカ棒／掘削の深さや同じ長さのものを測るときに用いる簡単なものさし。

12 埋設配管工事

必要な道具と材料

□VUφ100塩ビ管　□VUφ50エルボ　□ボンド
□VUφ50塩ビ管　□グラインダー　□塩ビのこぎり
□VUφ100エルボ

排水管の計画

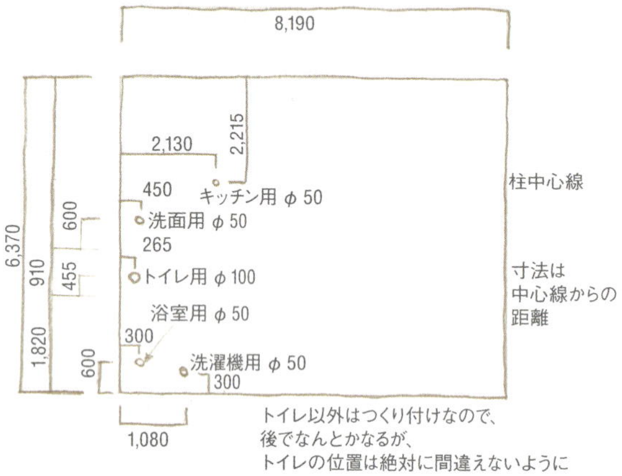

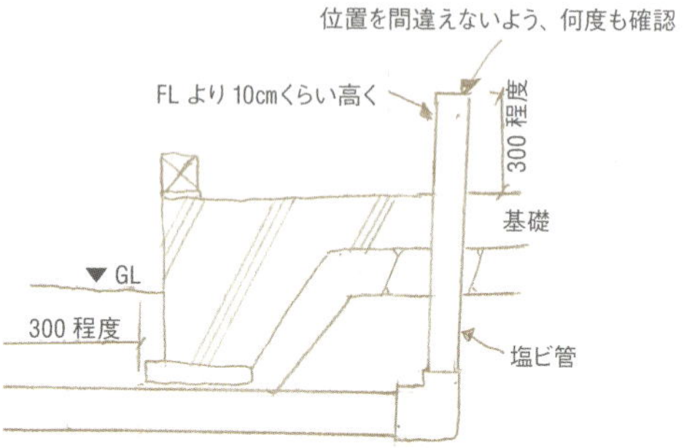

埋没したら蓋をする

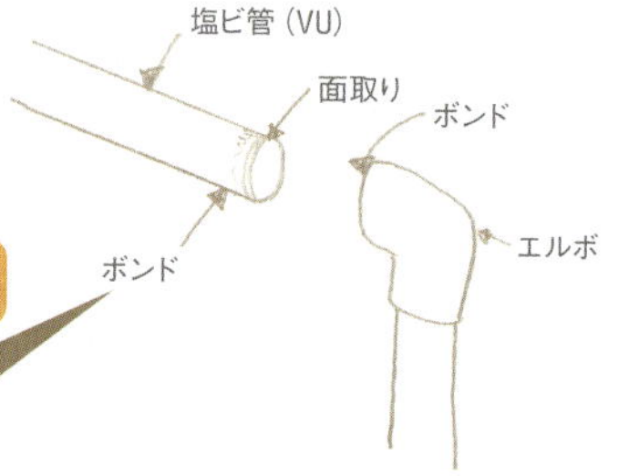

差し込んだ状態で 30 秒以上待つ。
早く手を離すと管も離れようとする

Point
ボンドのつけ忘れがないように

　僕の家では配管を基礎に埋設します。そのため、設置する位置を正確に出します。特にトイレは寸法を間違えると、便器が部屋の中央にこなかったり、取り付けられなかったりするので要注意です。

❶洗面用、洗濯機用、浴室用、キッチン用の配管はVUφ50の塩ビ管、トイレ用はVUφ100の塩ビ管を使います。それぞれ所定の長さに切り、切り口はグラインダーで面取りをします。継手はボンドで接着します。（98ページの給水・給湯配管工事参照）

Point
塩ビ管は
長めにして
おきます

❷それぞれの配管の位置を図面で確認しながら手堀りします。洗面やキッチンはつくり付けなので最終的に調整できますが、便器の配管位置はきっちり出します。水糸を張って、それを基準に配管します。（給水・給湯配管は水漏れのリスクが大きいので、外壁から差し込むように施工します）

❸配管まわりの土を埋め戻します。石が混ざると塩ビ管を傷めることがあるので、砂を入れてまわりを覆います。

Point
塩ビ管を
傷つけないように砂で覆います
埋設し終えたら、
塩ビ管に石などが
入らないように蓋をします

●面取り／角部を削り、角面や丸面などの形状に加工すること。

13 砕石敷き

必要な道具と材料

- □スコップ
- □くわ
- □一輪車
- □ランマー（コンパクターではダメ）
- □砕石RC-40

砕石を敷き均している様子。肉体労働が続きます

バカ棒の使い方

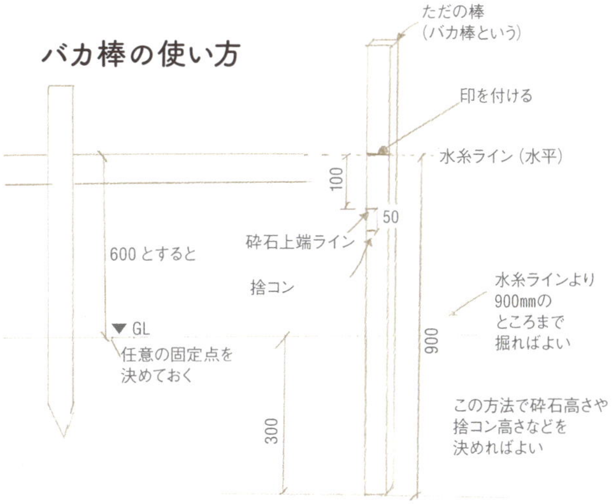

地盤面から水糸ラインの寸法（図では600mm）を測り、その寸法に300mmを加えたところに印を付けます。この印を水糸ラインに合わせて掘削した深さのところに当てていけば、いちいち測らなくても900mmの深さを確認できます

　コンクリートを打設する前に砕石を敷き込みます。

❶RC-40という砕石が10tトラックに満載されて到着しました。基礎の近くまで車を寄せて、遣り方に当たらないように気をつけながら、石を下ろしてもらいます。

❷仕上がりは100mmくらいの厚さにします。スコップやくわで全体に撒きます。ランマーで叩くと少し沈むので、20mmほど厚めに撒きます。

❸ランマーで砕石を締め固めます。

❹寸法通りになっているかどうか、バカ棒を使って確認します。地盤面からの高さではなく、基準はすべて水盛り遣り方です。そうしないと、すべてが狂ってしまいます。慎重に一つひとつ寸法を確認します。

Point
原点に立ち戻って、ミスがないかどうかチェック。
早めに気づくことが大切です

●砕石／天然の岩石を人工的に小さく砕き、道路やコンクリート用の骨材などの土木・建築用資材として使える粒度に加工したもの。●かぶり厚さ／鉄筋からコンクリート表面までの最短距離。

ランマー

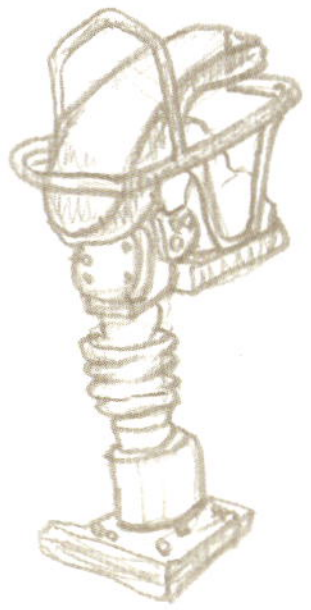

工務店からのリース。ひどく重いです。

❶エンジンをかけると動き出します。ホッピングジャンプの重量バージョン。押さえる手に鈍い振動が伝わり上下に動きます。最初はベタ基礎のスラブ（底版）部分。比較的広いので作業はしやすい。どこからどう叩いていいのかわからないので、とにかくグルグルまわります。端のほうは崩れやすいので叩きすぎないように。

❷ひと通り叩き終えたら、低くなりすぎたところをチェックして、もう一度砕石を均します。さらにランマーでもう一度叩いて高さを一定に。あまりにも高さが違いすぎると、コンクリートが必要以上に多くなったり、鉄筋のかぶり厚が足りなくなったりと、コスト面でも施工面でもロスが出てきます。

14 防湿シートと捨てコン

必要な道具と材料

□土間防湿シート　□一輪車　□水準器
□防水テープ　□バカ棒　□木材※
□コンクリート　□スコップ　□こて

※定規にするので反りが少ないもの。45㎜角×長さ2mくらいのもの

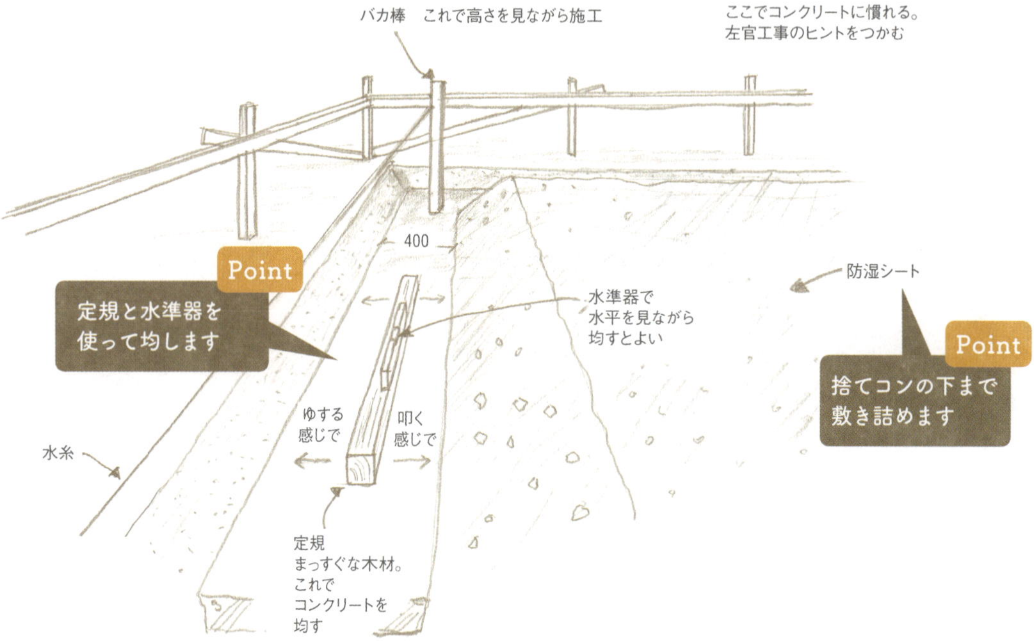

バカ棒　これで高さを見ながら施工
ここでコンクリートに慣れる。左官工事のヒントをつかむ
400
Point
定規と水準器を使って均します
防湿シート
水準器で水平を見ながら均すとよい
Point
捨てコンの下まで敷き詰めます
ゆする感じで
叩く感じで
水糸
定規
まっすぐな木材。これでコンクリートを均す

Point
風に飛ばされないように、重石を載せておきます。
シートが破れたら、防水シートで補修

防湿シート敷き

砕石の上、基礎部分全面に厚み0.2㎜の土間防湿シートを敷きます。居間や寝室に湿気が上がらないようにする防湿のシートです。シートの継ぎ目には防水テープを張ります。

捨てコンクリート

基礎の底面を平らにし、基礎コンクリートの墨出しや型枠を精度よくつくるためのコンクリート工事です。外周部の通り芯部分だけ、厚さ50×幅400㎜に打ちますが、この高さも水盛り遣り方を基準にとります。

❶工場から届いた生コンクリートを、一輪車に入れて運びます。
❷高さをバカ棒で見ながら、コンクリートを調整します。図のように定規と水準器で叩くように均します。
❸次にこてで均していきます。こての面すべてを使って均します。注意しなければならないのは、水盛り遣り方の中心線から高さを測りますが、つい中心線ばかりに気をとられて、そこだけを平らにしようとすること。全体的に高さを均一にしなければいけません。そうすれば、鉄筋や型枠工事の作業性がずっとよくなります。
❹1時間後に一度鏝でコンクリートを均し、その後1

防湿シートを敷いた上に、基礎の精度を上げるための捨てコンクリートを打ちます。本番のコンクリート打設の訓練だと思ってやってみましょう。

土間防湿シートを敷いている様子。塩ビ管のまわりにも忘れずに防水テープを張ります

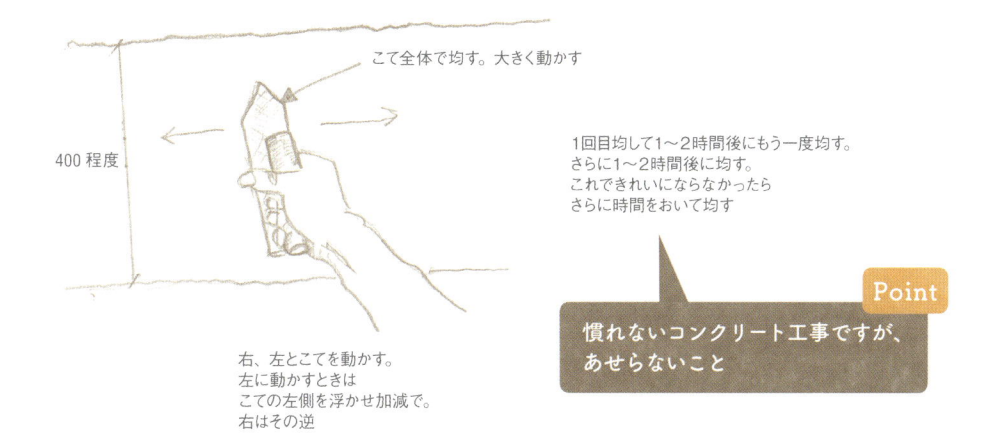

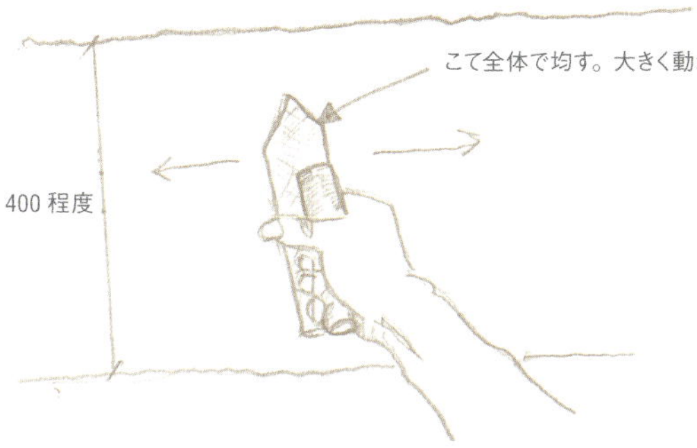

Point

慣れないコンクリート工事ですが、あせらないこと

〜2時間後にもう一度均して表面をきれいにします。きれいにならなかったら、少し時間をおいて、もう一度均します。捨てコンなのでそれほどきれいに仕上げる必要はありませんが、これからのコンクリート工事に慣れるためにやっておきましょう。

コンクリートを均すタイミング

　コンクリートを均す回数と時間は、季節とコンクリートの状態によって変わります。次のような目安を参考にしてください。

❶コンクリートを一度均して、しばらくすると水が表面に浮いてきます。

❷しばらくすると水がなくなり、表面はペースト状のセメントになります。ここでしっかり均します。

❸その後1〜2時間、寒い時期だと3時間くらいすると、ペースト状のセメントが固まってきます。そこでもう一度、こてで均します。

❹きれいにならなければ、少し時間をおいては均すという作業をしますが、時間をおきすぎても固まりすぎても、また触わりすぎても均せません。均す感覚を覚えること。漆喰塗りも同じ要領なので、ここで慣れておきます。

15 外周部通り芯と型枠の墨出し

必要な道具と材料

- □レーザーレベル
- □メジャー
- □水糸
- □墨つぼ
- □下げ振り
- □釘（28㎜くらいの小さいものも）

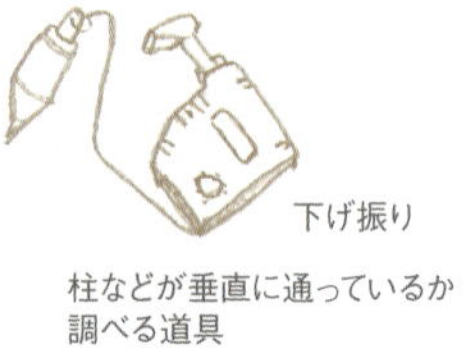
下げ振り
柱などが垂直に通っているか
調べる道具

水糸と下げ振りで墨付け

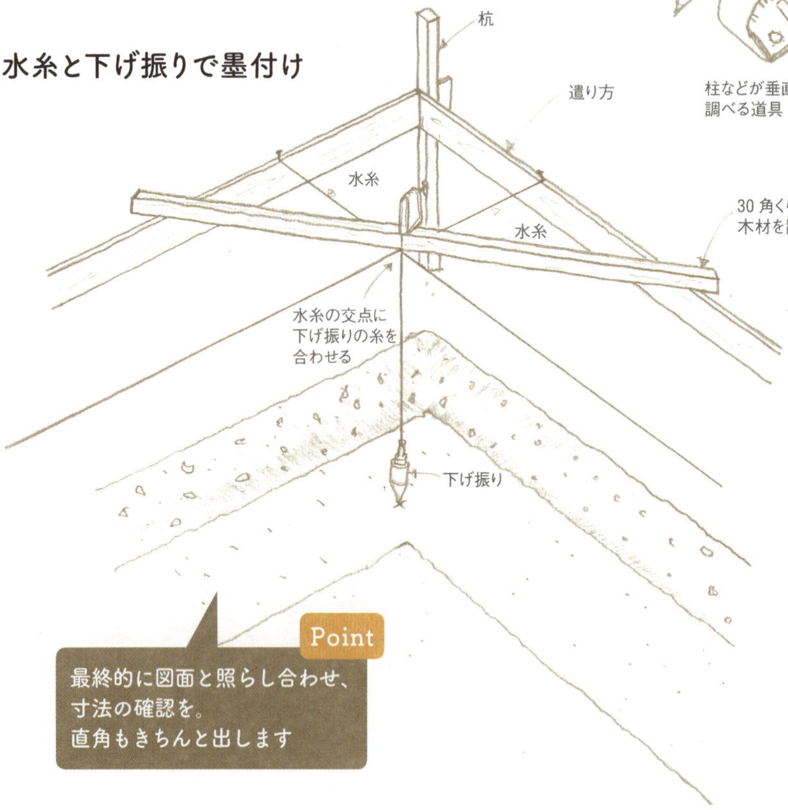
杭
遣り方
水糸
水糸
30 角くらいの
木材を置く
水糸の交点に
下げ振りの糸を
合わせる
下げ振り

Point

最終的に図面と照らし合わせ、
寸法の確認を。
直角もきちんと出します

釘を使って1人で墨出し

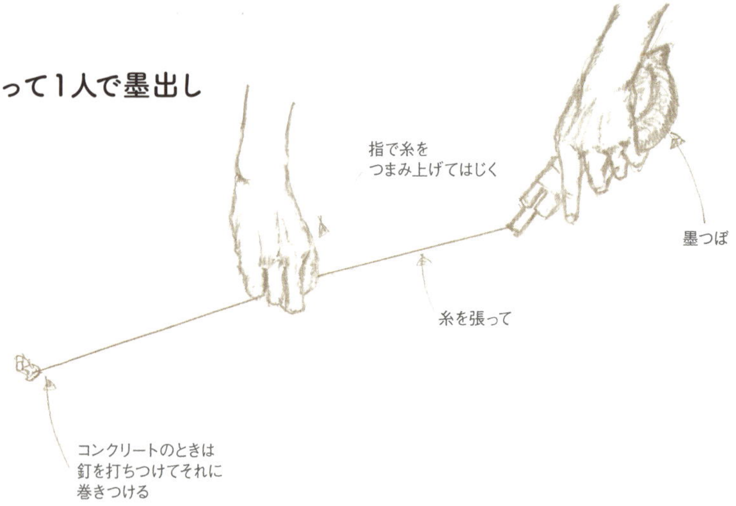
指で糸を
つまみ上げてはじく
墨つぼ
糸を張って
コンクリートのときは
釘を打ちつけてそれに
巻きつける

家を建てるということは、イメージをつくり形状や寸法を決めて図面にしたものを、
その通りにつくり上げていく作業です。
その基準となる正確な寸法や角度を出していきます。

図面通りに家を建てるには、寸法の間違いや角度の歪みを極力なくしていかなればなりません。そのために墨出しは重要な作業です。ここでは基礎をつくる前の墨出し。間違いのないように慎重に行います。

❶最初に外周部の通り芯の墨付けをします。水糸と下げ振りを利用し、水糸が交差する出隅の点４カ所を捨てコンに写します。

❷次に外周部の型枠が取り付くラインの墨付けをします。コンクリートに釘を打ち込み、そこに墨つぼの糸を引っ掛けて墨出しすれば、１人でもできます。

Point

鉄筋を組んでしまうと、
型枠の墨は付けにくくなるので、
ここで両方を出しておきます

冬の雨は冷たい。捨てコンクリートを打った後に雨が降りました。コンクリートの上には水が溜まっているところと溜まっていないところがあります。どうやら捨てコンが水平になっていないらしい。あんなに慎重に作業したつもりですが、水はウソをつきません。

測ってみると５㎝も違わないので、このままやっていこうと思います。気になるなら、もう一度低い部分にコンクリートを打ち直せばいいのですが、雨のせいか、そんな気にもなりません。この先、少々コンクリートの量が増えますが、しかたがありません。僕はせっせと水を抜き、表面を乾かして墨を付けようと決めました。

●下げ振り／柱などが垂直に立っているかどうかを調べるための道具。
●出隅／壁などの２つの面が突き合わさってできる外壁・内壁の角。

サトルのひとりごと

寸法の測り間違いなんて日常茶飯事

「1523㎜やな」と独り言を言いながら材料を切ります。1523㎜、1523㎜と呪文のようにつぶやきます。

「えーと、1532㎜やな」

印をして切ります。ミスに気づかず、切った材料を持って合わせてみます。

「あれー、おかしいなぁ」

寸法が違うので当然入りません。もう一度試してみますが、入りません。現場の寸法と材料の寸法を測り直してみて、ようやく間違いに気づきます。

「おかしいなぁ」

自分が悪いのに、メジャーを眺めて責任転嫁しようとします。

こういうことは日常茶飯事なのです。最初にたくさん失敗するので、こんなことでは、これからの工事の間違いによる材料の損失もバカにならないのではないか、ほかの人に任せたほうが安くなるのではないか、と不安になったりします。

しかし、何度か失敗を重ねると、間違える原因がわかってくるので、失敗は減ってきます。完成に近づく頃には、自分で測った寸法にすっかり自信がついて、やり直しをすることはほとんどなくなります。そうなると、作業も効率もどんどんよくなって仕上がってきます。

寸法はだれが測っても同じです。ウソはつきません。

16 鉄筋工事

必要な道具と材料

□ハッカー　□カットベンダー
□結束線　□鉄筋
□スペーサー（コンクリート製のサイコロ状のもの）

鉄筋組みのイメージ

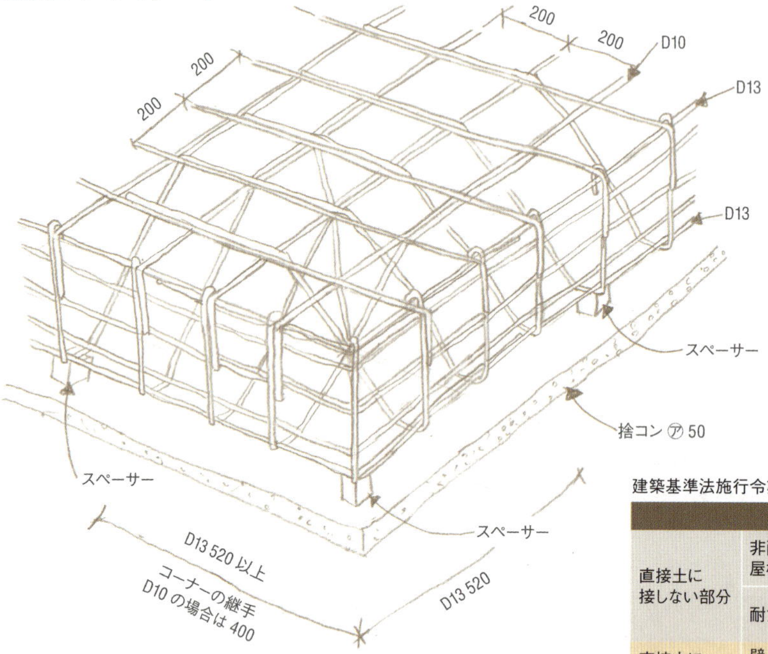

建築基準法施行令第 79 条による「かぶり厚さ」

部位			かぶり厚さ
直接土に接しない部分	非耐力壁・床・屋根スラブ	屋内	2cm
		屋外	3cm
	耐力壁・柱・梁	屋内	3cm
		屋外	4cm
直接土に接する部分	壁・柱・梁・基礎立上部分り		4cm
	基礎		6cm

水、空気、酸または塩による鉄筋の腐食を防止し、かつ鉄筋とコンクリートを有効に付着させることを目的とした厚み。寸法は鉄筋からコンクリート表面までの最短距離のこと

鉄筋コンクリート造のベタ基礎の鉄筋を組む工事です。着工前に曲げておいた鉄筋を並べます。

２階建ての家ではD13（異形鉄筋で鉄筋径が約13mm）を150mmピッチで組みますが、僕の家は平屋なのでD10（鉄筋径約10mm）にしました。これを鉄筋組みの図面に合わせて並べていきます。次に外周部の鉄筋を並べていきます。順番を間違えるとやり直しなど時間がかかるので注意します。

❶図のような鉄筋組みを組み上げます。６mの異形鉄筋を買ったので、鉄筋をつないで使うところが出てきます。そのときは継手をしてつないでいきますが、制約があります。

Point
継手の位置と長さを考慮しながら組み立てます

継手にフックを設けない場合は、鉄筋径（太さ）の40倍の長さ（D10なら400mm、D13なら520mm）が重なり合っていなければなりません。それを見越して、鉄筋を測り、切り、曲げていきます。

❷ハッカーと結束線を使い、スラブと内部の鉄筋を組んでいきます。２mくらいの間隔で鉄筋を結束しながら組みますが、この段階ではすべてを留めず、全体的に鉄筋が組まれてからしっかり結束します。

❸スラブの鉄筋の下に、２m間隔くらいでコンクリートのスペーサーを入れます。

基礎のコンクリートを打設するための鉄筋を組みます。
コンクリートの厚みは、セルフビルドしやすい高さに抑えましたが、それでも手間はかかります。

太さによる継手の長さ

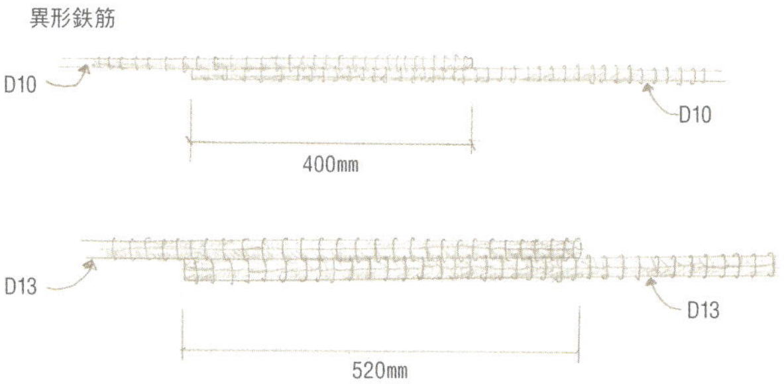

貫通口の補強

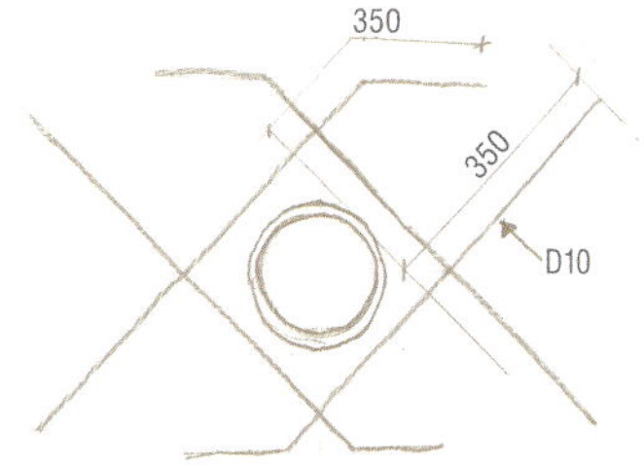

配管など基礎を貫通する孔の直径が60mm以上ならば補助筋が必要。図のように鉄筋補助をします

隣り合うときの継手位置にも注意

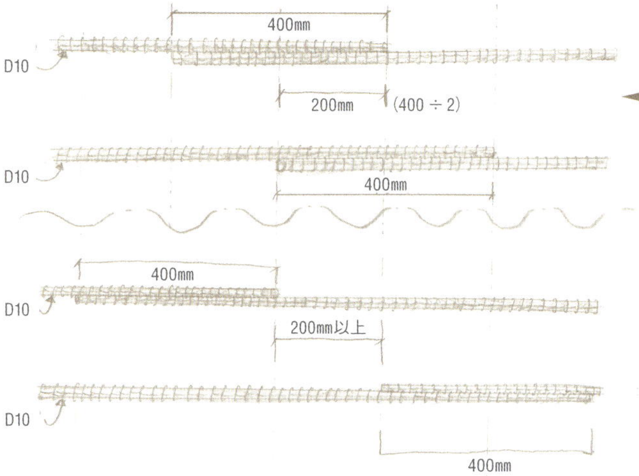

Point
これを守らないと強度不足になるので注意

スラブ筋を並べている状態。外周部の鉄筋を結束する前に、主筋を配っておきましょう。後で入れようとすると入れにくくなります

❹外周部の鉄筋を組んでいきます。このときに墨と合っているか確認しておかないと、かぶり厚さがとれなくなります。表のようなかぶり厚さがとれていない鉄筋コンクリート造は寿命が短くなりやすいので、きちんと施工します。
❺配管などの貫通口の周囲は、補強します。
❻組み上がったら、全体を結束します。僕はスペーサーを910mm間隔以内に納めました。

Point
一部分から仕上げるのではなく、全体を少しずつ完成させるほうが効率はよくなります

●ハッカー／鉄筋と鉄筋を結束線（針金）で締め付けるときに使う道具。●スラブ／荷重を支える鉄筋コンクリート造の床。●異形鉄筋／表面に凸凹の突起を付けた棒状の鋼材。●スペーサー／鉄筋コンクリートを打設する際、鉄筋が動かないように固定させるとともに、必要なかぶりを保つために用いる材料。●かぶり厚さ／鉄筋からコンクリート表面までの最短距離。●主筋／鉄筋コンクリート造で、主に曲げモーメントによって生じる引張力に対して配置された鉄筋。●スラブ筋／スラブに網目模様のように張りめぐらせた鉄筋。

17 型枠工事

必要な道具と材料

□インパクトドライバー　□水準器　□金づち　□ビス　□釘（45㎜）
□ベニヤ（12㎜厚）　□木材（30×60㎜、60×60㎜、30×30㎜）
□木杭（45×45㎜程度）　□墨つぼ　□レーザーレベル　□振動ドリル

型枠パネル

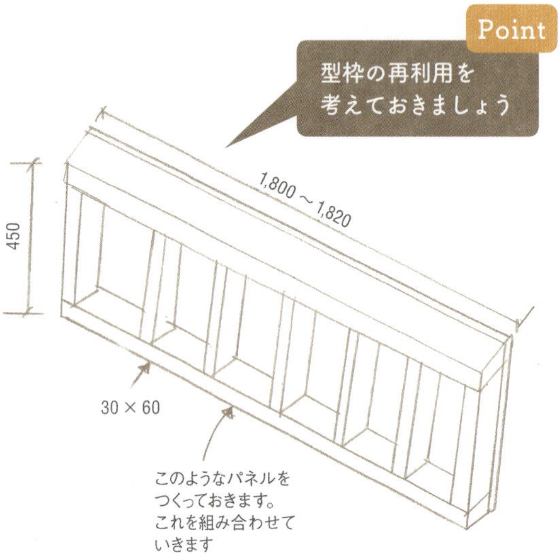
Point
型枠の再利用を
考えておきましょう
450
1,800～1,820
30×60
このようなパネルを
つくっておきます。
これを組み合わせて
いきます

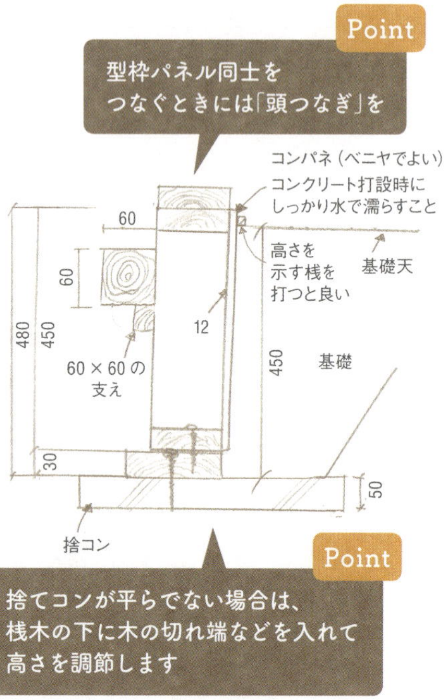
Point
型枠パネル同士を
つなぐときには「頭つなぎ」を
コンパネ（ベニヤでよい）
コンクリート打設時に
しっかり水で濡らすこと
60
60
高さを
示す桟を
打つと良い
基礎天
480
450
12
60×60の
支え
450
基礎
30
50
捨コン
Point
捨てコンが平らでない場合は、
桟木の下に木の切れ端などを入れて
高さを調節します

型枠工事をセルフビルドで行うとなるとたいへんです。一般的な布基礎や立上りのあるベタ基礎は、型枠工事もコンクリート打設も2回に分けて行うことも少なくありませんが、僕の家の基礎は外周部を囲う型枠だけをつくればいいので、１回のコンクリート打設で済み、作業が簡単になります。型枠の面積が少ないので、コストも下げられます。型枠工事屋なら、使った型枠を使いまわせますが、セルフビルドではそういうわけにもいかず、型枠の面積を減らすことがコスト削減になるのです。

型枠工事は、墨付けがしっかりできていれば、それに従って取り付けるだけです。しかし、コンクリート打設のときに、コンクリート圧で型枠がふくらんでしまうので、「これでもか」というくらいがっちり固定することが重要です。型枠が壊れてしまうと工事を中止せざるを得なくなりますから、しっかり施工します。僕の場合は型枠を借りましたが、ここではセルフビルドならではのつくり方を解説します。

❶型枠のパネルをつくります。12㎜厚のベニヤ板と桟木を切り、釘またはビスで取り付けて、左図のようなサイズのパネルをつくります。

❷捨てコンに付けた型枠の墨部分に、105×30㎜の桟木を取り付けます。桟木とコンクリートを重ね、振動ドリルを使って穴をあけ、コンクリートビス75㎜で留めます。

❸ ❷の上に型枠パネルを取り付けます。パネルとパネルのジョイントは、3本ほどのビスで取り付けます。

❹型枠がふくらむのを防止するために、60㎜角の木材を型枠に取り付けます。ビスで取り付けますが、材の自重でうまくいかない場合は、下を30㎜角の桟木で受けるようにするといいでしょう。

❺型枠がコンクリート圧で開いてしまうのを防ぐために、方杖を取り付けます。１ｍくらい離れたところに杭を打ち、それに緊結します。900㎜以上間隔をあけ

基礎にコンクリートを流し込むための型枠をつくります。コンクリートは重い液状なので、型枠をしっかりつくらないと、歪んだ形になってしまうので注意しましょう。

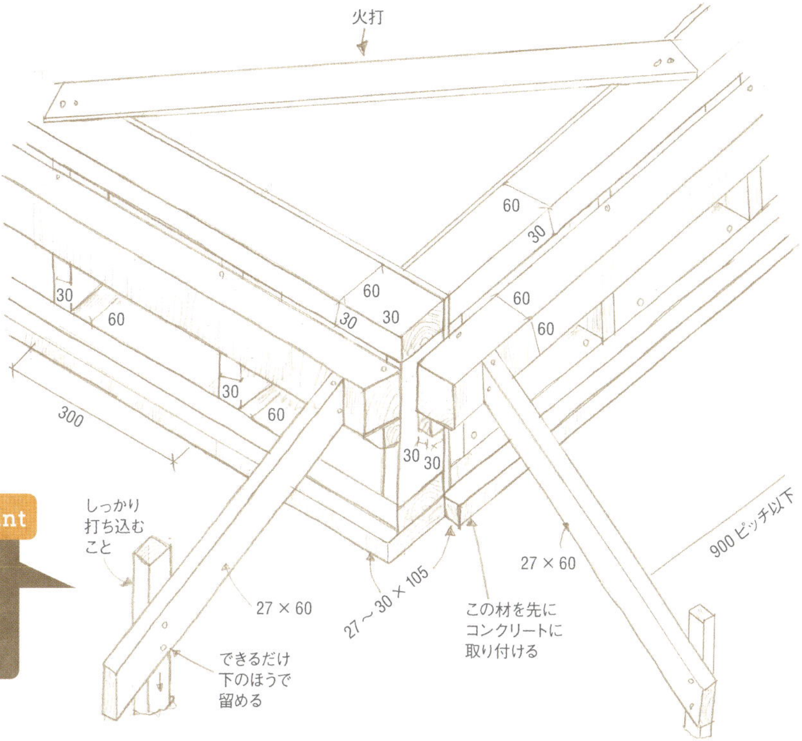

Point

杭をしっかり打ち込み、型枠を支える方杖を固定します

ずに取り付けるといいでしょう。

❻型枠が歪まないように、型枠の天端に火打を入れます。また、型枠パネル同士をつなげるときには、左ページ右図のような「頭つなぎ」を取り付けます。

❼ここで寸法の最終チェックをします。対角線や型枠の立ち具合、トイレの排水管の位置などの寸法は正確に出ていますか？　コンクリートを打ってからでは遅いので、ここは時間をとって確実にチェックします。

❽レーザーレベルを使って、型枠に基礎の天端の墨付けをします。中央部分4箇所ほどに、基礎天端の高さを示す杭または鉄筋を挿入しておきます。コンクリート打設中に高さが決まったら、引き抜きます。

❾❽で付けた墨に12mm角程度の桟木を取り付けます。コンクリートを打つと墨が見えなくなるからで、これを頼りにコンクリートを打ちます。

サトルのひとりごと

確認、確認、また確認

　おーっ。最後に寸法確認をしたところ、歪んでいるのがわかります。どこでどう寸法が変わってしまったのか、考えます。どうやら型枠が垂直に立っていないようです。無理矢理力づくで固定し直します。確認を怠ると、これからえらい目に遭います。ほんとうにしつこいくらいに確認しましょう。

●桟木／建築で用いる角材。●方杖（ほおづえ）／柱と横架材などの取り合いに斜めに入れる部材。●火打／歪みを防ぐために、水平面上で直交する部材の隅に斜めにかける補強材。●天端／構造部の一番高いところ。

18 アンカーボルト取り付け

必要な道具と材料

- □水糸　□接着剤式アンカーボルト(ケミカルアンサー)
- □結束線
- □アンカーボルトM12 長さ400mm(ホールダウン金物が必要ならM16 長さ600mm)

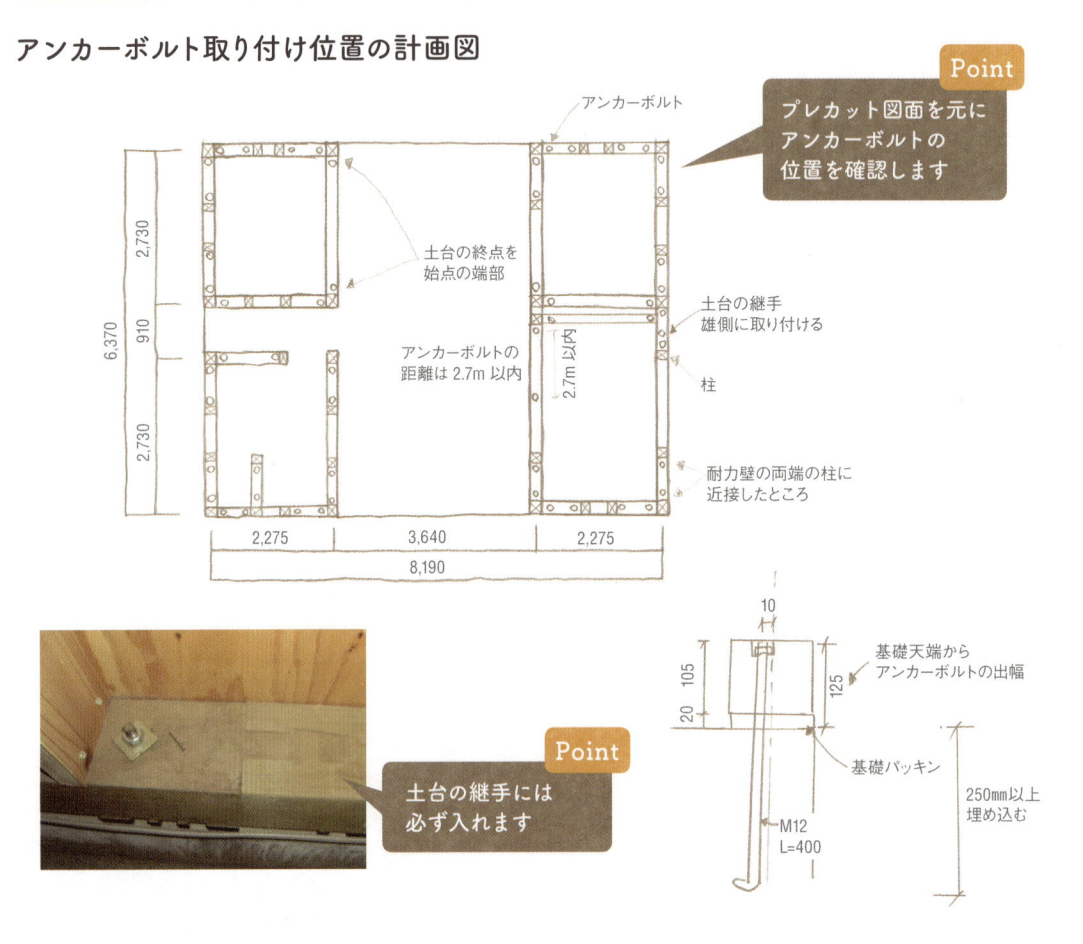

アンカーボルト取り付け位置の計画図

Point
プレカット図面を元にアンカーボルトの位置を確認します

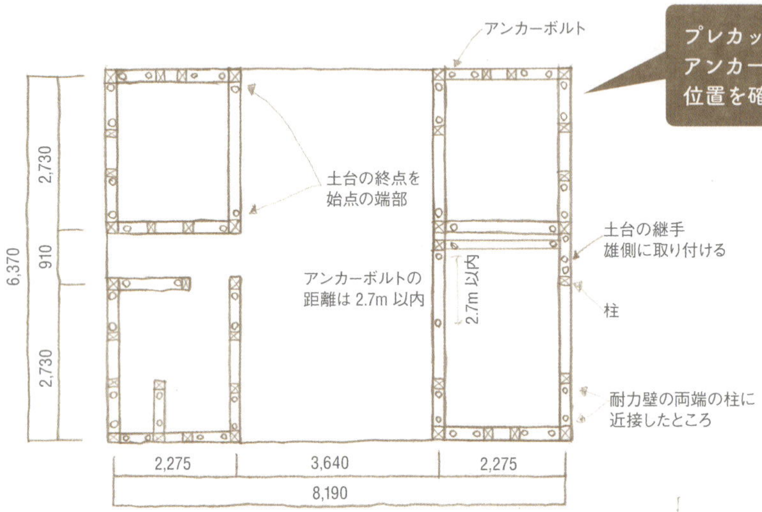

Point
土台の継手には必ず入れます

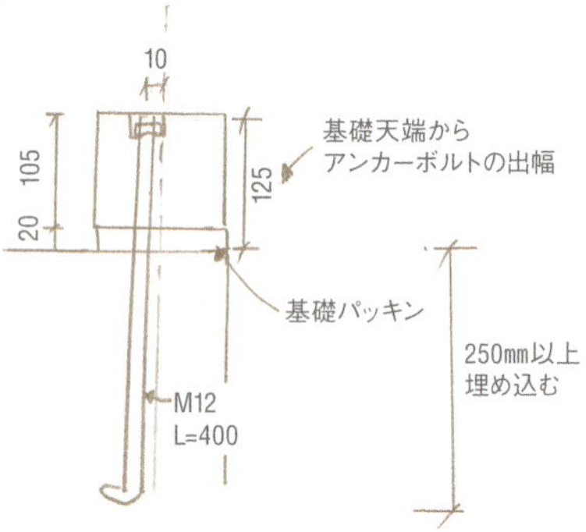

　木造建築物の土台を基礎に固定するために、コンクリートに埋め込む金具がアンカーボルトです。コンクリート打設前に、鉄筋などに結束しておかなければなりません。

❶アンカーボルト取り付け位置計画図にしたがって、アンカーボルトを取り付けていきます。

❷水糸を使って位置を出し、柱の中心から200mm以内(150mmくらいがよい)に取り付けます。埋め込み寸法は250mm以上必要です。

　土台の高さなどを考慮して位置を決め、主筋などに結束線で固定します。不安定な感じですが、これで我慢します。アンカーボルトを固定する金具も売っていますが、僕はコスト削減で使いませんでした。

❸アンカーボルトの取り付け位置に対する基本的なポイントは以下の通りです。

- 耐力壁の両端の柱に近接したところ
- 土台の継手。雄木のほうだけでもよい
- 土台の終点・始点の端部
- アンカーボルトとアンカーボルトの間隔は2,700mm以内

❹根太がなく大引きに24mm以上の合板を張り付ける場合やじかに仕上げをする場合は、土台に座彫りをし

**コンクリートの基礎に構造材を固定するための金具・アンカーボルトは、
コンクリートを打設する前に、鉄筋などに結束しておきます。**

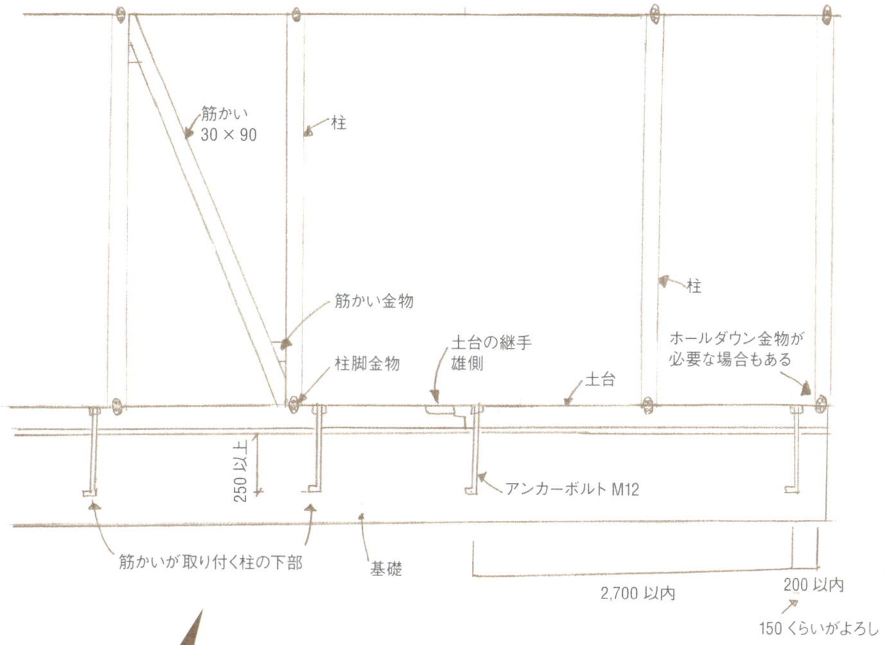

Point

**取り付けたボルトのネジ部分は
テープで養生するのを忘れないように。
コンクリートが付着すると、
ナットがまわらなくなります**

ておく必要があり、その分、アンカーボルトの埋込み寸法を調整しなければなりません。

❺もし、アンカーボルトを入れ忘れた場合は、接着剤式アンカーボルトで対処します。振動ドリルで穴をあけ接着剤を注入。そこにアンカーボルトを差し込んで、基礎と土台を一体化させるのです。

●耐力壁／地震や風圧による水平力や建物の自重、積載荷重、積雪荷重などの鉛直力に抵抗するための構造的に重要な壁。●根太／床を張るための下地で、在来軸組構法では大引きの上に垂直に張る。●大引き／木造1階の床組みで、根太を受ける部材。●座彫り／ボルトを設置するときに、その他の材を載せても障害にならないように、ボルトやナットが材からはみ出さずになかに納まるように、材を掘り下げること。

サトルのひとりごと

侮《あなど》ることなかれ

アンカーボルトは思ったよりたくさんの数があります。僕の家は55カ所と土台の継手1カ所（ここは接着剤式アンカーボルトで施工）。最初は「こんな作業、ちょちょいのちょい」なんて侮っていましたが、けっこう時間がかかり、丸一日かかってしまいました。

結束線で結束しても、ひどく不安定で、イライラは絶頂に達します。独り言が増えてくるのです。どうしようもなく崩れてしまうものは、コンクリート打設時点で調整しようと思います。しかし、「後で後で」と言っていると必ずしっぺ返しがくるものです。僕はそれを恐れます。

19 コンクリート打設

必要な道具と材料

- □コンクリート
- □バイブレーター
- □シューター
- □角スコップ
- □トンボ
- □こて
- □長靴
- □水準器
- □定規

Point
バイブレーターは常に鉛直方向に差し込みます。鉄筋・配管・型枠に接触しないように、5〜18秒くらい振動させます

Point
コンクリートはゆっくり打ちましょう。勢いよく流し込むと、型枠に負担がかかります

Point
作業は3人くらいでやりましょう

①角スコップとトンボでコンクリートを均していく（ある程度高さを見ながら）
②バイブレーターを挿入。高さが沈んだところにはコンクリートを打設

バイブレーター

コンクリートが隙間なく打てるように掻きまわす道具。コンクリートが入りにくい出隅などでは特にしっかり

コンクリート打設

コンクリートを型枠内に流し込む作業です。僕の家の基礎は単純なので、ただ流し込むだけ。コンクリートポンプ車も必要ありません。コンクリート設計基準強度は21N/㎟（強度補正＋３N/㎟＝24N/㎟、気温８〜16℃の場合は27N/㎟）で、スランプは150㎜、骨材20〜25㎜。生コンを発注するときには「呼び強度24または27-15-20（25）」といえば、わかります。

コンクリートは自分でも練れますが、強度が不安定になるので、それはやめておきましょう。基礎工事のようにたくさんのコンクリートが必要な場合は、生コンを頼んだほうがいいと思います。

コンクリートと接する部分の型枠を水で濡らします。湿らせる程度でいいでしょう。

❶生コン車をできるだけ型枠に近づけて、コンクリートを流し込んでいきます。

❷流し込んだコンクリートを角スコップとトンボで均していきます。

❸流し込んだところに60㎝くらいの間隔でバイブレーターを差し込んで、締め固めていきます。

❹基礎の中央付近はシューターを使って流し込みます。シューターがなければ、人力で流します。

❺ある程度均したら、定規と水準器で確認して、さらに水平が出るように均します。

❻こてを使って、一度均します。

アンカーボルトが頻繁に傾くので、垂直に立つよう補正します。アンカーボルトの高さが下がるのにも気をつけて直します。外周部近くのものは後でも直せますが、内部のアンカーボルトは、コンクリートを打ちながらでないと調整できません。時間がたつと直しにくくなるので、早めに確認。

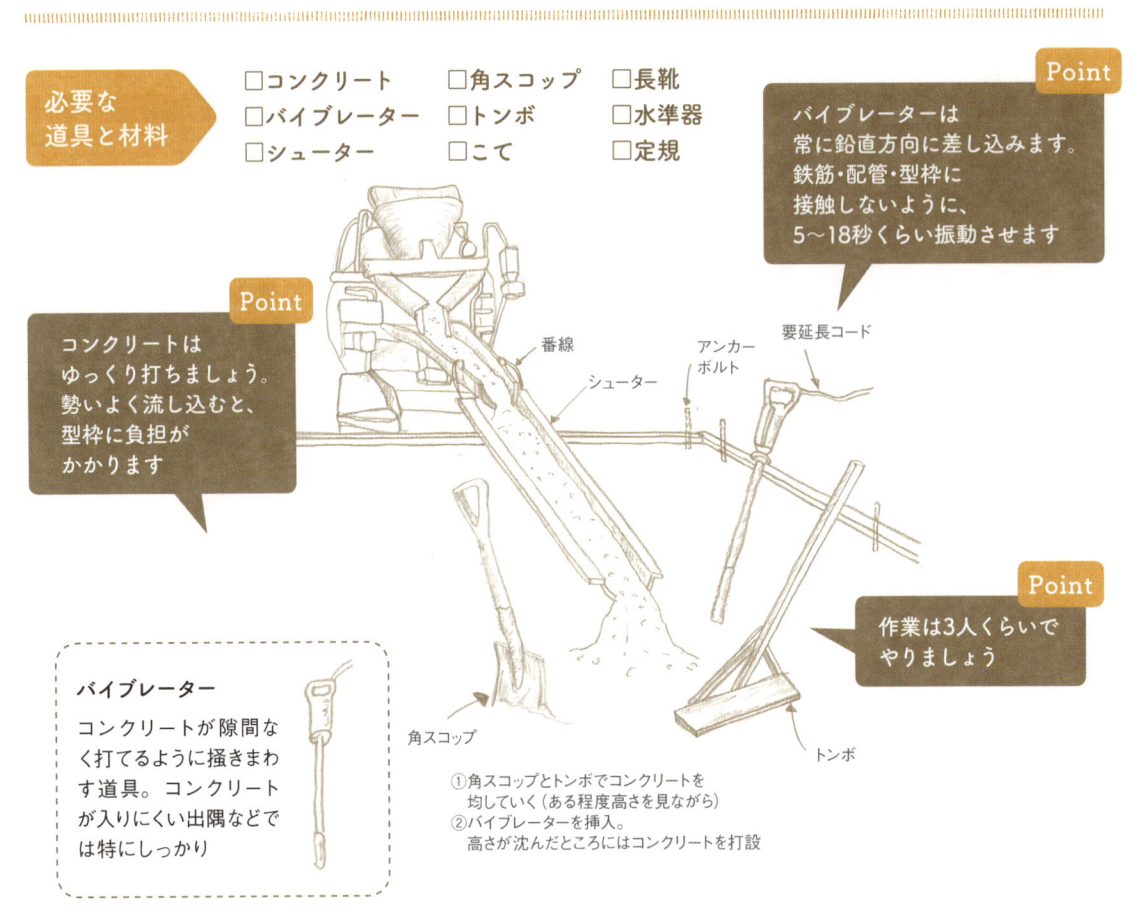

型枠のなかにコンクリートを打設する作業です。生コン車を頼んで、コンクリートを流し込み、均していきます。人手が必要です。

打設直後の様子。水が浮き出てきますが、時間がたつと引いていきます

型枠を取り外したところ。右下の丸で囲ったような隙間が問題。これは許せる範囲と判断しました

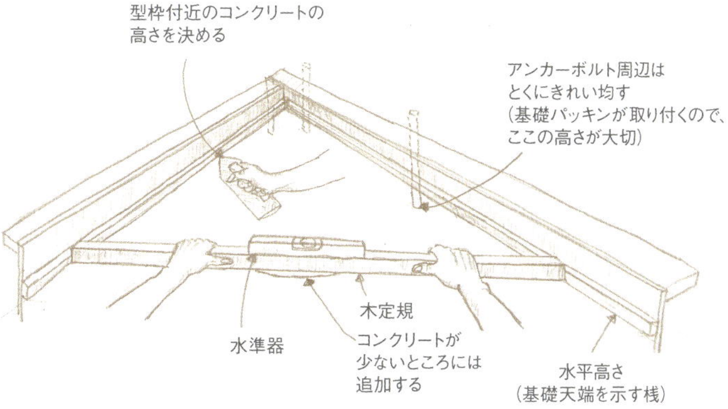
型枠付近のコンクリートの
高さを決める
アンカーボルト周辺は
とくにきれい均す
(基礎パッキンが取り付くので、
ここの高さが大切)
木定規
水準器
コンクリートが
少ないところには
追加する
水平高さ
(基礎天端を示す桟)

❼1～3時間おきに4回ほどこてで均します。きれいにならなかったら、5回6回と均します。この日は夜までこて均しが続きました。

❽アンカーボルトの周囲は、特にきれいにしておきます。アンカーボルトの傾きと埋め込みの深さをもう一度確認します。

型枠を外す

3日間養生します。この間は材料を買ったり勉強したりしました。さて、型枠を取り外しますが、コンクリートが隙間なく打てているかどうか心配です。たくさんの隙間ができていても、もう戻るのは無理。コンクリート打設は1回勝負です。少しの隙間ならモルタルで埋めます。大きな隙間は、なにか対策を考えなければいけません。

おそるおそる型枠を外しましたが、あまり大きな隙間もなく打てていました。全体を確かめて補修したら、土を埋め戻します。地盤面（GL）からコンクリートが出る部分300mmまで埋め戻します。

作業を始めて、あっという間の1カ月でした。

●コンクリートポンプ車／生コンクリートを離れた場所に圧送する装置を持った作業車。●強度補正／コンクリートとの強度を確認するための試験体と現場で使うコンクリートとの強度差を補正するもの。●スランプ／生コンクリートの流動性を示す値。

サトルのひとりごと

くれぐれも型枠は強固に

コンクリート流し込みの日は緊張します。コンクリートは10m^3発注し、友人と左官屋さんの3人で作業を始めます。コンクリートが1/3くらい打てたときです。

「おっ、型枠が開いてる！」友人が叫びます。

「ホンマカイナ」

見るととんでもなく開いています。これはヤバイ。とんでもないことになってきた。

すぐコンクリート打設を中断して、型枠を元に戻そうとしますが、コンクリートの圧力は強く、ビクとも動きません。元に戻らないので、コンクリートの上にひざまづき、ただただ目の前のコンクリートを手で掻き出します。おかげで服はコンクリートだらけになりましたが、なんとなく元に戻し、補強して再開します。

ところが、今度は生コンが足りなくなり、コンクリートを追加しました。節約第一のギリギリの量です。最後の生コン車到着。流し込み始めましたが、「なんじゃー、足りんやないの」

もう散々です。しかたなく強度に影響のなさそうなところから少しずつはしょりました。トホッ。

20 屋外排水管工事

必要な道具と材料

□スコップ　□塩ビのこぎり　□山砂
□水準器　□ボンド　□各種塩ビ管
□定規　□グラインダー

図1 屋外排水管の全体イメージ

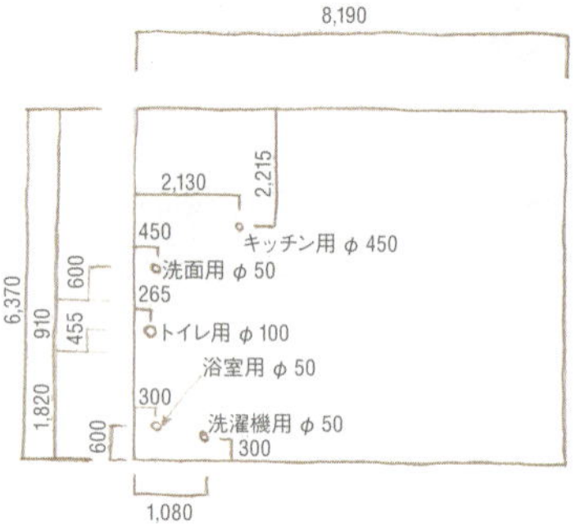

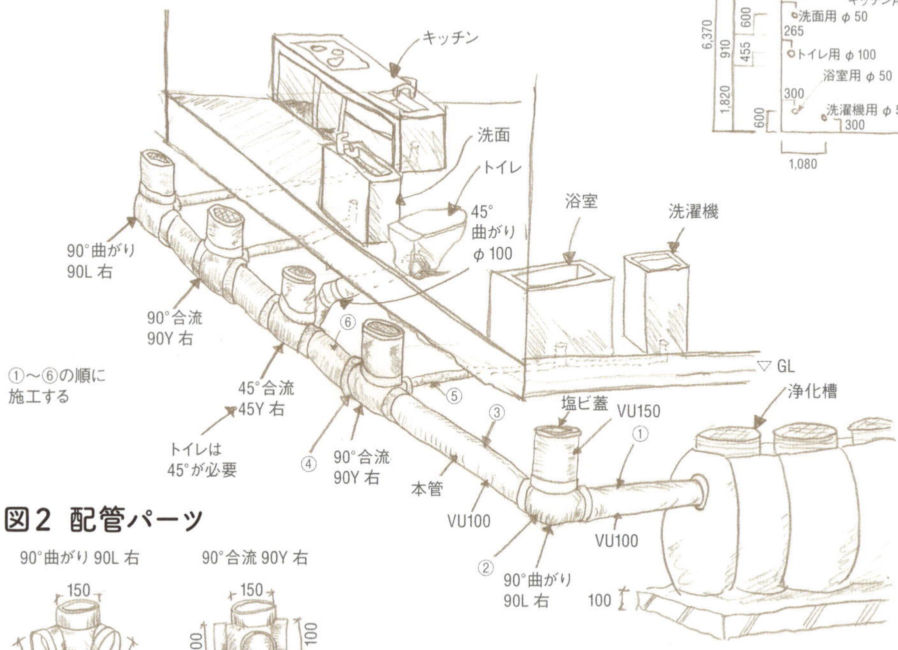

※水まわりをまとめると施工が楽に。
コストもおさえられる。

図2 配管パーツ

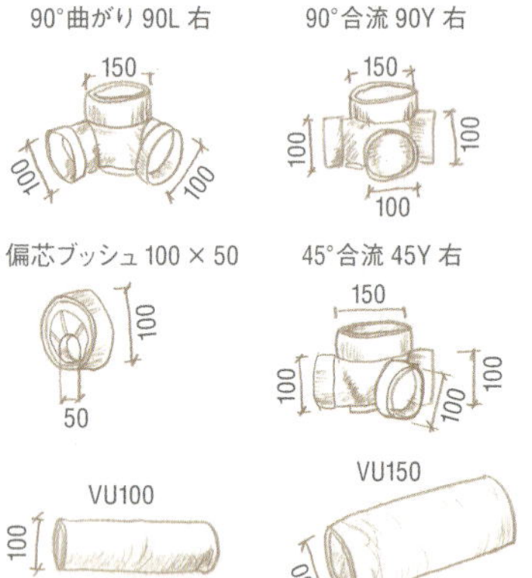

図3 配管を組む

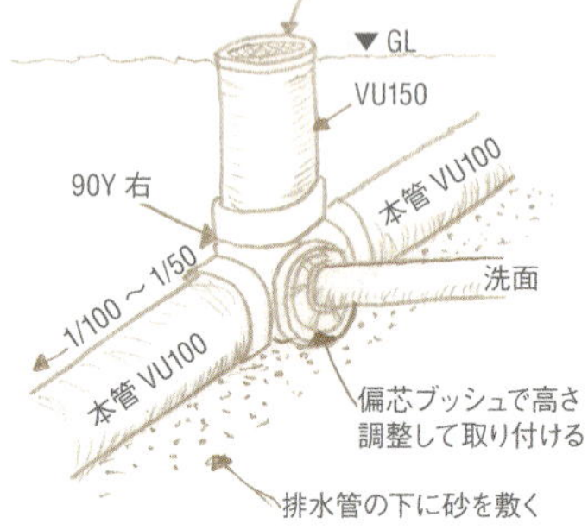

図4 配管場所を掘る

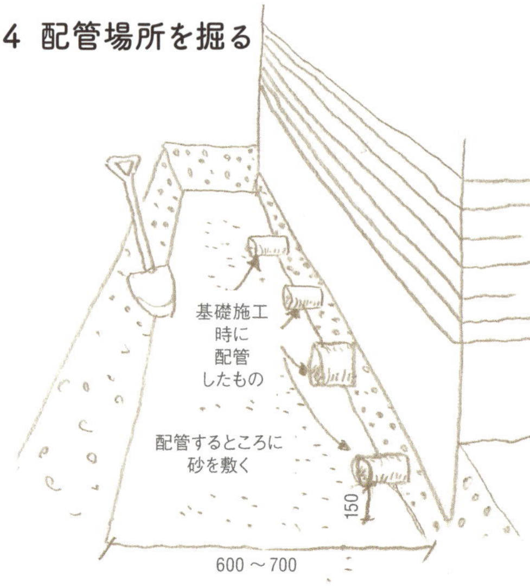

※塩ビ管を取り付けるときはしっかりと面を取り、ボンドを付けて施工すること

排水を浄化槽に流し込む配管の屋外部分の工事です。
浄化槽への勾配がきちんととれていることを確認しながら配管します。

図5 排水桝を仮置きする

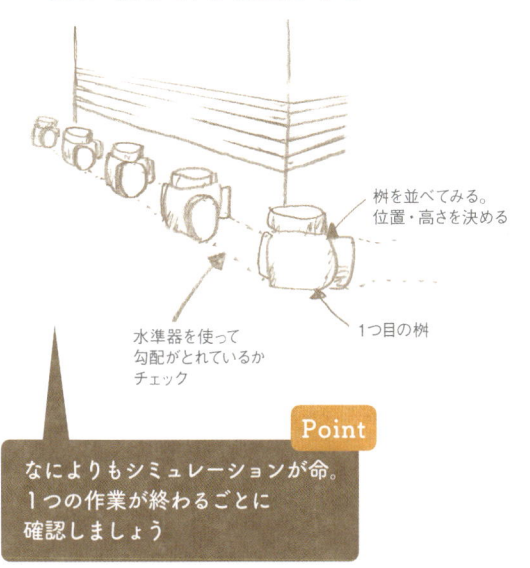

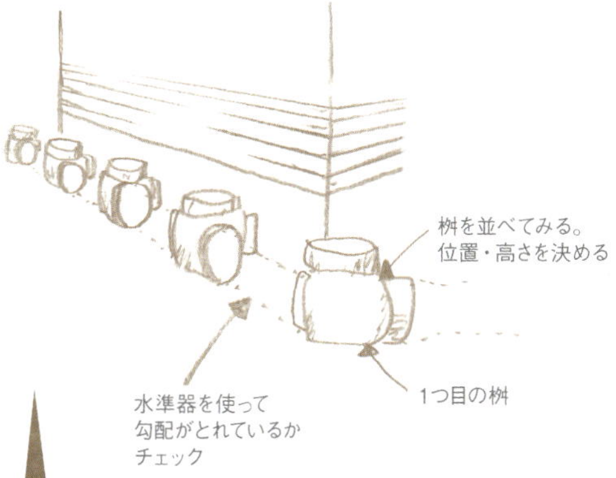
桝を並べてみる。
位置・高さを決める
水準器を使って
勾配がとれているか
チェック
1つ目の桝

Point
なによりもシミュレーションが命。
１つの作業が終わるごとに
確認しましょう

図6 つなぐたびに切断する

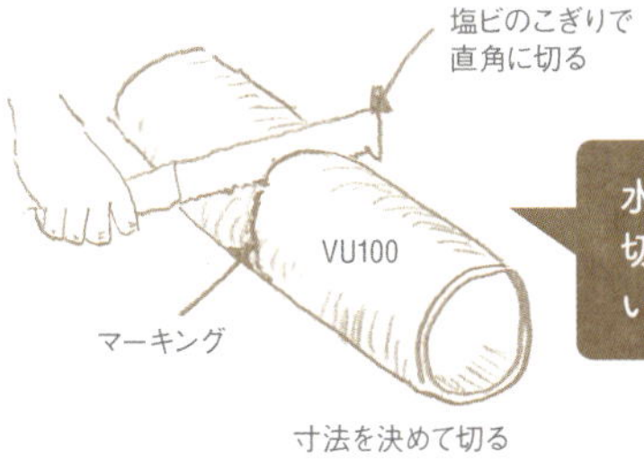
塩ビのこぎりで
直角に切る
VU100
マーキング
寸法を決めて切る

Point
水下から１つずつ
切断・接着して
いきます

図7 つなぐときの注意点

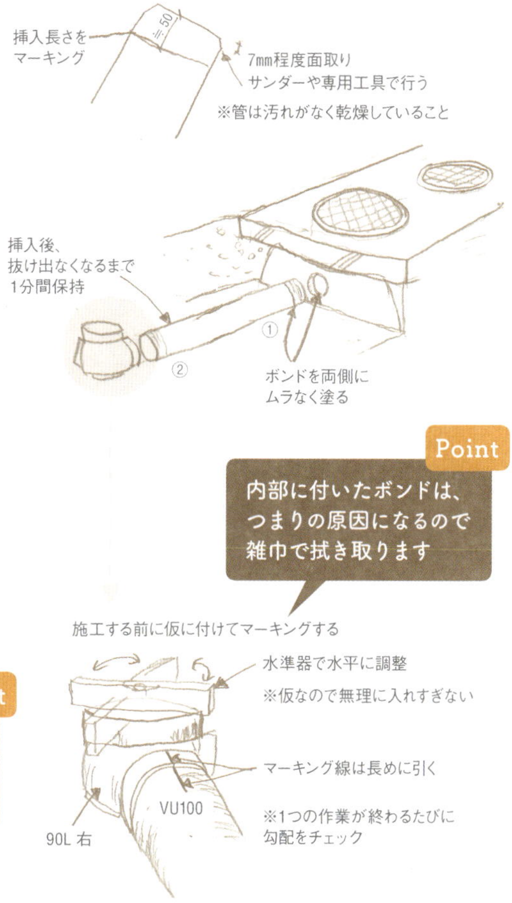
挿入長さを
マーキング
≒50
7mm程度面取り
サンダーや専用工具で行う
※管は汚れがなく乾燥していること
挿入後、
抜け出なくなるまで
1分間保持
①
②
ボンドを両側に
ムラなく塗る
Point
内部に付いたボンドは、
つまりの原因になるので
雑巾で拭き取ります
施工する前に仮に付けてマーキングする
水準器で水平に調整
※仮なので無理に入れすぎない
マーキング線は長めに引く
VU100
90L 右
※1つの作業が終わるたびに
勾配をチェック

トイレやキッチンからの排水を浄化槽に流し込む配管の屋外部分の工事です。土中に埋め込まれている部分なので、どのような構造になっているか、わかりにくいと思いますが、全体図のようにそれほど複雑ではありません。配管の各パーツを組み合わせるだけです。気をつけなければいけないのは、浄化槽への勾配がちゃんととれていないと、汚物が流れないということです。そこをしっかり押さえます。

❶基礎のときに設置した配水管の下端から150㎜ほど深く土を掘り下げます。幅は600～700㎜。そして浄化槽にきちんと接続できるまで深く掘り下げます。配管の下には山砂を撒きます（図4）。

❷排水桝が取り付く場所に配管を並べて仮置きしてみます。きちんと排水が流れるようになっているか確認するシミュレーションが重要です。全体の排水勾配は1/100～1/50になっているようにします（図5）。

❸水下《みずしも》になる浄化槽の入口から配管を接着していきます。主要な配管はVUφ100の塩ビ管を使用。寸法を測り、塩ビのこぎりで直角に切ります（図6）。サンダーなどで面取りし、汚れなどを拭き取ります。

❹浄化槽入口と面取りした配管の両方にボンドを塗り、１分間くらい圧着します（図7）。

❺桝部分では水準器を当て、水平を確認します。ボンドをつける前に仮付けしてマーキングし、確認してか

図8 立ち上がりの施工

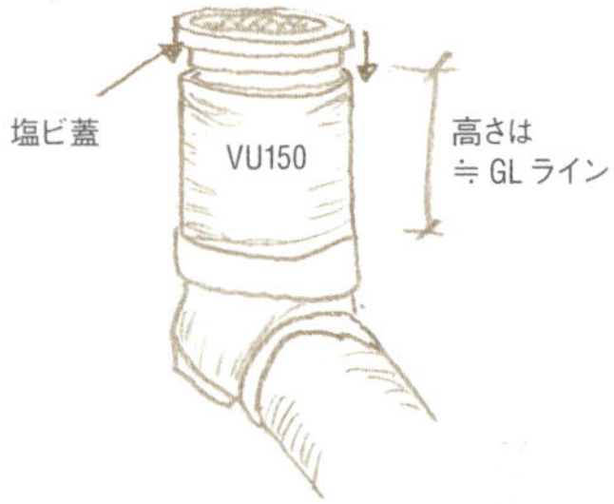

図10 埋め戻し

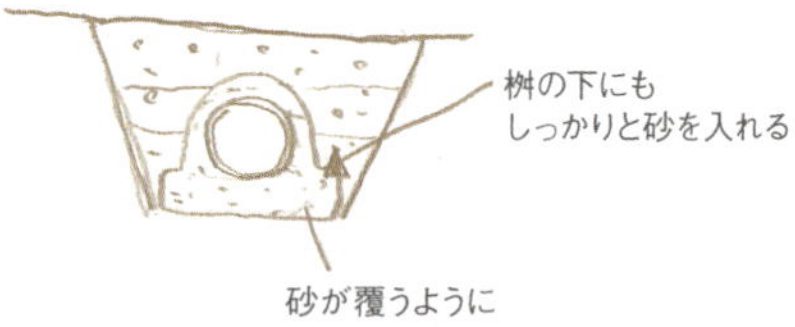

※排水管の下にたくさんの砂を入れすぎて
管が浮き上がってこないよう注意。
常に水準器で勾配をチェック

図9 トイレの排水管のつなぎ方

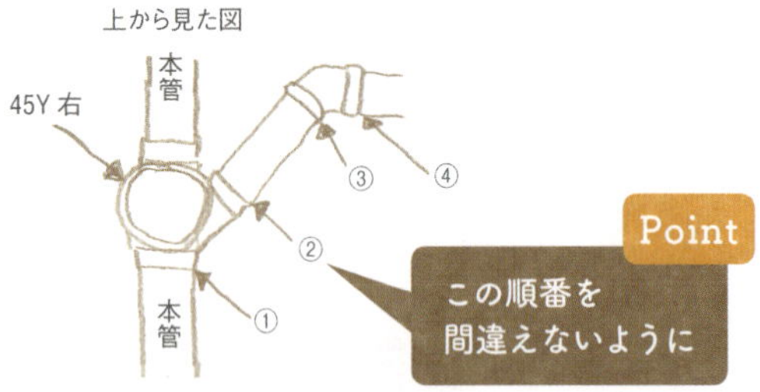

※すべてができたら一度水を流して確認する

トイレの 45°合流 45Y 右をつけるときの順番に注意

らボンドで接着します（図7）。

❻その要領で、水下から水上《みずかみ》まで各配管パーツをつないでいきます。立ち上がりにはVUφ150を使用します（図8）。

❼すべて配管し終えたら、一度水を流してきちんと流れるかどうか確認します。トイレットペーパーなどを一緒に流すといいでしょう。

❽埋め戻すときは、山砂で配管を覆いながら行います。管の下にも砂を入れますが、管が浮き上がって勾配が変わらないように注意します。

❾ある程度埋め戻した時点で、もう一度水が流れるかを確認。OKであれば、すべて埋め戻します（図10）。

●トラップ付排水枡／下水道の悪臭やガスが室内に浸入するのを防ぐ装置が付いた排水枡。●合流桝／排水管の接続個所や排水管の合流地点、排水管が曲ったり勾配が変わったりするところ、道路と敷地の境目付近などに、排水設備の維持管理のために設ける排水枡。

サトルのひとりごと

う○こが流れないのではないかと心配

排水の勾配に余裕があると思い込んでいました。しかし、掘ってみると勾配はほとんどなく、かろうじて玉が転がる程度。とたんに「う○こが流れないのでは？」と心配になりました。ここにきて浄化槽を据え直すことも、基礎に埋設した配管をやり直すこともできません。

最悪の場合は、「家では大きなう○こはしない」と本気で思ってしまいました。でも、お客さんに「小さいものならいいけど、大きなものはしないでね」なんて言えるわけがない。

あと少しの勾配があればいい、あとほんの少し。ご飯を食べている間も、ずっと勾配のことばかり考えていました。もしかして水準器が壊れているかもしれないと、新しい水準器を購入して測り直しましたが、何度やっても勾配は足りません。こうなったら「う○こは下痢で」！

違う方法を探そうと頭をひねりました。これまではトラップ付排水桝を使おうとしていたのですが、これをやめて、ふつうの合流桝にすることで、少し勾配がとれそうです。トラップは各個所にないと匂いや虫が上がってくるので、付けないわけにはいきませんが、屋内側の各個所をトラップ付の排水金具にすることで解決できます。ただ、1つの設備配管に直列に2個以上のトラップが付く二重トラップにならないように注意します。

建方から外部工事

きついのは3ヵ月まで。ここが踏んばりどころ

21 土台据え付け

必要な道具と材料

- □墨つぼ
- □金づち
- □差し金
- □基礎パッキン
- □打ち込み棒
- □インサートアンカー
- □のみ
- □振動ドリル
- □木ドリルφ15
- □掛矢
- □レザー
- □ラジェット

図1 基礎とアンカーボルト、基礎パッキンの関係

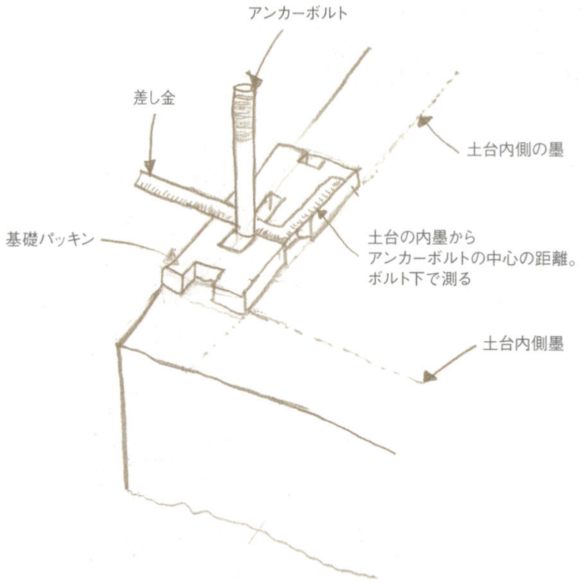

土台据え付け

Point
確認はしつこいくらい行い、その都度修正していきましょう

土台墨付け

基礎に土台を据え付けるために、その位置を示す墨付けをします。

❶土台の内側の墨出しから始めます。基礎が直角になっていないことがあるので、一つひとつ確認しながら行います。

僕の家の場合は、トイレの配管を基準に寸法を確認しました。ここがずれると、部屋（トイレ）の中央に配管がこなくなり便器が納まらないことになります。

❷基礎の歪みが出ていました。型枠が開いたせいもあるのでしょうが、10㎜ほど幅が広くなっています。5㎜ずつ両側に振り分けてよし、としました。許容範囲です。

土台据え付け

プレカット工場から構造材が届きました。加工されたたくさんの木材のなかから、土台を探します。プレカット工場から図面が付いてくるので、それと木材に書かれた印字を照らし合わせて探します。

僕の家の土台は防腐処理をしてある米栂《べいつが》です。いかにも不健康そうな色をしていますが、選んでしまったのでしかたありません。

単純にプラモデルのように組み合わせていけばいいのだろうと考えていましたが、そう簡単にはいきません。土台にアンカーボルトの穴をあける。これがけっ基礎に土台を据え付けていきます。墨付けをしたら、プレカットした構造材とアンカーボルトの位置を一つひとつ確認しながら組んでいきましょう。

図2 土台を裏返して、アンカーボルトの位置出し

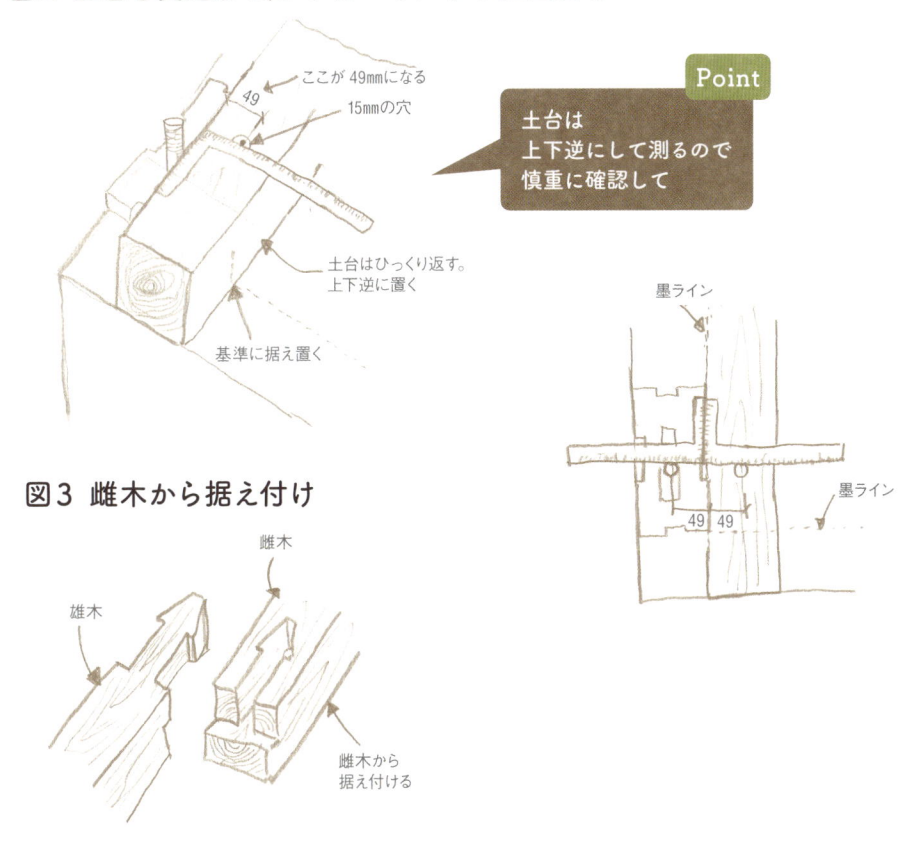

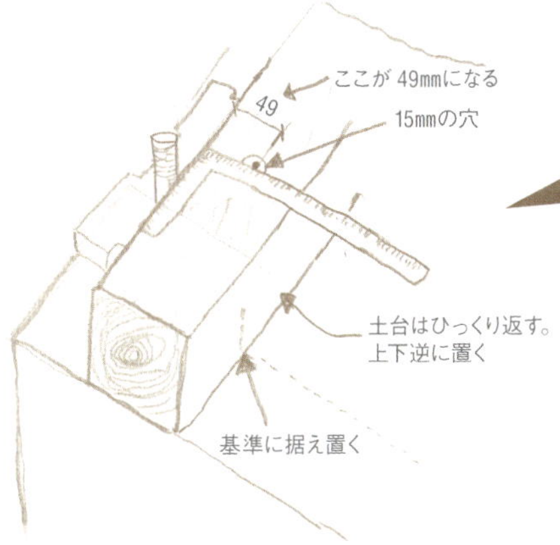

Point

土台は
上下逆にして測るので
慎重に確認して

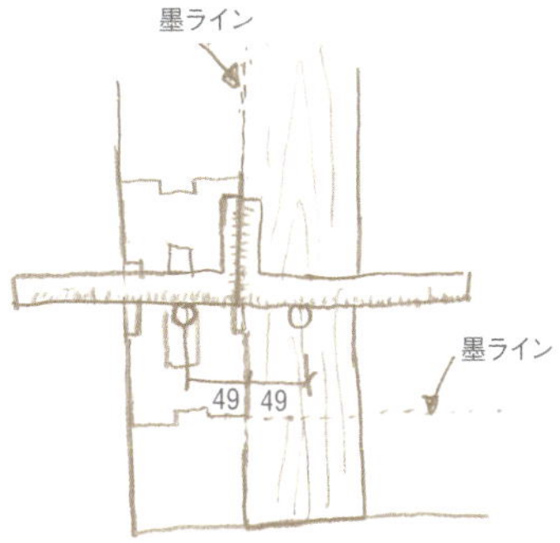

図3 雌木から据え付け

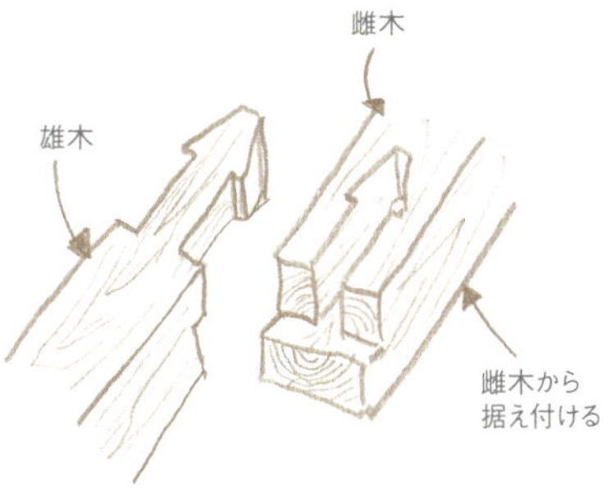

こう面倒くさい作業でした。

❶まず、埋め込んだアンカーボルトの歪みを直します。　直すときについボルトを叩いてしまいますが、それはやめましょう。ボルトを叩くとネジ山がつぶれてナットが入らなくなるので、ナットをつけてからあくまでも軽く叩くようにします。

❷土台の上に基礎パッキン（基礎空間の通気性を確保するためにはさみ込む詰め物）を置きます。基礎パッキンは以下のところにも置きます（図1）。

●柱の下
●アンカーボルトの取り付くところ
●継手の下
●土台と大引きが組み合わさるところ

これらは１m以内の間隔で配置します。

❸土台をひっくり返して、アンカーボルトの位置を出し、15mmのきりで穴をあけます。土台を元に戻してアンカーボルトに入れます。

　注意したいのは、土台をひっくり返しているため穴の位置を間違えやすいこと。かなり注意しているつもりでも、混乱したりうっかりしたりします。間違えたのを直そうと、少々穴が大きくなったりもします。また、穴はまっすぐあけましょう。よくよく確かめながら行います（図２）。

❹土台の材は、凸形の雄木と凹形の雌木に仕上げられています。この場合、必ず雌木から据え付けます（図３）。順番を間違えないようにしましょう。

図4 大引きの据え付け

Point

基礎パッキンの
位置の確認も忘れずに

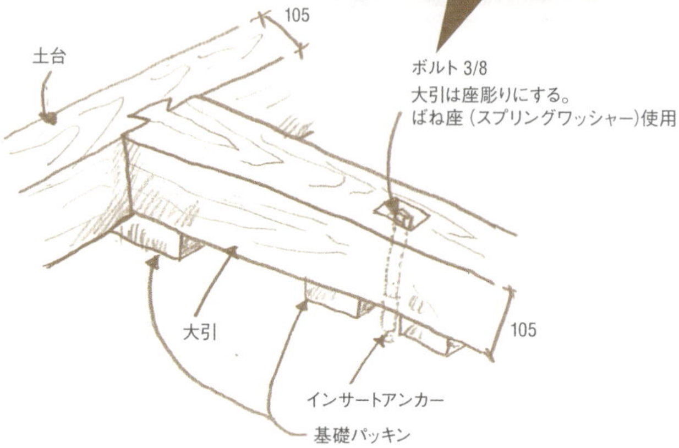

Point

座彫りはのみだけでなく、
インパクトドライバーのきり
などを併用すると
手早く進められます

大引きにアンカーボルトを取り付けるときは、座彫りして土台の天端より出ないように

図5 インサートアンカーの取り付け

❺雌木の土台に雄木の土台を組んだら、次に大引きを入れていきます。固定させるためにインサートアンカーを使います。図5を参考にしてください（図4・5）。

僕の家の基礎はフラットなので、土台の据え付けは数段作業しやすいと思います。

●基礎パッキン／基礎の換気確保のために、基礎と土台の間に挟み込む、硬質ゴム製などのパッキン材。●座彫り／土台に構造材をアンカーボルトなどで設置する際、ほかの材の障害にならないように、ボルトなどがそのなかに納められるように掘り下げた加工。

サトルのひとりごと

アンカーボルトの入れ忘れ

やはりありました、アンカーボルトの入れ忘れ。というより、コンクリート打設のときに埋もれてしまったのかもしれません。しかたがないので、接着剤式アンカーボルトM16で補修します。硬化するまで時間がかかるので、なかなか作業が進みません。

サトルのひとりごと

工事はすんなりとは進めません

木は自然素材ですから、反ったりむくったりします。だから土台が墨付けどおりであっても、うまくいかないことがあります。プレカットの寸法の間違いではなく、ちょっとのズレが全体では大きなズレになっているのです。僕の場合は、最後の土台を入れようとしたときにずいぶんズレてしまっていて、うまく入らなくなっていました。

そういうこともあるので、木材を見て全体的に反ったりむくったりしていないか確認して調整します。外しては付け、外しては付けの繰り返し。そのうち、うまく合うようになります。

僕の家は基礎の精度が悪く、また型枠のふくらみ事件もあったので、レベルが狂っていました。土台を据えてからのレベル調整は大変時間がかかります。基礎パッキンの下にレベル調整材を差し込んで水平を出したりもしました。土台をすべて取り外す勇気がなく、そのままの状態で調整したために、ひどく苦労しました。いま思えば、基礎パッキンを置いた状態のときにレベルを見たほうが楽にできたように思います。

この辛気くさい作業を夜遅くまでしていたので、パートナーは怒っていました。明日は建方なのです。

22 建方

必要な道具と材料

□掛矢　□のみ　□金づち　□モンキーレンチ　□ラジェット　□水準器　□脚立
□インパクトドライバー・19または21㎜ソケット　□アスファルトルーフィング
□レーザー（水平・垂直・角度を測れるもの）　□タッカー　□木材

図1　建方の全体図

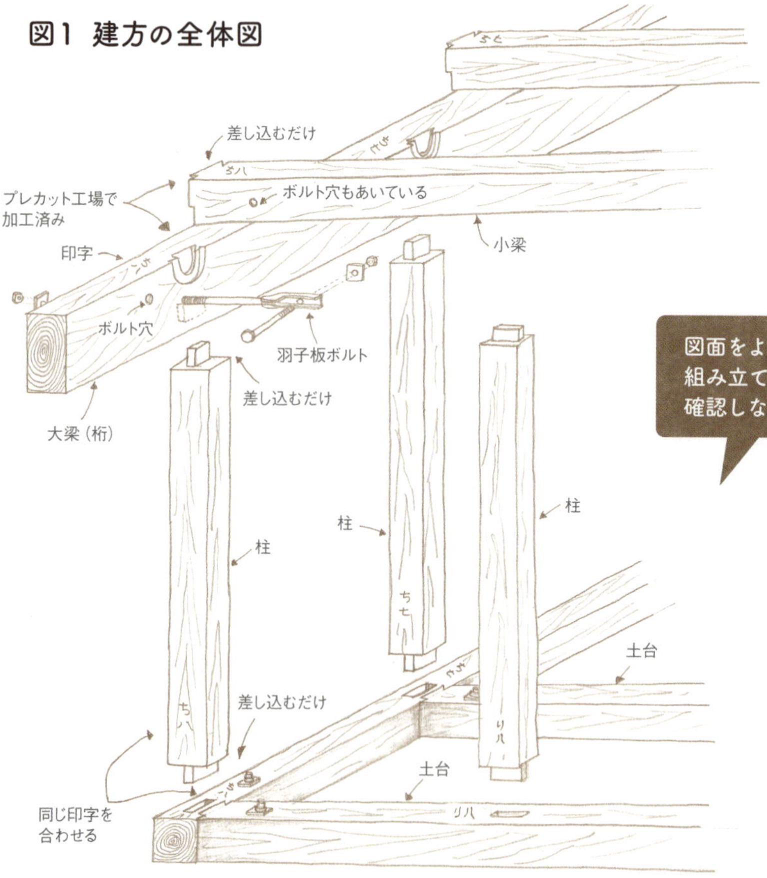

Point
図面をよく見て、
組み立て順番を
確認しながら行いましょう

建方

立体的に建ち上がり、家の骨格が見えてくるので、難しい工事だと思いがちですが、木材プレカットの段取りがうまくいっていれば、難なくこなせる工事です。簡単な割にどんどん組み上がっていく姿は、なんといいましょうか、気持ちが前向きに膨らんでいきます。

この工事の基本は、決められた木材を決められた場所に置いて組み立てていけばよいのです。柱や梁には印字をしてありますから、プレカット工場からの図面と照らし合わせて作業を行います。これは、１人作業ではたいへんかもしれません。２～３人いれば作業効率は上がります。できれば、誰かに手伝ってもらいましょう。

僕の家は、コスト削減のためにユニック車を使わなくてもいいように計画しています。屋根の高さを最低限に抑えたので、梁なども人力で効率よく上げること

**土台の上に柱や梁、棟木を立ち上げ、家の骨組み（躯体）を組み立てる作業です。
これを無事に終えて屋根が上がると、新しい家の安全を祈る儀式「上棟式」を行います。
僕の場合は、ついうっかり上棟式をしそびれてしまいました。**

図2 柱を組む

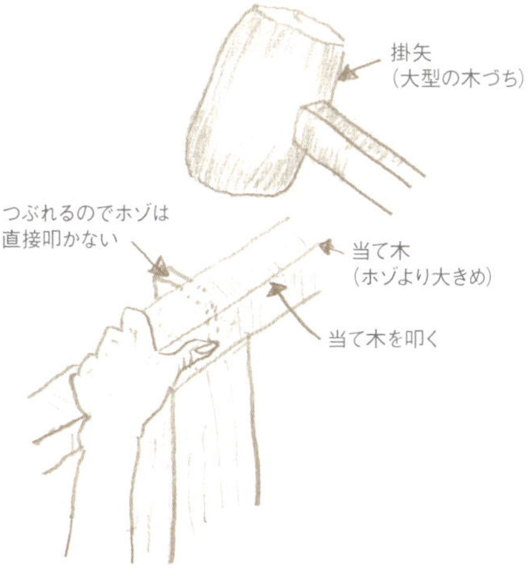
掛矢
（大型の木づち）
つぶれるのでホゾは
直接叩かない
当て木
（ホゾより大きめ）
当て木を叩く

Point
**クレーンなどを
使わない場合は
脚立が頼り。
落ちないように**

図3 柱の垂直を出す

仮筋かいで固定する

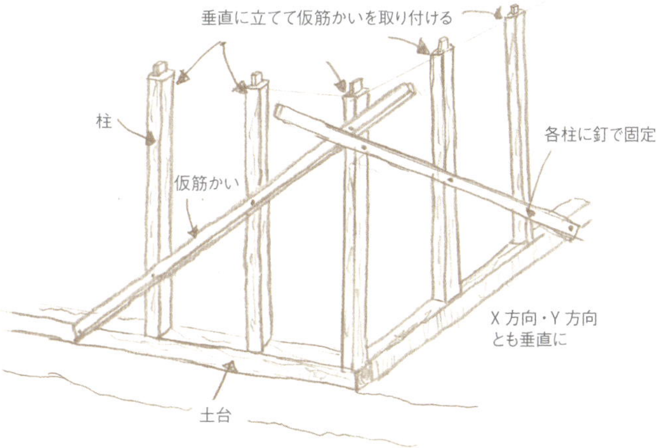
垂直に立てて仮筋かいを取り付ける
柱
仮筋かい
各柱に釘で固定
X 方向・Y 方向
とも垂直に
土台

ができます。それがローコストにもつながっています。

❶柱を立てます。柱を土台のホゾ穴に差し込んでいきます。印字の方向がすべて図面と合わせてあるので、向きを間違えずに。僕の場合は、南向きから印字が見えるようにしています。また、柱が差し込みにくいところは、脚立に乗って、上から「掛矢」（大きな木づち）などで叩きます。ホゾをつぶさないように、当て木をしてもいいでしょう（図2）。

❷柱の垂直を見ます。垂直であれば、仮筋かいで固定します。僕の場合は、梁を組む前に柱を仮筋かいで垂直に取り付けました（図3）。

❸梁を組みながら羽子板ボルトを取り付けます。柱が立ち、梁を組んでいくときに羽子板ボルトを取り付けます。羽子板ボルトは、プレカット図に描いてあるので、それを見ながら位置を間違わないようにします。この段階で、羽子板ボルトは締め付けすぎないこと（図5）。

❹羽子板ボルトの本締め。柱や梁がすべて組み立てた

図4 組み立てる順番

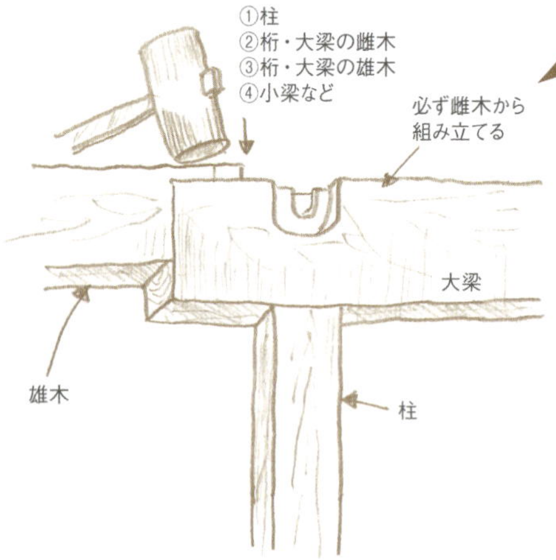
①柱
②桁・大梁の雌木
③桁・大梁の雄木
④小梁など
必ず雌木から
組み立てる
大梁
雄木
柱

Point
梁を組むときは
雌の梁から
組み立てるのがセオリー

Point
羽子板ボルトの付け忘れは
組み直しの原因に。
梁を組んだら、
羽子板ボルトは必ず付けます

図5 羽子板ボルト取り付け

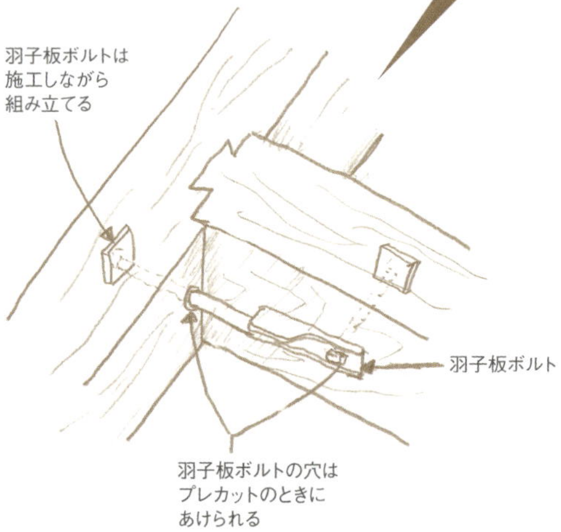
羽子板ボルトは
施工しながら
組み立てる
羽子板ボルト
羽子板ボルトの穴は
プレカットのときに
あけられる

図6 野地板取り付け

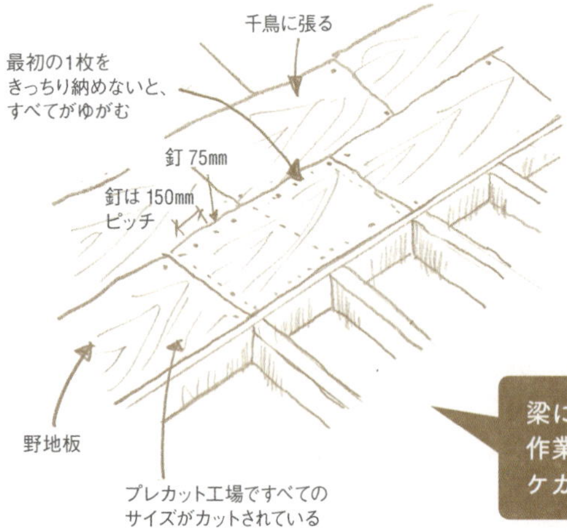
千鳥に張る
最初の1枚を
きっちり納めないと、
すべてがゆがむ
釘 75㎜
釘は 150㎜
ピッチ
野地板
プレカット工場ですべての
サイズがカットされている

Point
梁に乗っての
作業になります。
ケガをしないように慎重に

ら、最後に羽子板ボルトを本締めします。

❺野地板の取り付け（図6）。一般的には張りのうえに小屋束母屋垂木を組み野地板を施工しますが、これも板に印字されているので、図面と照らし合わせながら作業します。１枚目の取り付けが肝心で、それが歪むと全体が大きく歪むので要注意。

ルーフィング張り

屋根の防水のため、ルーフィングという防水材を張ります。柱や梁が組み上がってから雨が降って、材が濡れたり屋内に水が入らないように防ぎます。ルーフィングは、タッカーで止めます（図7）。重ね幅は100㎜。破れやすいので、タッカーのピッチは小さめにします。

こうして1カ月半で建ち上がり、ようやく屋根の下でお弁当を食べることができるようになりました。

●上棟式／棟が上がったときに行われる神道の祭祀。●羽子板ボルト／地震や台風などで梁がはずれて脱落するのを防ぐための金物。主に梁の両端部に取り付ける。●野地板／屋根材の下地材。垂木の上に張る。

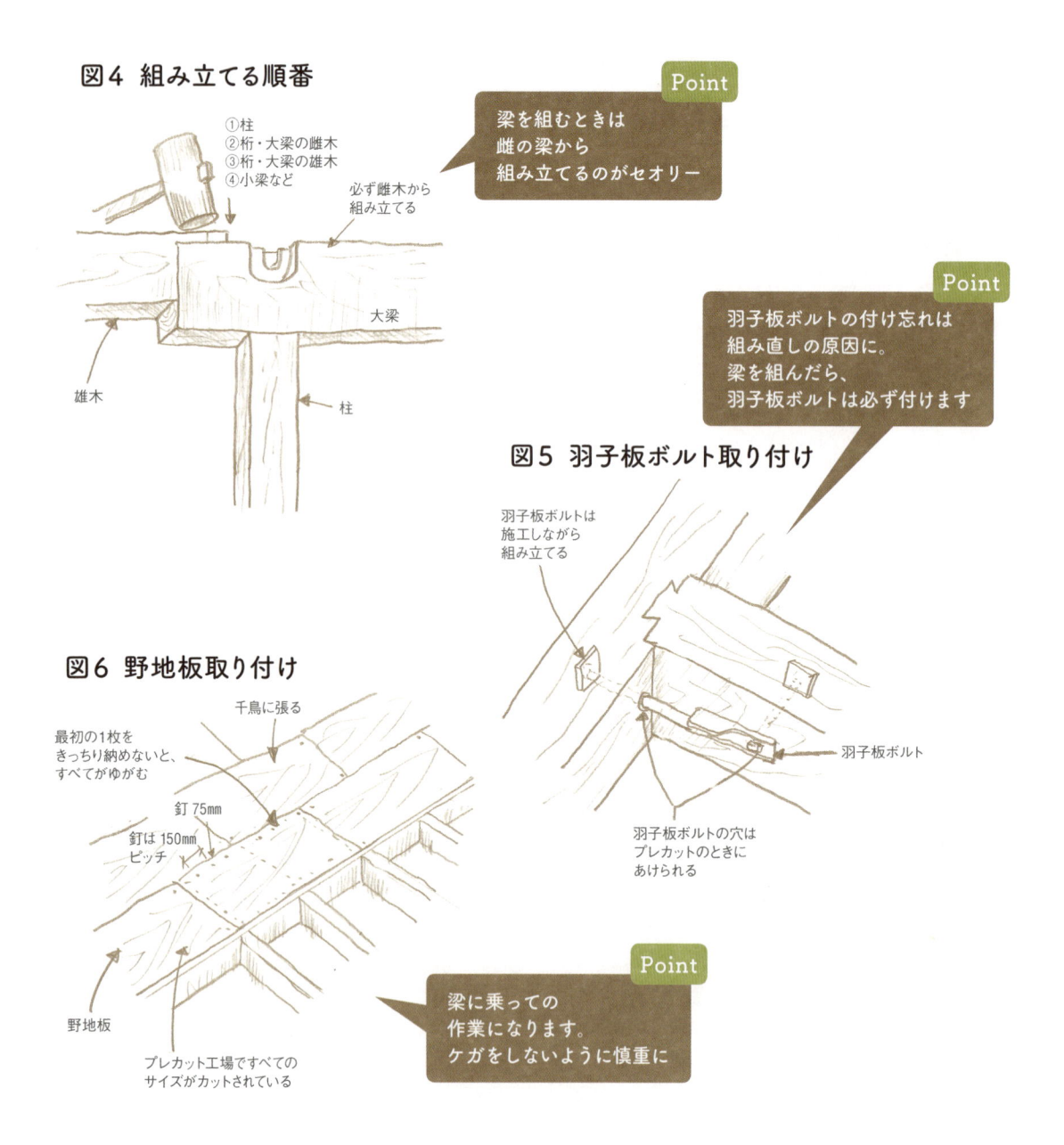

図7 ルーフィング張り

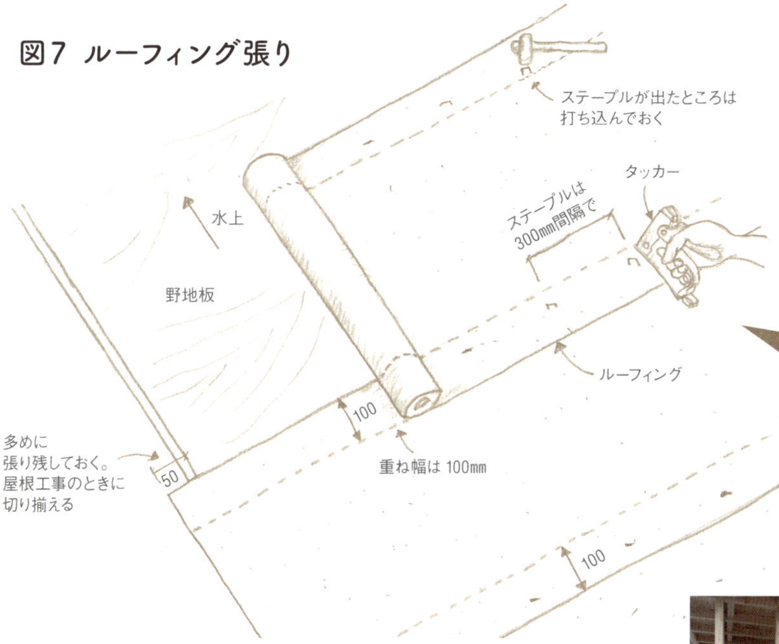

Point
水下から水上に
向かって張ること。
ルーフィングが
途切れた時は
重ね幅を
500mm以上にします

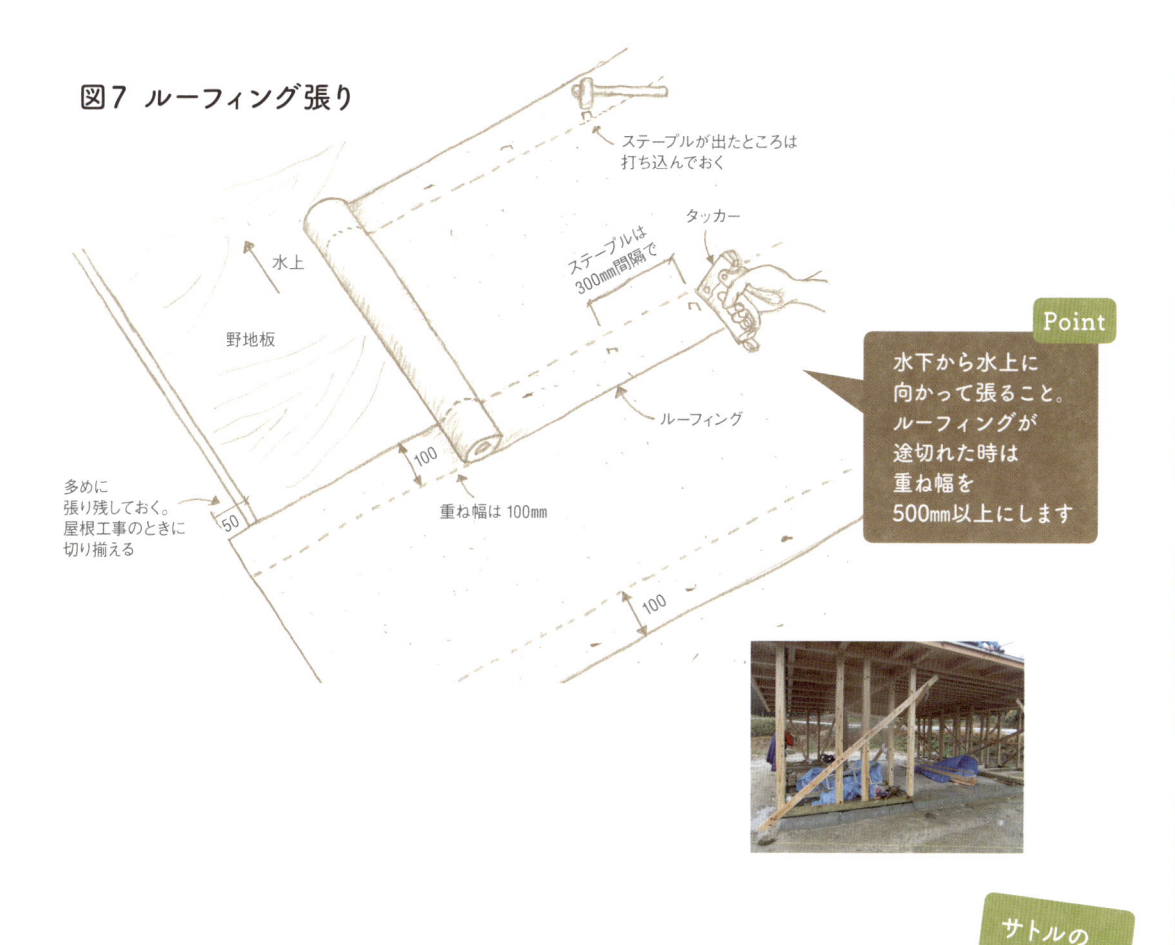

サトルのひとりごと

「ファイトー、イッパーツ」

「ファイトー」

僕はあのリポビタンDの掛け声をかけてみます。ほんとなら「イッパーツ」と返ってくるところですが、今日手伝ってもらっている2人には完全に無視されます。

今日は建方です。久しぶりの緊張感。胸が高鳴ります。こんなに胸が高鳴るのはいつ以来でしょう。幼い頃の冒険心らしきものが残っていたのでしょうか。今までやってきたことの通信簿をもらうような気持ちです。

作業するのは僕を含めて3人。人力のみです。本来ならユニック車を使い、大工を呼んで作業するのでしょうが、お金もないので、素人でがんばります。前日から、どのように木構造を組んでいくか作戦を練っておりました。今日1日ではきっと終わりません。しかも明日からはまた1人作業です。来てもらえるうちに重いものをとりあえず組み立てます。それだけできれば、後はなんとかなります。

今回は設備や道具も乏しいので、僕の独断と偏見で作業を進めていきます。柱は難なくクリアします。ここからです。梁を持ち上げるのは、1人では苦しい。長さ3.6m、梁の高さが240mmくらいになると、ほんとうに重いのです。

「ファイトー」

もう一度いってみますが、やはり2人には無視されます。気を取り直してがんばります。

3.6mの梁を僕が図面と照らし合わせて確認し探し出して持って行き、それを2人が組み立てていきます。羽子板ボルトも付けてもらいます。金物も僕が分けて手渡します。どうやらこれが一番早いやり方のようです。この家の形は僕が一番知っているから、僕が見つけるほうが早いのです。

どんどん作業は進んでいきます。組み始めると形になるのは早い。それにこの家の屋根はほかの家より低いので、足場も必要なく、人力のみでいけるのです。セルフビルドはやっぱり平屋だと再認識します。手伝ってもらい、ほんとうに助かりました。

でも、明日からは1人ですな。

23 屋根工事

アスファルトルーフィングの上に金属板を並べている様子

Point

手伝うという形ですが、
現場監督として、
しっかり現場を見ておきます

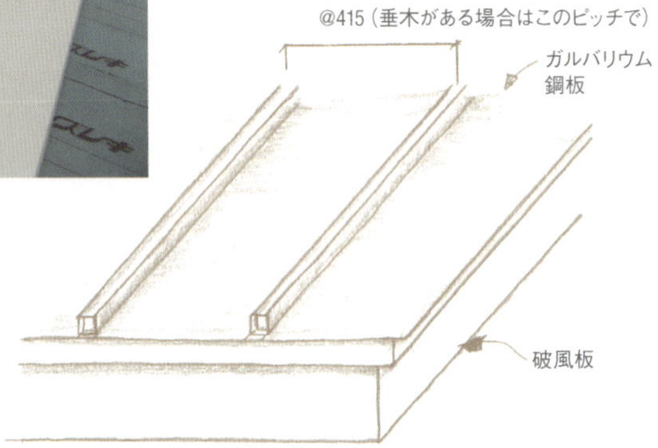

ガルバリウム鋼板　瓦棒葺き

セルフビルドでは、化粧スレート葺き（一般にコロニアルと呼ばれている）の屋根にすることが多いのですが、僕の家の屋根は5/100というゆるい勾配なので使用できません。勾配が少ないことで外壁内壁の壁量が少なくなり、コストダウンにつながるほうを選択しました。ガリバリウム鋼板の金属屋根にすることにしましたが、化粧スレートの材料費とガリバリウム鋼板の材料工事費を比較しても、それほど値段は変わりません。その結果、ガリバリウム鋼板の屋根を板金屋さんに発注し、僕も一緒に工事するという方法をとりました。

❶板金屋さんの作業場で、金属板を曲げるところから手伝います。といってもそれほど難しくなく、実際に長さ８ｍで葺く金属板が折れないように、持ったり運んだりする作業です。職人としては役に立たない僕ですが、このくらいの手伝いであっても作業効率は上がるのです。

❷作業場での加工がすんだら、現場での作業になります。まず、８ｍの長さに加工した金属板を屋根に上げます。長いので折れないように慎重に。

❸職人さんの指示にしたがって、金属板を並べたり曲げたり、釘を打ったりします。

たくさん手伝えば、その分安くなるので必死です。こういうところはケチな僕は猛烈に手が動きます。「どうだ、がんばっているだろう」と職人さんを横目にアピールします。

❹作業場での作業から１日半で、ほとんどの作業が終わりました。後の細かな仕上げは職人さんに任せます。雨漏りがしたら、責任を押しつけてやろうなんて思ったりしています。

●化粧スレート／セメントと人工繊維や天然繊維を使ってつくられた、平状の屋根葺き材。●ガルバリウム鋼板／アルミニウム・亜鉛合金めっき鋼板。

24 金物と筋かい・間柱などの取り付け

必要な道具と材料

□柱・土台金物　□筋かい金物　□手のこぎり　□差し金
□インパクトドライバー(四角のビット)　□電気丸のこ　□卓上スライド丸のこ
□筋かい材(30×90㎜)　□ビス　□間柱材(30×105㎜)　まぐさ・窓台材(45×105㎜)

Point
金物は柱頭と柱下部に取り付けます

図1 筋かい端部の金物取り付け

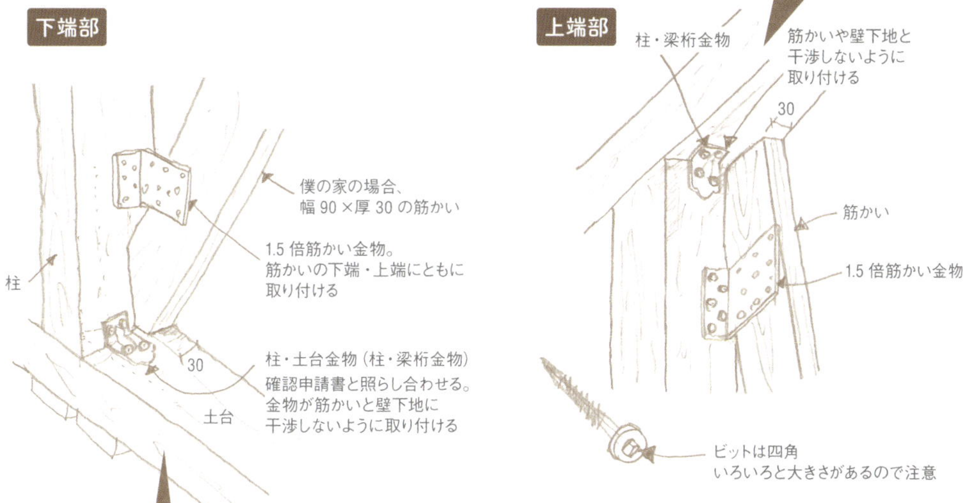

下端部
僕の家の場合、
幅 90 ×厚 30 の筋かい
1.5 倍筋かい金物。
筋かいの下端・上端にともに
取り付ける
柱
30
柱・土台金物（柱・梁桁金物）
確認申請書と照らし合わせる。
金物が筋かいと壁下地に
干渉しないように取り付ける
土台
上端部
柱・梁桁金物
筋かいや壁下地と
干渉しないように
取り付ける
30
筋かい
1.5 倍筋かい金物
ビットは四角
いろいろと大きさがあるので注意

Point
金物は筋かいや
壁・床下地材との
取り合いを考えて

地震や台風で大地が大きく揺れても倒壊しにくい建物にするために、建物の構造材を金物でしっかり緊結することが義務づけられています。確認申請の図面を参考に、土台と柱、柱と梁などに金物を取り付ける工事です。

金物はそれぞれの場所に図面と合わせたものを使い、専用ビスで留めます。ビスは四角いビットになっているので、それに合わせた道具も用意しておきます。金物は壁・床の下地や筋かいに干渉しないところに取り付けるようにしましょう。

柱と土台金物→柱と梁金物→筋かいと筋かい金物→窓枠下地材→間柱の順で取り付けていきます。

筋かいの取り付け

柱・梁や土台の金物の取り付けが終わったら、筋かいの取り付けです。筋かいの加工もプレカット工場に頼めばよかったのですが、自分で作業しました。一見難しそうに見えるのですが、実際の材を現場で合わせて鉛筆でラインを入れて切るだけ。それだけの作業でした。

❶筋かいの中心を出します。筋かい材の幅は90㎜なので、その半分の45㎜のところに墨を出します（図

図2 筋かいの中心を墨出し

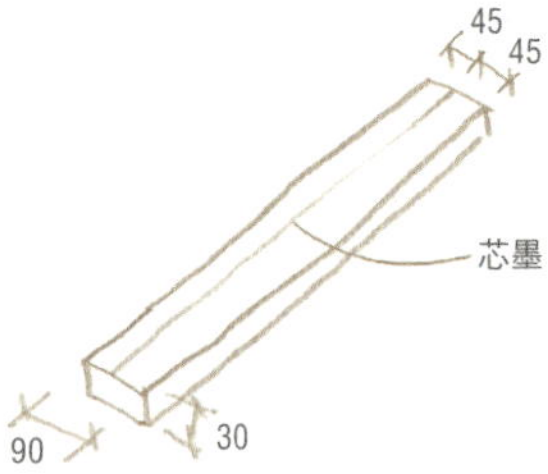

図3 柱と土台に合わせ墨出し

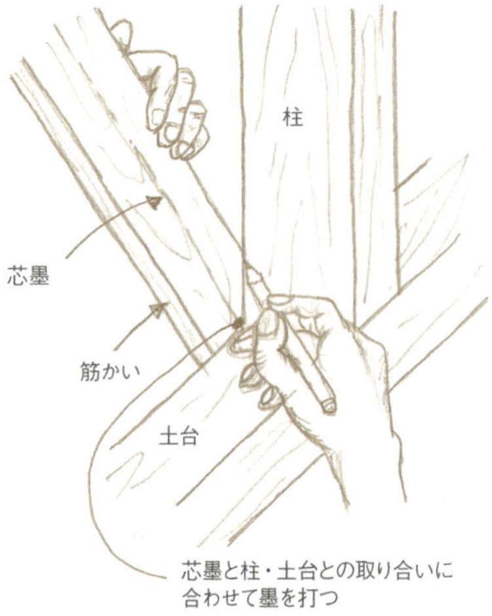

図4 切る

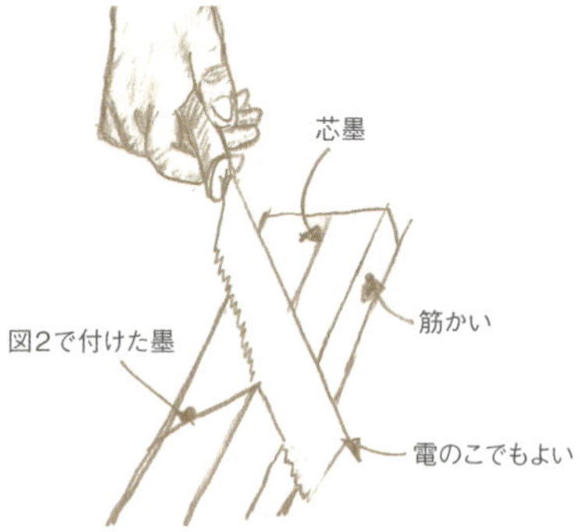

図5 叩いて入れやすくする

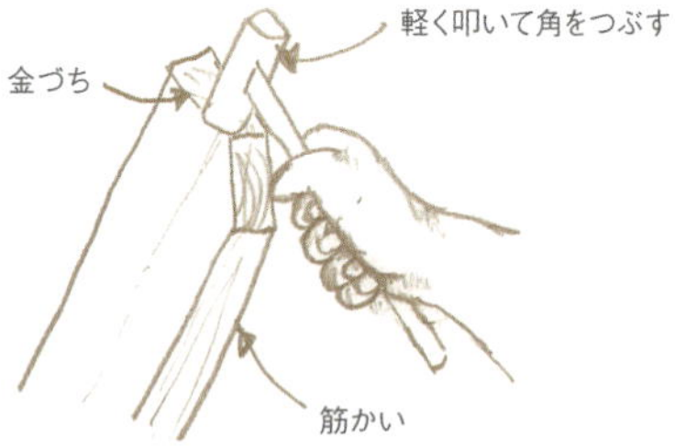

2）。

❷下端の墨を付けます。❶で出した筋かいの中心を、柱と土台の入隅に合わせ、鉛筆でラインを引きます（図3）。

❸ ❷のラインに沿って切ります。手のこでも丸のこでもOK（図4）。

❹切った部分を現場であてがって確認します。

❺次は上端のラインを引き、切っていきます。

❻きっちり切れていれば入りにくいはずです。筋かいの角を軽く叩いて少しつぶし、入れやすくしてから取り付けます（図5）。少々きついほうがよいと思います。そのうえで図1のように金物を取り付けます。

窓枠下地材の金物取り付け

窓や出入り口などの開口部には、「まぐさ」と「窓台」という横材が入ります。僕の家のトイレは小さい窓（300㎜角）だったので、間柱の余り材を使ってつくりました。

❶材にはプレカットの溝が切られているので、寸法を確認してはめ込みビスで取り付けるだけです（図6）。

間柱の取り付け

Point
筋かいの方向を
間違えないように

間柱も寸法を測って切っていきます。これは筋かいよりも簡単です。

❶寸法を測って切ります。

❷間柱が入る部分の土台や梁には溝がプレカットされていますから、そこに差し込んでいきます（図7）。

❸筋かいが重なる部分は、間柱を斜めに切ります。❶で切った間柱を実際に差し込んで、間柱に筋かいの形

図6 窓枠下地材の取り付け

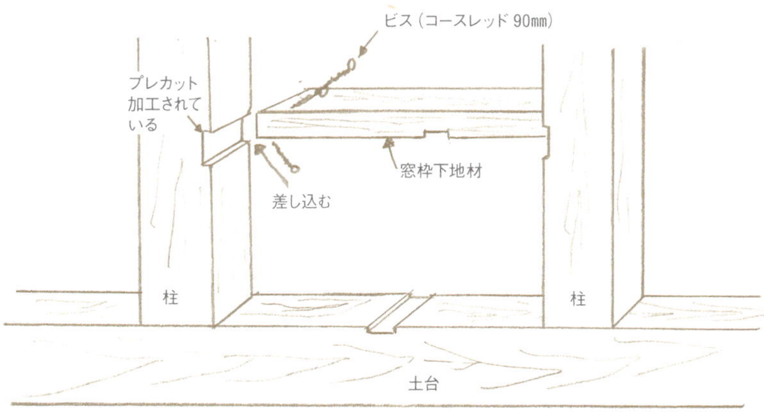
ビス（コースレッド 90mm）
プレカット
加工されて
いる
差し込む
窓枠下地材
柱
柱
土台

図7 間柱の取り付け

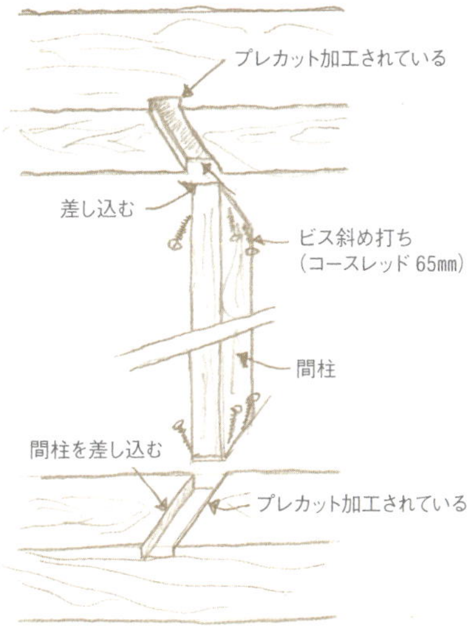
プレカット加工されている
差し込む
ビス斜め打ち
（コースレッド 65mm）
間柱
間柱を差し込む
プレカット加工されている

図8 筋かいが重なる場合

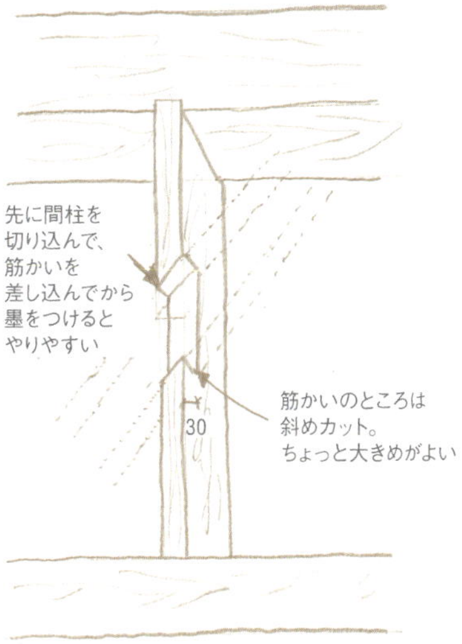
先に間柱を
切り込んで、
筋かいを
差し込んでから
墨をつけると
やりやすい
30
筋かいのところは
斜めカット。
ちょっと大きめがよい

の墨を付けて切ります（図8）。斜めに切る部分は、ちょっと大きめがいいようです。

65mmのビスで、間柱1本当たり6本程度の割合で留めていきます。

防腐処理

建築基準法では、地盤面（GL）から1mまでの構造材には防腐処理を行わなくてはいけません。ホームセンターで防腐剤を買ってきて塗ります。

土台据え付けからここまで12日間でこなしました。基礎工事にあまりにも時間がかかり頭を悩ませたので、この間の工事はとても早くできたように感じてしまいました。

柱などの下部は防腐処理されています

●筋かい／柱と柱の間に斜めに入れ、建築物の構造を補強する部材。●間柱／柱と柱の間に入れる部材。●まぐさ／開口部の上部にある柱間に渡した横架材。●窓台／開口部の下部で、まぐさの対になる横架材。

25 中間検査

ようやくここまでできました

たくさんの友人に手伝ってもらうと、はかどるか？

「友人がたくさん集まって、みんな仲よく家づくり」は夢のような光景です。ワイワイガヤガヤ一緒につくれば楽しそうだし、作業もはかどるに違いない、と期待します。僕が思うに、たくさんの友人に手伝ってもらってありがたいのは建方です。この作業は、人の数がものをいいます。柱、梁、金物を取り付けていくだけなので素人でも十分できますし、僕が組み立ての指示にまわれば効率よく進みます（僕が作業しないとブーイングがおこりますが、効率はこれが一番）。

しかし、です。こんなことがありました。数人の友人に手伝ってもらえることになりました。せっかく手伝いに来てもらったのだから、雑用的な仕事は気の毒だと思い、主役的な外壁張りを頼みました。

「この板を寸法通りに切って、釘で留めるんや」

僕がちょっと離れて次の段取りや掃除をしていると、「ちょっと来てーや」なんて呼ばれました。質問が飛び交い、作業のお手本を見せて説明。「初めてだから、しかたないな」と思い、僕はまた雑用をこなしていると、また呼ばれます。

確認申請の通りにできているかをチェックするのが中間検査です。
友だちに手伝ってもらうことにも慣れてきました。

柱梁を組み上げ、筋かいや間柱の金物取り付けが終わった時点で、中間検査を受けます。これは法律で決まっていることで、確認申請の図面通りにできているかどうか、検査員が現場に来てチェックするのです。

僕の場合は確認申請通りに進めてきたので、自信を持って検査を受けました。確認検査機構から中間検査の書類をもらい（僕はホームページからダウンロードしました）、基礎の写真（鉄筋のピッチ、基礎の高さなど隠れているところの写真）とチェック表などの書類をつくって提出。検査の日取りを決めました。

中間検査は時間にしておよそ30分。検査員が確認申請図面を見ながらチェックします。敷地と建物の関係、柱・筋かい・金物の位置、基礎や建物が図面と同じかどうかなど。僕の家は小さいので、見るところも少なく、アッという間に終わりました。無事合格です。これで28,000円。よい値段です。

金物の取り付けなどをきっちりやっておかないと検査は通らず、工事を進められません。それだけでなく、図面と違った変更部分があると、図面を描き直したりしなければならず面倒です。筋かいの位置変更をしたら、壁量計算からやり直して計画変更の書類を提出しなければいけないのです。別途費用もかかります。

つくりながら考えて決めればよい、なんて思ってはいけません。ローコストで一気にセルフビルドするのなら、最初に家の計画をしっかり立てて変更のないように。素人が建てるときの成功の秘訣です。

Point

とにかく確認申請通りに。
変更がある場合は、
事前に書類で出しておきます

サトルの
ひとりごと

「こういうときはこうしてやるんや」「あっ、そう」

何人かいると、これがあちこちで起こります。結局、作業は進まず、「ええ加減にせぇ」と言いたくなりますが、言葉には出せません。

つまり、友だちが手伝いに来たときは、難しい作業を頼まず、簡単な作業をお願いするのがよろし。また、僕が材料を測って切っているときに、後ろから現場監督のように見つめられると、僕のほうが緊張して、寸法を切り間違えたりします。「なにしてるんや」なんて笑われると、ますます僕は落ち込みます。せっかく来てもらったのに、どうもうまくいきません。

内部工事になると細かいことが増え、僕にしかわからないことがたくさん出てきます。それを一つひとつ教えながらやっていくのは、違う労力を使います。友人たちは細かな納まりまで気を利かせて作業することはないので、自分1人でやったほうが間違いは少なく、よほど早いのです。

ですから友人に来てもらうなら少人数。1人くらいがよろし。

26 外部建具枠の取り付け

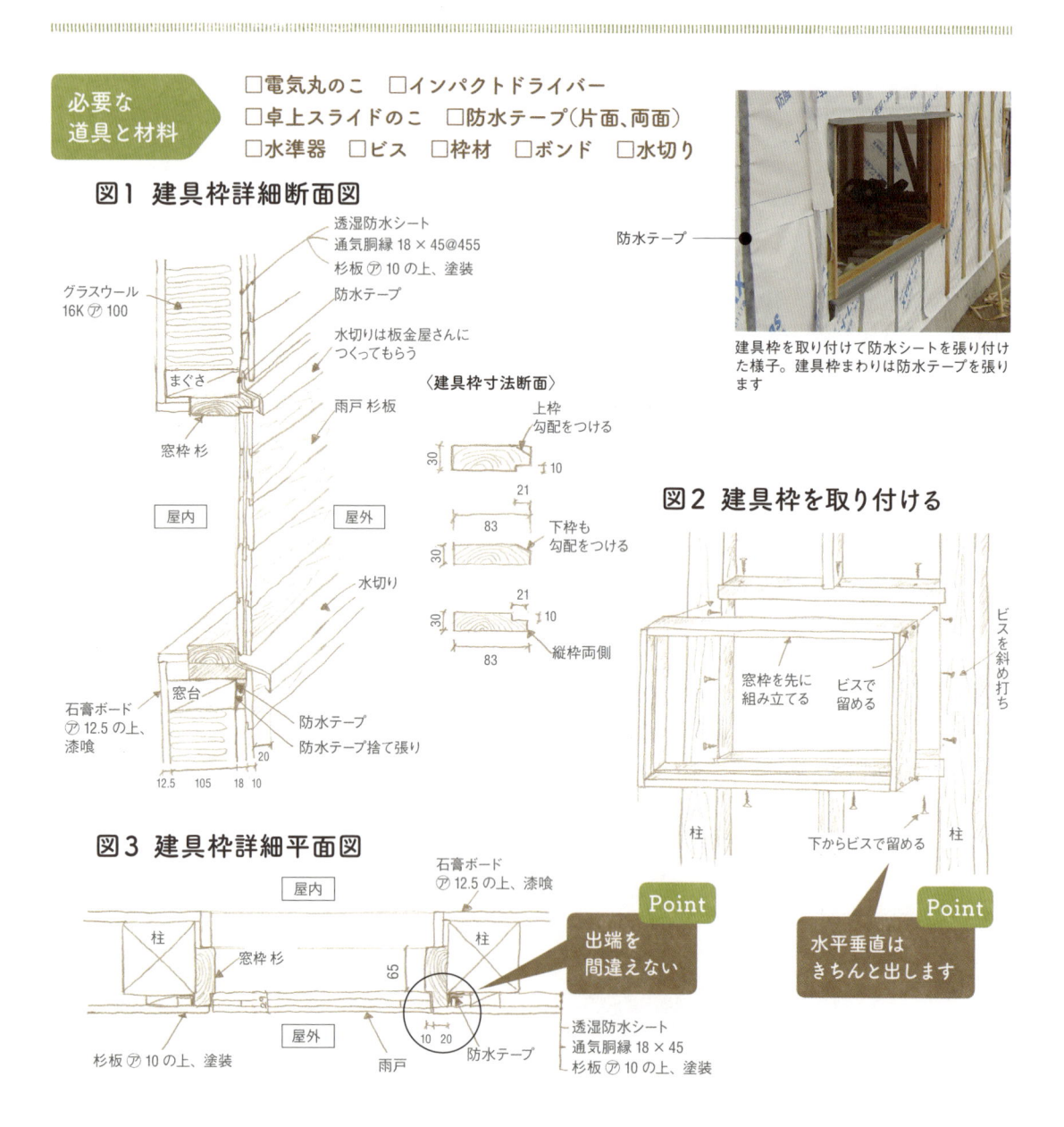

必要な道具と材料

□電気丸のこ　□インパクトドライバー
□卓上スライドのこ　□防水テープ（片面、両面）
□水準器　□ビス　□枠材　□ボンド　□水切り

建具枠を取り付けて防水シートを張り付けた様子。建具枠まわりは防水テープを張ります

図1　建具枠詳細断面図

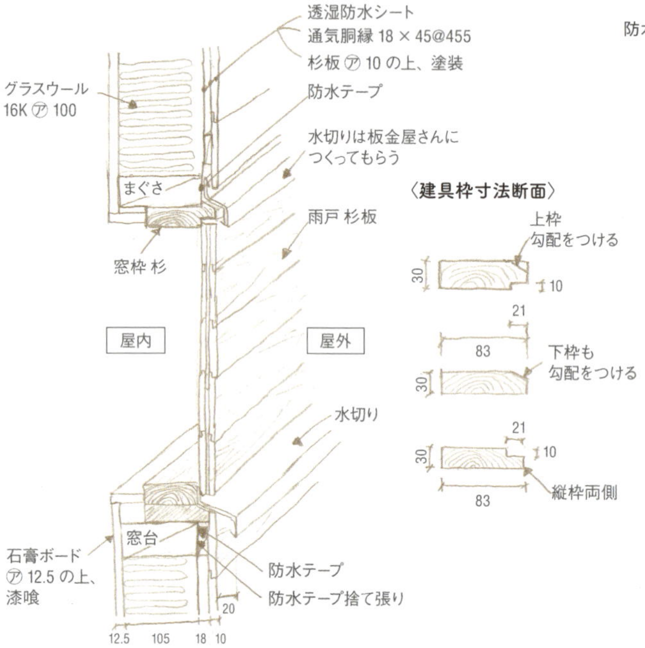

図2　建具枠を取り付ける

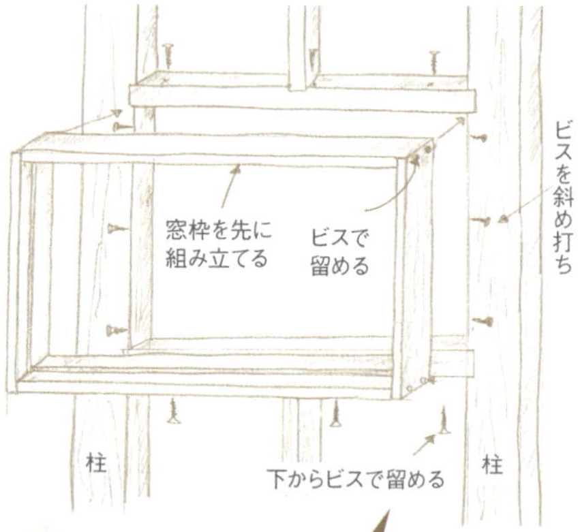

Point 水平垂直はきちんと出します

図3　建具枠詳細平面図

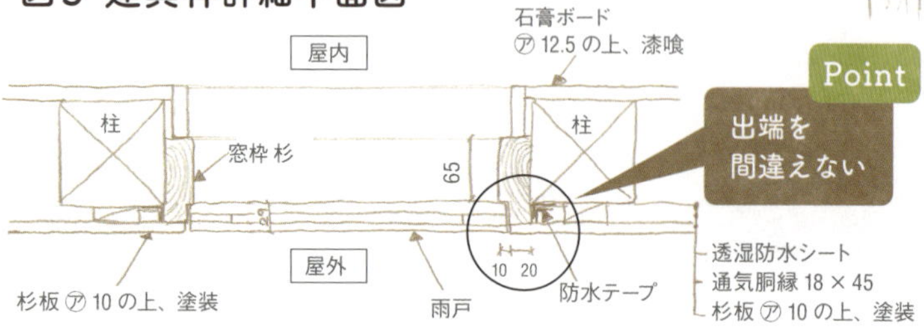

Point 出端を間違えない

多くの家の窓にはアルミサッシが使われていますが、僕の家は自分でつくった木製建具にしました。

開口部では建具枠の納まりは難しいのですが、ちょっと手間をかけてつくります。雨漏りや精度のリスクはありますが、それを克服できれば意匠的にいいものになります。

❶柱・窓台・まぐさの水平垂直がきちんと出ているか、水準器などで確認します。1/1,000程度の誤差ならば合格とします。

❷建具枠は厚さ30㎜の杉板を加工します。図1のように建具枠寸法に合わせ丸のこで切り欠きます。

❸❷で切った杉板をそれぞれの窓の大きさに合わせて切り、建具枠を組み立てます。

建具枠はビスで留めます。僕はホゾをつくって組み立てる技術がないので、芋付け（ホゾなしで直接、ビスで留めるやり方）にしました。ビスを確実に留める

僕の家は木製建具にしたので、その建具枠を取り付けます。
一般的なサッシの取り付け方も紹介します。

サッシの取り付け

アルミサッシの取り付け方を説明します。サッシは業者に注文すると、組み立てたものが届くので、それをビスまたは釘で取り付けます。注意しなければならないのは水平垂直の確認。そうしないとうまく開閉できないことがあります。1/1,000程度の誤差なら調整できます。説明書をよく読んで取り付けてください。

サッシまわりの防水

❶サッシの下端→両サイド→上端の順に両面の防水テープを張ります。ヨコは短く、タテが長くなるように重ね、さらに両サイドのテープが長くなるようにします。
❷その上から透湿防水シートを張ります。
❸雨漏りの原因になるので、両面テープで防水シートを張るときにシワが寄らないようにします。シワになってしまったら片面テープで補強します。
この他にも防水の方法はあります。

■防水テープ例

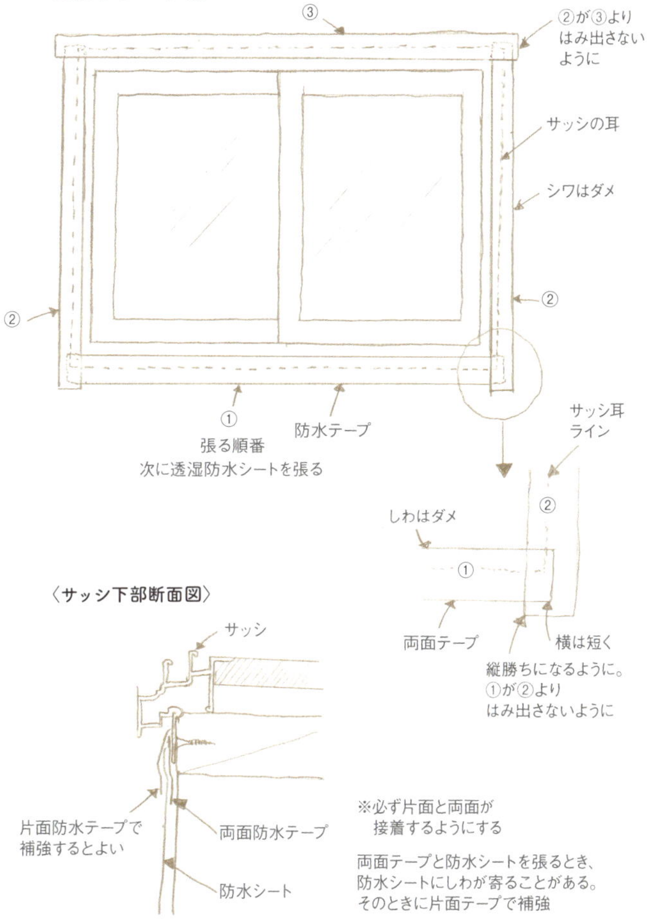

には下穴を開けるとうまくいきます（図2）。
❹組んだ建具枠を取り付け位置に入れます。柱・窓台・まぐさに水平垂直が出ていれば問題ありません。歪んでいたら、パッキンなどを挟んで調整します。
❺建具枠をビスで固定します。枠にウレタン系のボンドを施し、柱は斜めから、窓台は下から、まぐさは上からビスで取り付けます。枠の表面からはビスが見えないようにするのです。ビスとビスの間隔は300㎜程度で取り付けます（図2）。
❻外部に面するところには、両面防水テープを施します。
❼水切りを板金屋さんに発注して取り付けます。透湿防水シートと絡めながら防水します。

Point
雨漏りは開口部から入ることが多いので、防水は入念に

●ホゾ／木材などを接合するときに、一方の材に開けた穴にはめ込むために、差し込む材のほうに削り出した突起。

27 透湿防水シート張り・胴縁の取り付け

必要な道具と材料			
	□透湿防水シート	□金づち	□卓上スライド丸のこ
	□防水テープ（片面・両面）	□三脚	□木材（18×45㎜）
	□タッカー	□カッター	□釘（45㎜以上）

図1 透湿防水シートの張り方

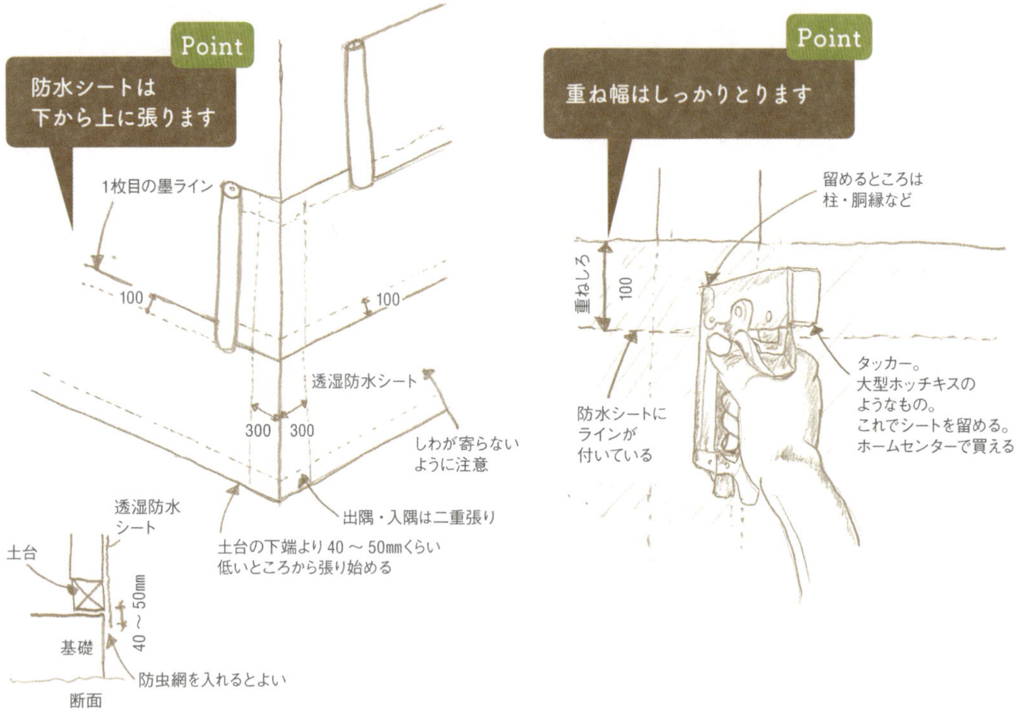
Point
防水シートは
下から上に張ります
1枚目の墨ライン
100
100
透湿防水シート
300
300
しわが寄らない
ように注意
出隅・入隅は二重張り
土台の下端より 40 ～ 50㎜くらい
低いところから張り始める
透湿防水
シート
土台
40 ～ 50㎜
基礎
防虫網を入れるとよい
断面
Point
重ね幅はしっかりとります
留めるところは
柱・胴縁など
重ねしろ
100
防水シートに
ラインが
付いている
タッカー。
大型ホッチキスの
ようなもの。
これでシートを留める。
ホームセンターで買える

防水シート張り

外壁を張る前に透湿防水シートを張ります。構造物を雨から守るために行う工事です。

❶家の外周部に透湿防水シートを張ります。透湿防水シートはヨコ向きに、しかも下から上に張っていきます。まず、土台の下端から40～50㎜低いところから張り始めるための墨出しをします。シートを広げながら、柱や間柱などにタッカーで留めていきます（図1）。

❷外周部をひとまわりしたら、その上に重ね張りします。重ね幅は100㎜。透湿防水シートには100㎜の線がついているので、それに沿って張っていきます。途中でシートが終わり新しいシートに替えるときは、300㎜以上の重ね幅をとります。

この作業、脚立に上って張ることも多く、１人ではけっこうたいへんです。

❸壁と軒天井との取り合いに防水テープを張ります。通気胴縁を取り付ける部分にも防水テープを張ります。（通気胴縁については次ページ参照）

❹窓枠など開口部廻りには、念入りに防水テープを張ります。防水テープにシワが寄ると雨漏りの原因にもなるので注意して行います。

❺外壁工事前のこの時点で、給水・給湯管を取り付けます。換気ダクトや電気配線も同様で、これらの開口部分も忘れずに防水テープを張ります（図2）。

❻シートが破れた部分は防水

Point
シワや破れは
防水テープで
必ず補修

外壁を張る前の透湿防水シート張りです。
開口部や各配管の周囲までていねいに透湿防水シートを張ります。
その後、胴縁を取り付けます。

図2 給水給湯管の取り付け

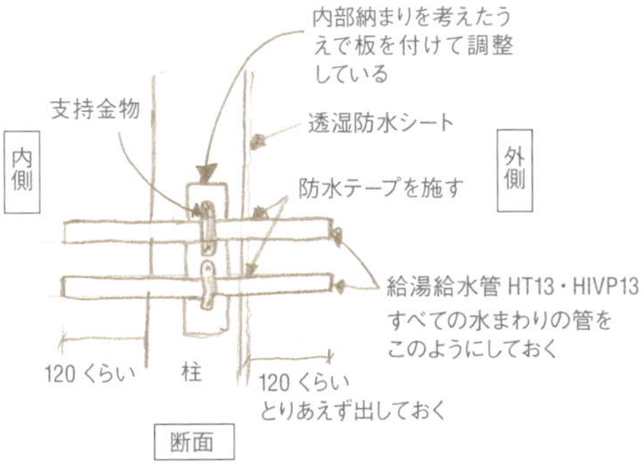

開口部防水のために、先に給水・給湯管を入れる。
その他換気扇ダクト・電気配線の開口も同様

換気ダクトまわりの取り付け

図3 トイレなど配管位置が決まっている場合

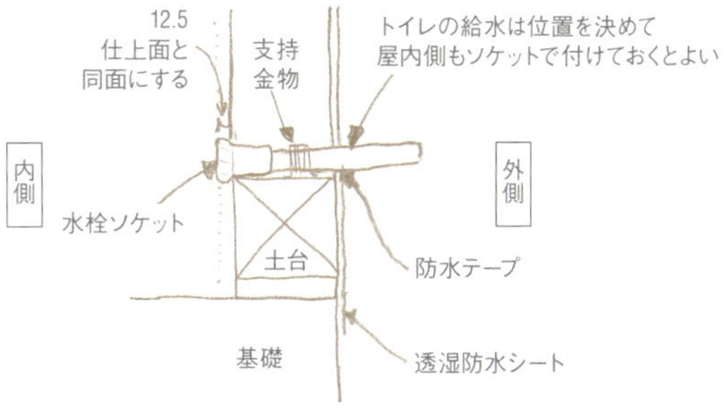

図4 通気胴縁の割付け

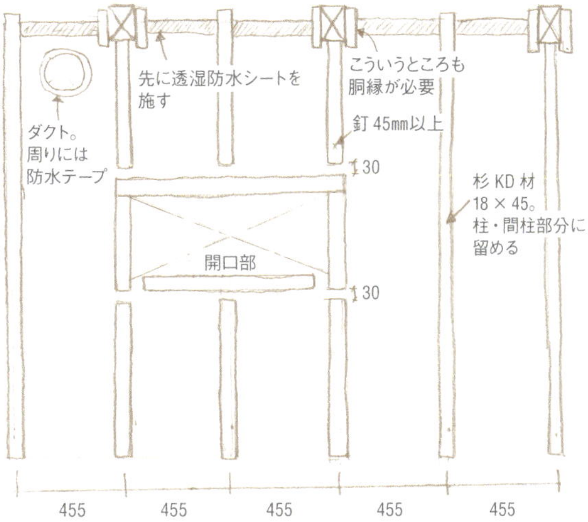

テープで補修します。

同時にガス工事

外壁から配管する場合のガス工事は、この段階で行います。これも専門業者に頼む工事です。ガス販売業者に連絡して工事日を決め、透湿防水シート張りとの調整をつけます。配管が透湿防水シートを貫通するときは、開口部の防水テープはしっかり留めてもらいます。

通気胴縁の取り付け

透湿防水シートの取り付けが済んだら、壁の下地材である通気胴縁を取り付けます。僕の家は外壁がヨコ張りになるので、通気胴縁はタテ張り。18×45㎜の材を455㎜の間隔で取り付けます。これは柱と間柱の間隔と合わせています。釘は木材の厚さの2.5倍以上の長さが必要なので、45㎜以上のものを使います。僕は金づちで300㎜くらいの間隔で釘を打っていきました。僕の家くらいの大きさなら、半日もあれば通気胴縁は取り付けられます（図4）。

●軒天井／屋根のうち、外壁から外側に出ている軒裏部分の天井。●通気胴縁／壁の板張りやボード張りなどを受けるための下地部材を胴縁という。壁内の湿気を排出するために外壁に設ける胴縁を通気胴縁という

28 外壁張り

必要な道具と材料

- □金づち
- □電気丸のこ
- □卓上スライド丸のこ
- □手のこぎり
- □外壁材
- □ステンレス釘（28〜38㎜）

図1 常に板が水平になるように柱や胴縁に釘で留める

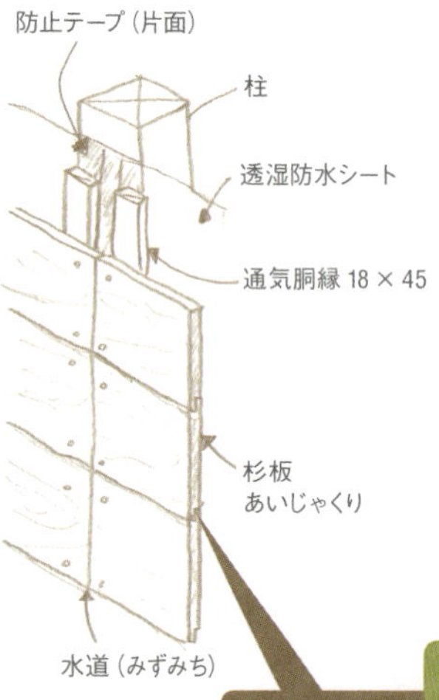

Point
上下を間違えないように

図2 板の端から20㎜くらい内側に釘を打つ

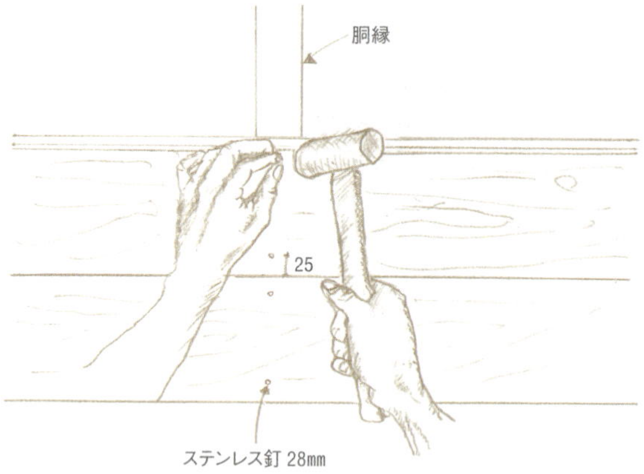

外壁を張ります。僕の家の外壁は、10㎜厚の杉板をヨコ張り。ここは淡々と作業を進めるだけです。

❶外壁用にあいじゃくり加工してある板が市販されているので、それを使います。それぞれの外壁面の寸法を測り、卓上スライド丸のこで切ります。

❷土台から40㎜低いところから張り始めます。板には上下があるので注意します。胴縁がある部分に釘留めしていきます。外壁なので、ステンレスの板張り用の市販の釘を使います。長さは板厚の2.5倍以上なければいけません（図1）。

板は反っていたりするので、全体の水平を見ながら張っていきます（図2）。

Point
釘を打つのは板の両端から

胴縁に水平の墨を900㎜間隔で入れておくのもいいでしょう。

❸開口部まわりは図3のような点に注意します。難しいですが、根気よく作業しましょう。

こんなにも単純化した家なのに、自分でつくるとなると窓が多いと感じます。セルフビルドはあまり細かな開口部をつくらずに、大きいのが1つ、がいいようです。調子に乗って窓ばかりつけると、とんでもなく手間がかかります。

❹出隅には木口の劣化を防ぐために、図4のように加工した木を取り付ける、と本には書いてあります。大きさには決まりがないので、自由に考えられます。確かに耐久性はよくなるでしょうが、僕は意匠を優先す

僕の家は外壁に杉板を横張りしました。全体の水平を見ながら、コツコツと作業します。

図3 開口部の両側で同じ高さになるように調整

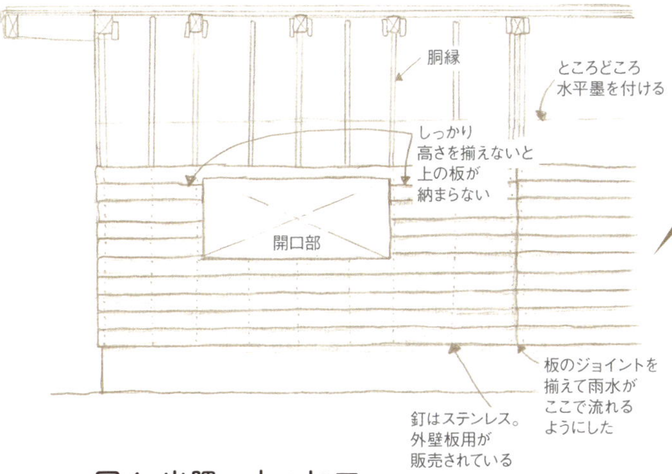

Point

ヨコ板張りは水平を保つことが大事

外壁の板張り終了。10日くらいかかりました

図4 出隅の木の加工

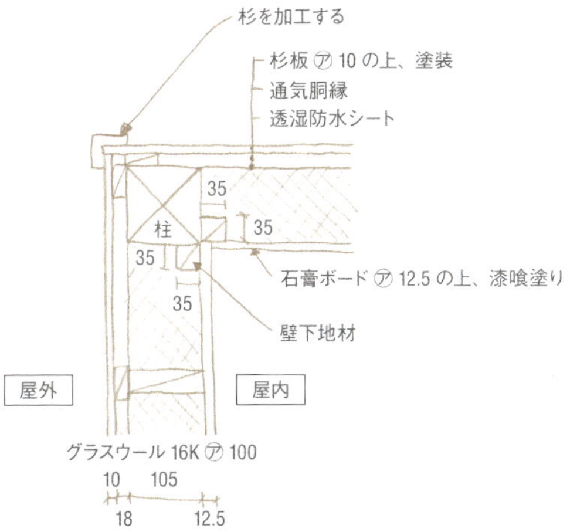

ることにして取り付けませんでした。どうしようもなく劣化するようなら、その時点で考えることにします。

こうして全部で約33坪分の外壁を張りました。一般的な外壁材であるサイディングは基本の1枚がとても大きいので、1人では作業しにくいのです。だから地道で手間のかかる作業ですが、板材を張るほうがいいと思いました。

●あいじゃくり／2枚の板の側面をそれぞれかみ合うように半分に削ってつなぐ方法。

サトルのひとりごと

3カ月はひたすらがんばります

たいへんな時期は、工事を始めて3カ月間だと思います。この3カ月は力仕事が多く、体力勝負のところがあります。しかし、肉体労働は2週間もたつと、すっかり慣れてきます。そこからはひたすら体を動かし作業を進めるのです。

プレカット材料は納品してもらえば、あとは右から左へ取り付けていくだけなので、作業に集中できます。僕の場合も壁の下地をつくるまでは必死でした。測っては切り、張り付けるという延々と続く作業に飽き飽きしましたが、それも3カ月の辛抱です。それを乗り越えれば、後は仕上げ。完成の姿が見えてきますから、充実感を感じ楽しくなると思います。じっと我慢の3カ月を乗り越えれば、なんとかなるものです。

29 犬走りをつくる

必要な道具と材料

- □水準器
- □メッシュ筋
- □コンクリート
- □砕石
- □墨つぼ
- □防湿シート
- □型枠
- □鏝など

犬走りのコンクリートを打ち終わったところ

ローコストにするならば、建物の外周部に砂利を敷いたりコンクリートを打ったりする犬走りはいらないと思いますが、僕の家では、犬走り部分にレールを取り付け建具を入れるデザインにしたので、その施工を行います。

犬走りは大きな開口部のある南北面、基礎より80mm低い位置に幅800mmでコンクリートを打ちます。要領は基礎工事（57ページ以降）と同じですから、そちらを参考にしてください。

❶基礎部分と型枠に、コンクリートの仕上げ高さの墨付けをします。

❷コンクリートは100mmの厚みに打つので、それに合わせて砕石を敷き、締め固めます。

ランマーで作業するほうが効率は上がりますが、リースするとコストがかかるので、僕は重いもので叩いて圧力をかけ、水などで締め固める方法にしました。しっかり締め固めないとコンクリートが沈下しますから、心配な方はランマーを使ってください。

❸砕石の上に防湿シートを敷きます。

❹型枠をつくります。基礎工事で使ったものを再利用します。僕は型枠を借りて使ったので、今度はコンパネでつくりました。

❺メッシュ筋（6mm）を入れます。鉄筋の間隔を適切に保つためのスペーサーを使うのを忘れないように。

❻型枠にははらみ防止の木材と杭を立てます。

❼型枠にコンクリート仕上げの高さを墨付けします。水はけを考えて、外側に向かって1/100～1/50の勾配をつけます。

❽コンクリートを打設します。

❾型枠を外します。

Point

建具レールの取りつけ部分の水平レベルはより慎重に出しました

●コンパネ／コンクリート打設の型枠に用いられる合板。

サトルのひとりごと

なんでこうなるの？

また型枠がふくらんでいました。何度やっても同じ失敗を繰り返しています。今回は型枠がふくらんだからといって納まりに影響はないのですが、大丈夫と思ってやったことがダメだった、それがショックです。ふくらんだ型枠をぼんやりと眺めることしかできない僕でした。

内部工事

コツコツと、
ただひたすら作業を続ける

30 電気配線工事

必要な道具と材料

- □スライドボックス
- □電線（VA2.0㎜、VA1.6㎜）
- □ステープル
- □電工ナイフ
- □ドライバー
- □引きまわしのこ
- □ニッパー

図1 全体の電気計画図

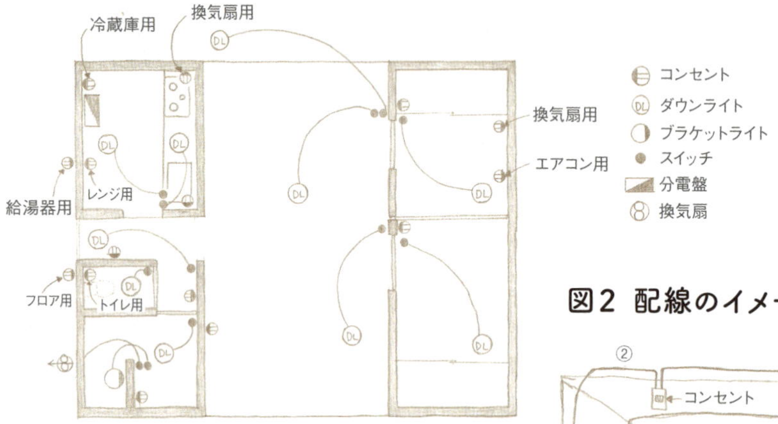

図2 配線のイメージ

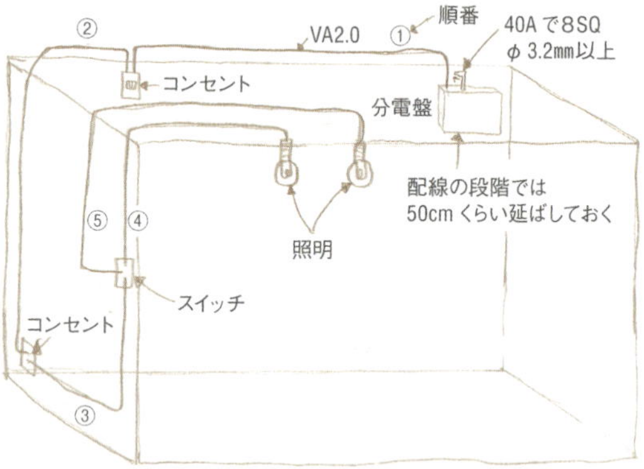

Point

工事を把握して手伝えば、
作業も早く終わり、
費用も安くなります

電気工事は電気工事士が行わなくてはいけない工事ですが、家全体の照明とコンセント位置はこちらで決めておかなければなりません。僕は電気工事士を手伝う形で働きますが、現場監督として工事全体を把握しておきます。また、材料もれのないように用意しておきます。

今回は配線まで行い、後日にすべてをつなぐ工事をします。

❶家全体の電気配線の計画を立てます。コンセント、照明とそのスイッチの位置を決めます。エアコン、冷蔵庫、キッチンの換気扇・給湯器・浄化槽のブロア（浄化槽のバクテリアのために空気を送る器具）などのコンセントも忘れずに。

電子レンジやエアコンなど、たくさんの電力を使うものは、１回路用（分電盤から分岐せずに直接コンセントに配線すること）にします。

❷それぞれの位置が決まったら、配線の経路を決めます。配線のジョイントはすべてコンセントボックス内でします。少々配線量は増えますが、これが一番簡単で失敗が少ないのです。電線は、太さ2.0㎜と1.6㎜を用意します。

❸スイッチとコンセントが必要な場所にスライドボックスを取り付けます。柱面から出ていると石膏ボードの取り付けなどのときに邪魔になりますから、柱や間柱と同一面に揃えます。

コンセントやスイッチの高さに特に決まりはありま

**電気工事士に依頼する工事ですが、
家全体の照明とコンセントの位置はこちらで決めておかなければなりません。
材料も用意します。**

図3 一般的な配線の考え方

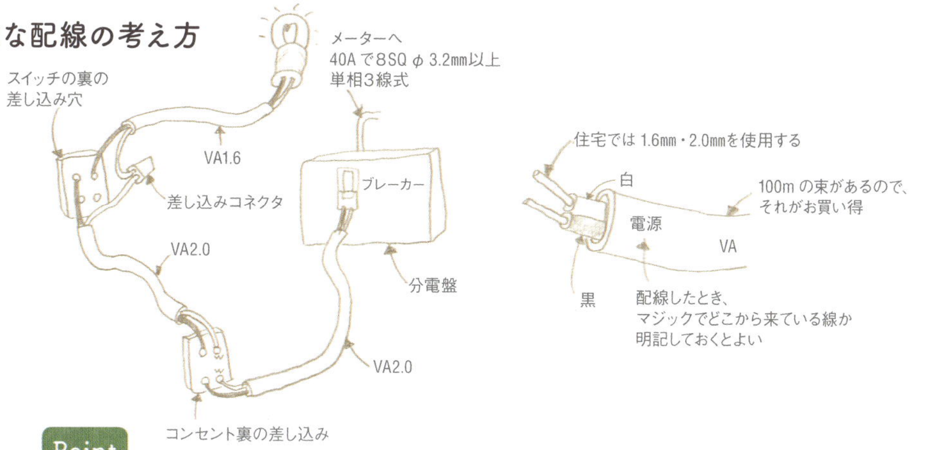

Point
**10cmほど長めに
配線を残す**

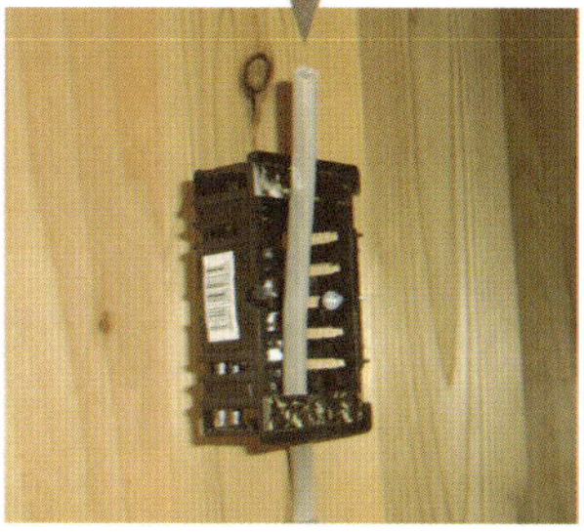

スライドボックスに取り付けた様子

図4 3路スイッチの配線例

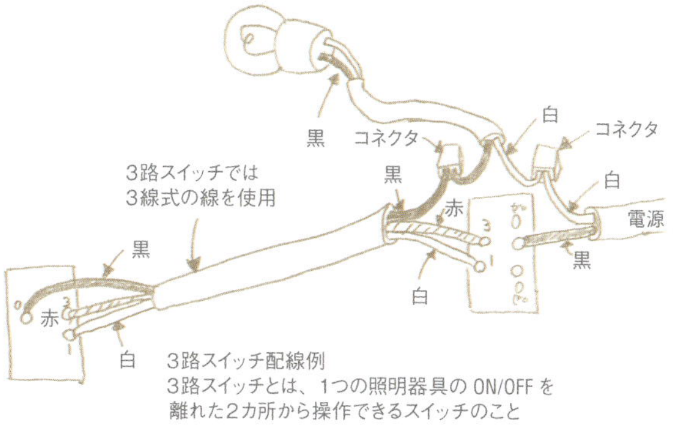

せん。迷ったら、今住んでいる家のコンセント（標準高さは250mm）やスイッチ（標準高さは1,250mm）の高さを測って、それに合わせてもいいと思います。

❹配線は分電盤からスタートして、図2のようにつないでいきます。第2コンセントまでは、太さ2.0mmの電線を使います。たとえば分電盤→換気扇のコンセント→キッチンのコンセント→スイッチ→照明の線といった具合です。

Point
**壁下地材の
取り合いも
見越して配線**

スライドボックスには、後でつなぎ合わせるために、電線を10cmほど多く残しておきます。

❺配線した電線の一つひとつに、電源ならば「電源」、照明ならば「照明」と書いておくと、後でつなぐときに楽です。

配線するときに梁に穴をあけなければいけないこともあるでしょう。しかし、梁に穴をあける場合には力がかかりにくいところを選びます。特に梁の中央には穴をあけないようにします。

電気工事士と行うと、半日で大方の配線工事が終わりました。あんなにたくさんあった電線がほとんどなくなりました。

●3路スイッチ／同じ照明器具のON、OFFを２カ所で行えるスイッチ。

31 給水・給湯配管工事

必要な道具と材料

□HIVP管・HTVP管の直管、エルボ、止水キャップ、ソケット
□それぞれに対応するボンド　□塩ビのこぎり
□サンドペーパー　□支持金物　□断熱材

図1　キッチンの配管計画

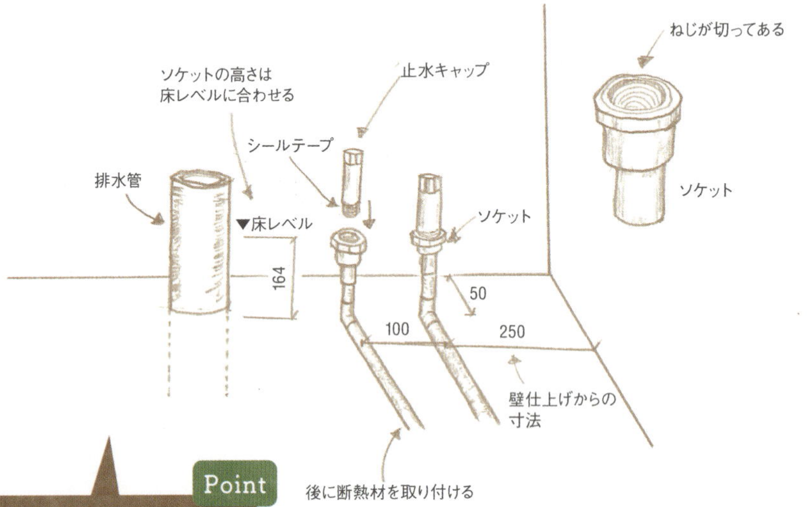

Point
システムキッチンの場合は、より正確に位置を出します

床の工事に入る前に、床下に給水・給湯管を配管します。これも市の指定業者に頼まなければいけません。僕は業者の技術指導監督のもとで一緒に作業を行いました。井戸水を使う場合には業者に頼む必要がないので、ここでは施工方法を紹介します。

僕は給水管にHIVP、給湯管にHTVPを使いました。それぞれの材料と専用のボンドを購入します。

図1は僕の家のキッチンの配管位置です。自分で制作する造り付けキッチンですから、それほど厳密にしなくてもいいのですが、一応、システムキッチンの給水管の立ち上げ位置に倣いました。

❶配管の位置を決めます。
❷直管を所定の長さに切ります（図2）。
❸切った部分は2㎜程度の面取りをします（図3）。
❹差し込む部分の長さをマーキングします（図4）。
❺直管と継手（エルボ）の両方にボンドをつけます（図5）。ソケットと直管も同様です。
❻差し込みます。差し込んだ状態のまま30秒ほど待ちます。途中で手を離すと戻ってしまうので、手を離してはいけません（図6）。
❼給水管、給湯管に断熱材を巻きます。ホームセンターにワンタッチで施工できる断熱材が売っているので、これを使います。
❽立ち上がったソケットの頭に止水キャップを取り付けます。
❾最後に留め支持金物で固定します。900㎜間隔くらいで取り付けます。

●HIVP／耐衝撃性塩ビ管。●HTVP／耐熱性塩ビ管。●エルボ／肘のように曲りのある配管。

床下に給水・給湯管を配管する工事も専門業者に依頼しなければなりません。
ここでは業者と一緒に行った作業を紹介します。

図2 長さを測って切る

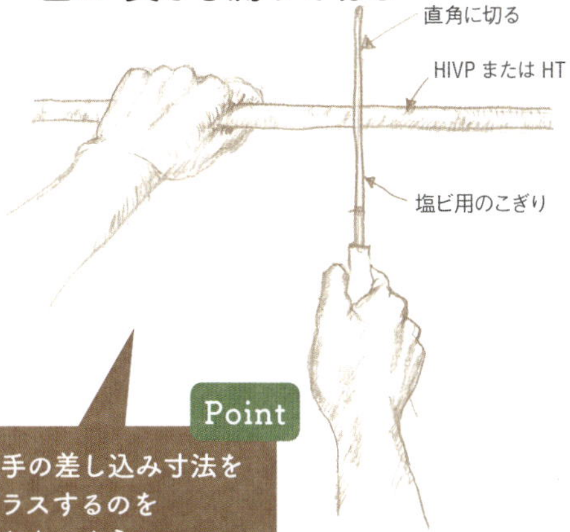

直角に切る
HIVP または HT
塩ビ用のこぎり

Point
継手の差し込み寸法を
プラスするのを
忘れないように

図3 面取りをする

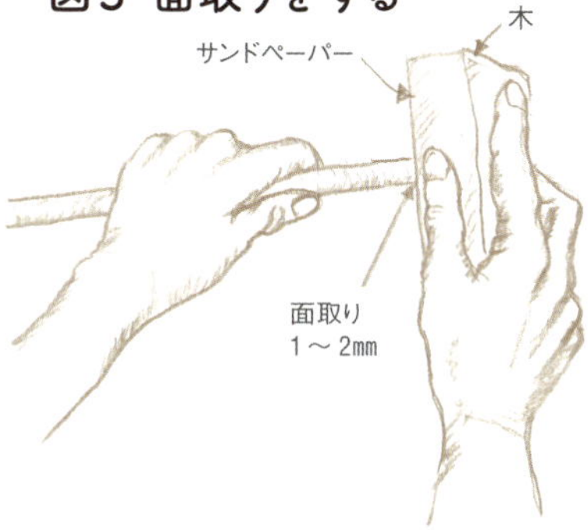

木
サンドペーパー
面取り
1～2㎜

図4 マーキング

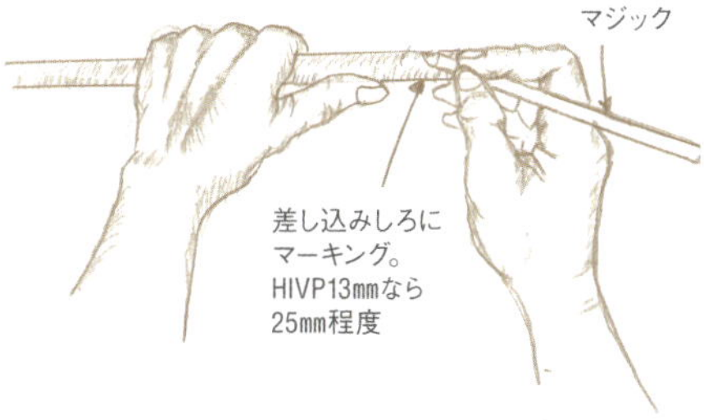

マジック
差し込みしろに
マーキング。
HIVP13㎜なら
25㎜程度

図5 ボンドをつける

差し込むところ全体に
ボンドを塗る
直管

Point
ボンドは
直管と継手の
両方につけます

エルボにも塗る
直管・継手両方ともに
ボンドが必要

図6 差し込んで圧着

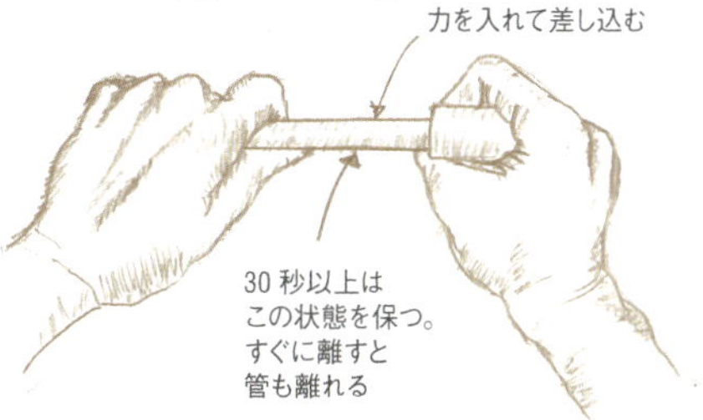

力を入れて差し込む
30 秒以上は
この状態を保つ。
すぐに離すと
管も離れる

32 床断熱材敷き込み

必要な道具と材料

- □電動丸のこ
- □カッター
- □金づち
- □釘（45㎜）
- □発泡系断熱材（厚さ50㎜）
- □気密テープ

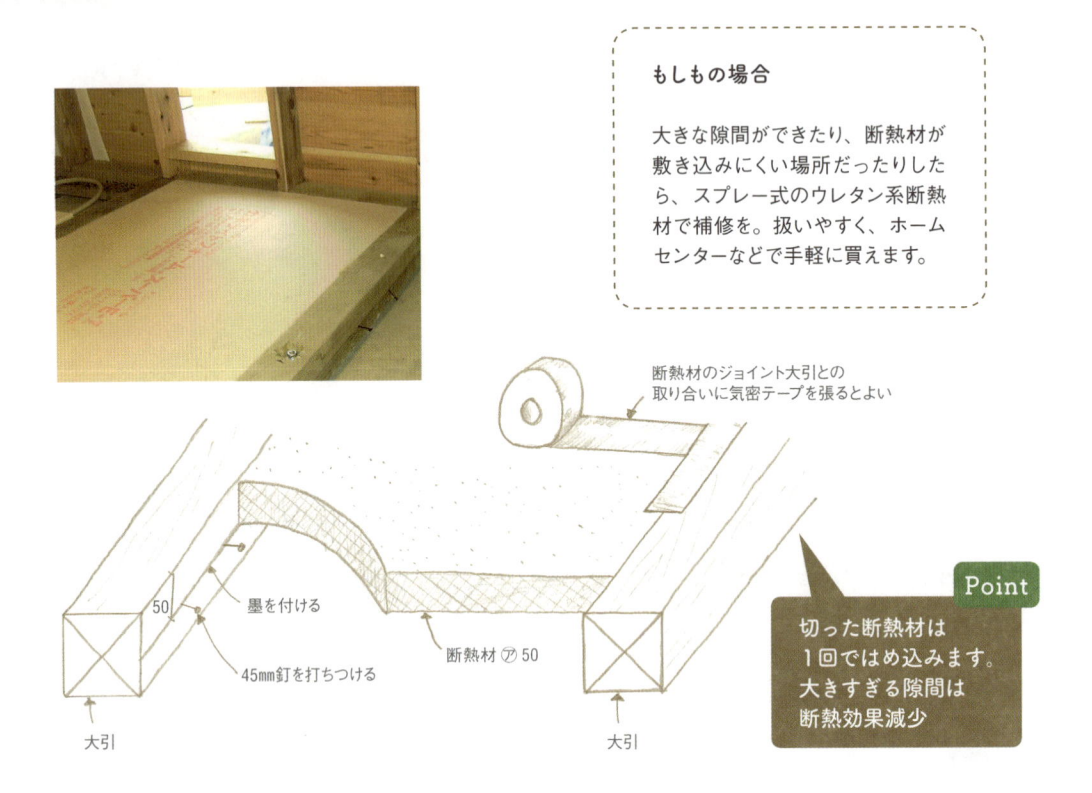

もしもの場合

大きな隙間ができたり、断熱材が敷き込みにくい場所だったりしたら、スプレー式のウレタン系断熱材で補修を。扱いやすく、ホームセンターなどで手軽に買えます。

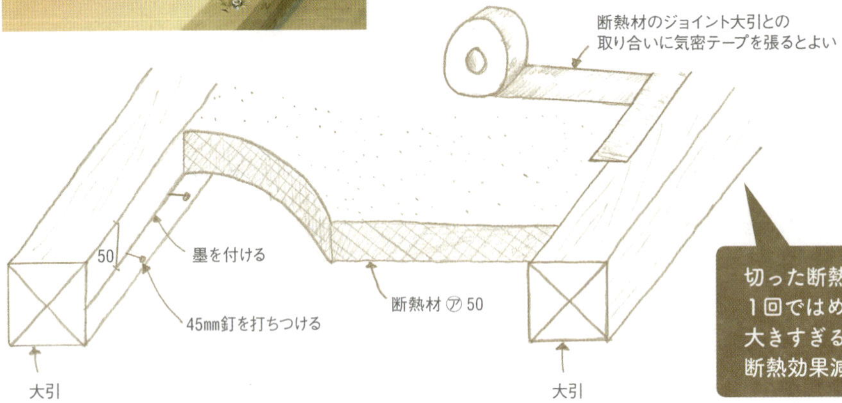

Point
切った断熱材は
1回ではめ込みます。
大きすぎる隙間は
断熱効果減少

床に合板を張る前に断熱材を敷きます。床の断熱には、床下に断熱材を敷き込む「床断熱」と、建物の外周に面した基礎の立ち上がり部分に板状の断熱材を施す「基礎断熱」があります。僕は、比較的簡単な床断熱にしました。使ったのは、発泡系（押出し法ポリスチレンフォーム）の板状の断熱材。スタイロフォームとかカネライトフォームと呼ばれる断熱材の厚さ50㎜（910×1,820㎜サイズで販売）のものを使いました。

大引きと大引きの間に入れていきます。断熱材を切るには、厚みがあるのでカッターで切るのが難しく、電動丸のこのほうが使いやすいと思います。

❶45㎜くらいの釘を、大引きの横に約300㎜ピッチに打ちます。断熱材が下がらないようにするためで、20㎜ほど打ち込んでおきます。断熱材の受け材として専用の金物が市販されています。

❷電動丸のこで寸法に合わせて切りますが、なかなかうまくいきません。断熱材はやわらかそうに見えて、案外堅かったりします。小さ目（1～2㎜）に切って調整しながら敷き詰めていきます。少々きつくて入りにくい場合は、そのまま金づちで叩くと割れてしまうので、当て木を使って叩きます。

❸配管部分はカッターなどできれいに切り抜きます。ここでスプレー式断熱材を使ってもいいでしょう。

❹大引きと断熱材の境、断熱材どうしのジョイントに気密テープを張るといいでしょう。

Point
作業の前に
床下を掃除します

33 床合板張り

必要な道具と材料
□電気丸のこ　□墨つぼ　□金づち
□手のこぎり　□のみ　□釘（長さ70mm）
□実付き構造用（針葉樹）合板（厚さ24mm、28mmでもよい）

図1 仕上げの違い

下地（合板24mm）＋仕上げ（杉板15mm）

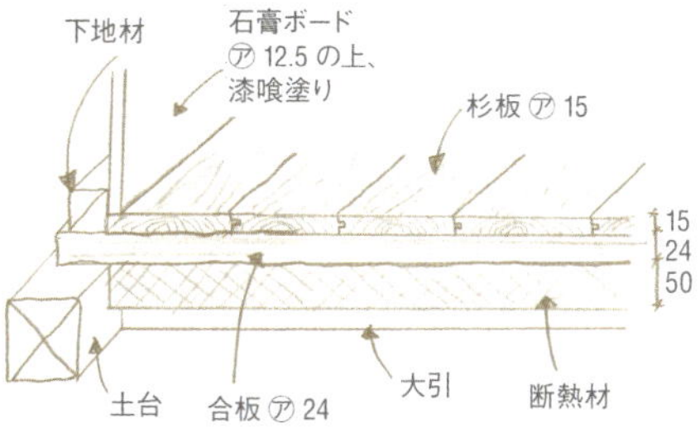

下地材
石膏ボード
㋐12.5の上、
漆喰塗り
杉板㋐15
15
24
50
土台
合板㋐24
大引
断熱材

仕上げ（杉板30mm）直張り

30
大引

大引に直接30mmのフローリングを張ると手間が省ける。
杉板が安く手に入ればこれを採用してもよい。
火打土台が必要となることを忘れずに
大きな荷重がかからないなら、この方法でも良い

図2 床合板の欠き込みイメージ

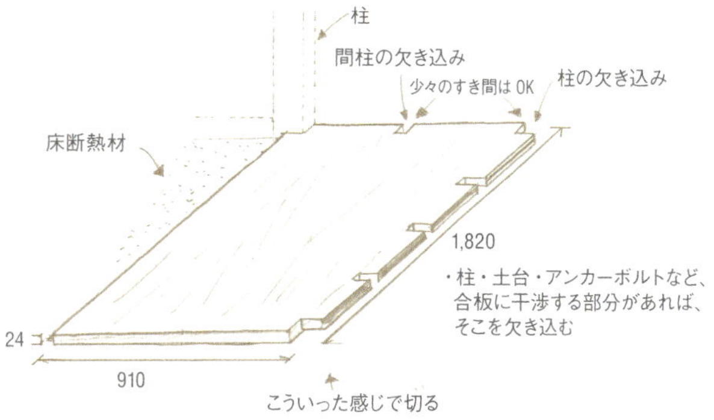

柱
間柱の欠き込み
少々のすき間はOK
柱の欠き込み
床断熱材
1,820
・柱・土台・アンカーボルトなど、
合板に干渉する部分があれば、
そこを欠き込む
24
910
こういった感じで切る

図3 欠き込みのやり方

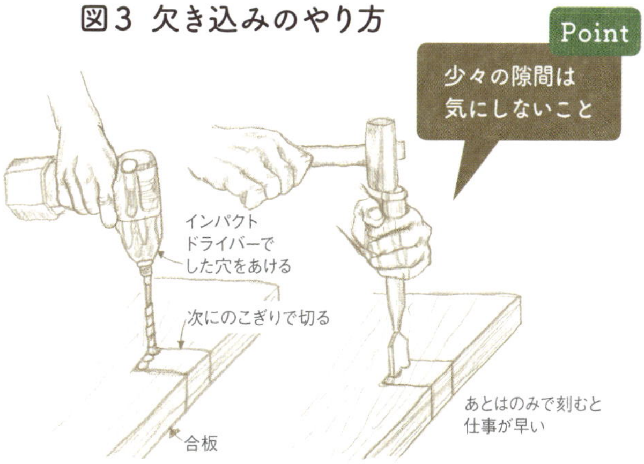

Point
少々の隙間は
気にしないこと
インパクト
ドライバーで
した穴をあける
次にのこぎりで切る
あとはのみで刻むと
仕事が早い
合板

僕は当初、床下地材の合板を張らずに、仕上げ材である厚さ30mmの杉板を大引きにじかに張ろうと考えていました。合板を張ると、その分、手間も時間もかかりますが、杉板じか張りならば、作業も楽にいくだろうと思ったのです。

それを断念したのは価格です。杉板価格が以前よりも1.5倍くらいはね上がっていて、手を出せる範囲を超えていました。24mmの合板＋15mmの杉板の組み合わせのほうが安く上がるのです。しかし、もし材料が同じ値段ならば、30mmの杉板で仕上げることをおすすめします（図1）。

❶墨出しをし、柱・間柱・金物と取り付ける合板が重なる部分を、インパクトドライバーと電気丸のこ、のみなどで欠き込みます（図2、3）。

❷端から張っていきますが、１枚目が重要です。ここが歪むと、それ以降の合板すべてが歪んでしまいます。大きな部屋になると最終的に納まらない可能性があります。しっかり寸法を測って張りましょう。

Point
大引きと直行する方向に張ります

❸釘を打ちます。長さ75mm（NかCN）の釘を、150mmピッチで打っていきます。釘打ち機を使う方法もあり

図4 床合板の張り方

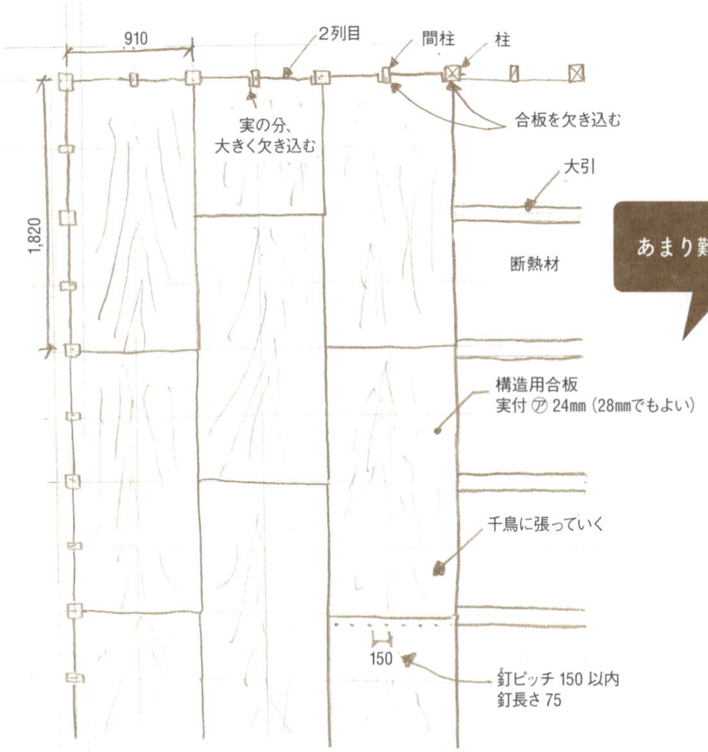

Point

あまり難しく考えないように

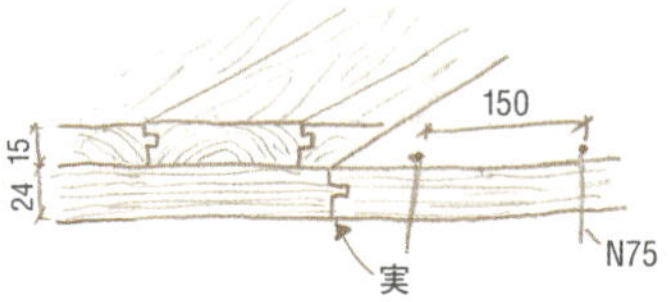

ますが、私はすべて手で打ちました。

❹２列目以降も同じ作業を繰り返しますが、板と板をはぎ合わせる「さね」があるので、凸凹部分を合体させて留めていきます。図のように、左右に互い違いに配置する「千鳥」に張ります。柱や間柱の欠き込みは、「さね」が入る分だけ、大きめに切ります（図４）。

❺最後の列です。これも「さね」に注意して作業します。最初はよくわからないかもしれませんが、作業をやっていくうちに慣れてきます。

●実／板と板をつなぎ合わせるときに、一方の板の側面につくる細長い突起。●釘打ち機／釘を素早く連続して打つ機械。動力にコンプレッサーが必要。

サトルのひとりごと

投げ出したくなったときには

３×６《サブロク》の合板はとにかく重い。非力な僕にはとても辛い工事です。切ったものを運んでいき、合わせてみるとうまく合わず、もう一度やり直して……の繰り返し。そのうち断熱材を踏み抜いて割ってしまうこともあって、こんなことを繰り返していると、投げ出したくなってしまいます。

ここはじっと我慢です。もう一度確実に寸法を測るところから始めましょう。寸法はウソはつきませんから。

そうはいっても人間ですから間違いはあります。ここは下地材ですから、少々甘くても大丈夫。隙間が多少あっても神経質になることはありません。

34 壁下地材取り付け

必要な道具と材料

- □卓上スライド丸のこ
- □杉材・赤松材（35㎜角以上）
- □ビス（75㎜）
- □金づち
- □インパクトドライバー

壁下地詳細図

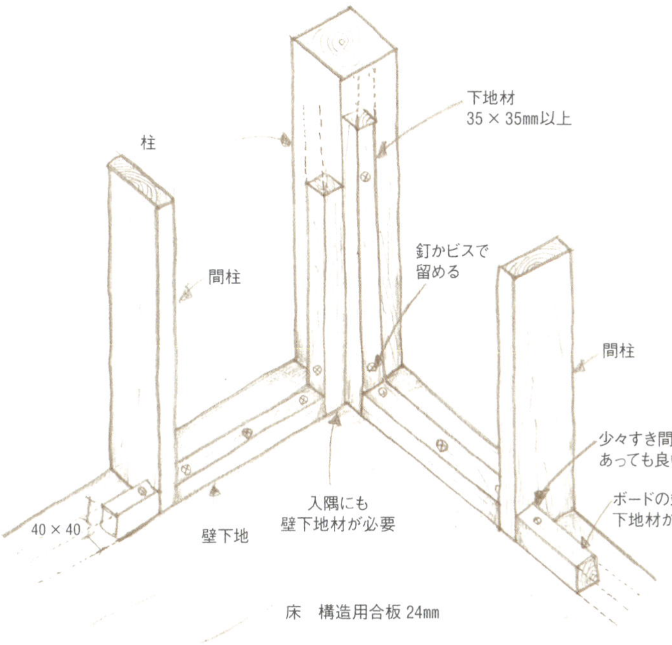

少々すき間が
あっても良い
ボードの端には
下地材が必要

壁詳細断面図

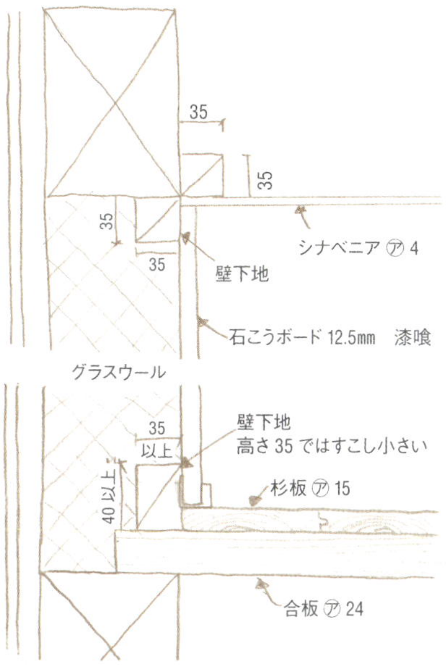

手戻りがないように忘れずに取り付ける

壁の下地材を取り付けます。簡単な作業ですが、入れ忘れないことが大切です。この先、壁の石膏ボードや板材を張るときに、「入っていない！」と慌てないように確実に作業します。

❶壁の下地材は、35㎜以上の杉の乾燥材か赤松を使います。卓上スライド丸のこで切ります。基本的に壁下地材が入るところは以下の通りです。

- ●入隅
- ●壁と天井の取り合い
- ●床と壁の取り合い
- ●石膏ボードと石膏ボードの取り合い

Point
材料の長さは大体同じ寸法なので、たくさん切っておき、一気に取り付けます

僕の家の天井高はほとんどが2,430㎜以下であり、3×8尺（910×2,420㎜）の石膏ボードを使って、1枚で天井まで張ることができます。3×6尺の石膏ボードでは1枚で天井まで届かないので、横方向（石膏ボードのジョイント部分）に下地材が必要ですが、3×8尺だと、横方向に下地材を入れずに施工できるのです。

❷留めるのは釘でもビスでもOK。僕は主に75㎜のビスで取り付けました。柱・間柱に石膏ボード12.5㎜をじかに打ち付けるので、壁胴縁などは省略しています。

35 壁断熱材取り付け

必要な道具と材料

- □グラスウール（無機繊維系断熱材）
- □気密テープ
- □タッカー
- □定規
- □カッター
- □マスク
- □軍手

図1 グラスウールカット手順

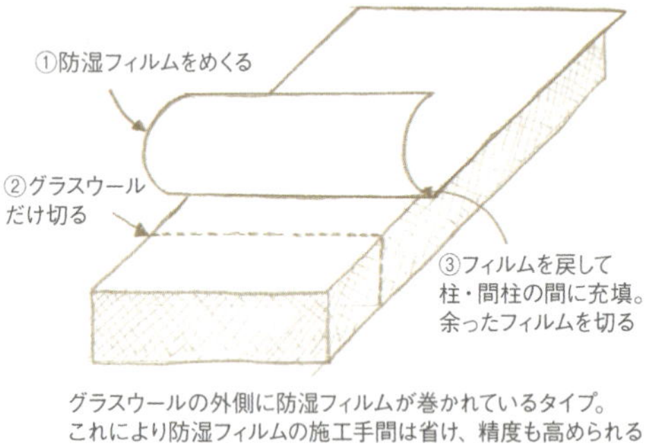

これにより防湿フィルムの施工手間は省け、精度も高められる

図2 壁上部の施工

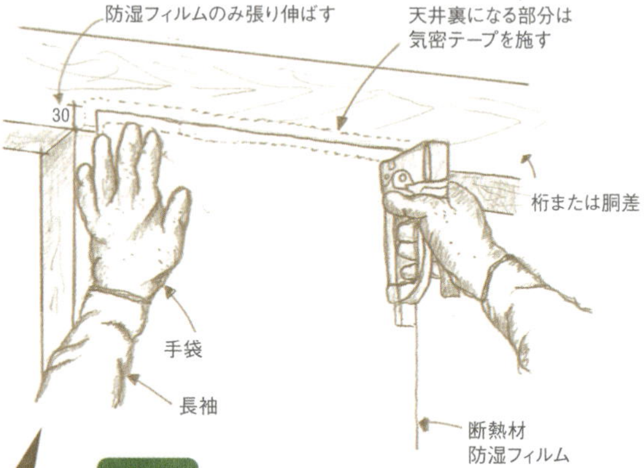

壁上部は胴差または桁に30㎜以上重ねて防湿フィルムを留めつける

Point
作業は長袖、手袋にマスクをして吸い込まないように

断熱材はグラスウールで

断熱方法には、構造体の外に断熱材を張る「外断熱」と、構造体の内側に施す「充填断熱」があります。どちらがいいと一概にはいえませんが、僕の場合、壁に構造用合板を張る仕様にしていないのと工期・コストの面から、充填断熱にしました。

壁の断熱材に使うのは、無機繊維系断熱材のグラスウール（短いガラス繊維でできた綿状の断熱材）です。断熱材にはこのほかにも発泡プラスチック系、自然系素材などさまざまあります。それぞれメリット・デメリットがあるので比較して選びます。

僕がグラスウールを選んだのは、安価で手に入れやすいからです。欠点は水に弱いことで、施工が悪いと湿気を吸い込み断熱性能が落ちます。湿気が壁内に入らないようにすることが一番の注意点です。

グラスウールは密度が高いほうが断熱性能がよくなります。僕は16kg/㎥で100㎜厚のものを使うことにしました。断熱材の種類や厚さをどのくらいにするかは地域によっても異なるので、国の「次世代省エネルギー基準」を参考にしてください。

僕の嫌いな作業です

グラスウールの敷き詰めは僕が大嫌いな作業の一つです。なにがイヤかというと、粒子状のガラス繊維が体に付いてチクチクするのです。顔がかゆくて、掻いたらガラス繊維が顔に付いて悪循環になります。しかたがないので、できるだけ中身のガラス繊維が飛び散らないように作業を進めます。僕はこんな作業はイヤなので、1日でほとんどの作業を終わらせました。

断熱材の取り付け

❶グラスウールのカットの手順は図1の通りです。切るときは防湿フィルムをめくり、グラスウールだけを切ります。

❷グラスウールの室内側は防湿フィルムになっているので、その耳の部分を柱・間柱にタッカーで留めます。防湿フィルムには印が付いているので、それに沿って

壁に断熱材を取り付けます。僕はグラスウールを使いましたが、断熱材は種類も多く、それぞれに特徴があるので、比較して選んでください。

Point
破れたところは、気密テープで補修

図3 柱や間柱部分の施工

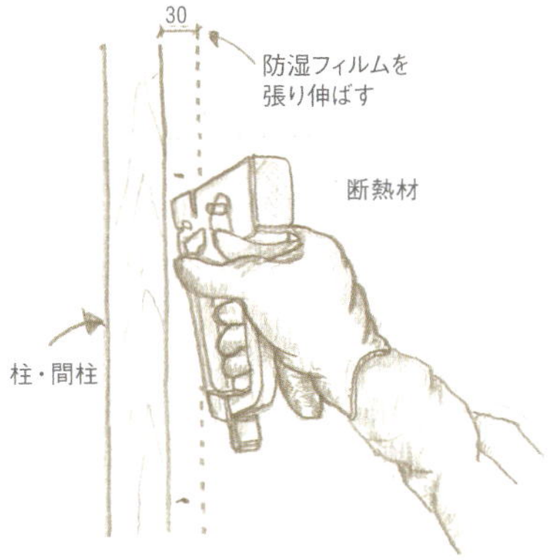
30
防湿フィルムを
張り伸ばす
断熱材
柱・間柱

柱と間柱の間にグラスウールを充填し、
見付面に防湿フィルムをタッカー釘で留めつける

図4 壁下部の施工

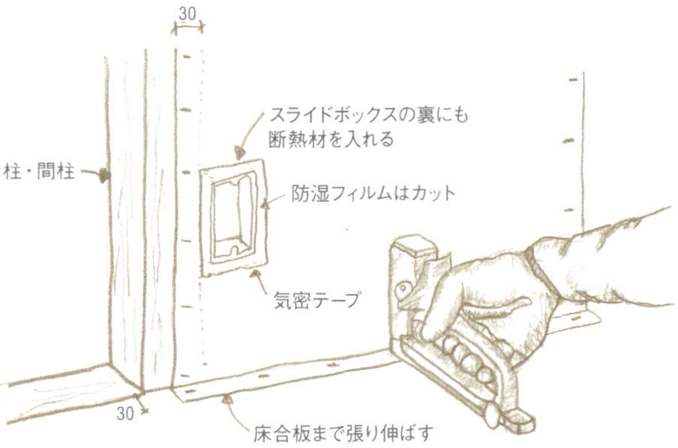
30
スライドボックスの裏にも
断熱材を入れる
柱・間柱
防湿フィルムはカット
気密テープ
30
床合板まで張り伸ばす

留めます。桁や梁、床合板には図のように留めます（図2～4）。

❸断熱材をはぎ合わせた部部分や防湿フィルムが破れたところなどは、気密（防湿）テープで補修します。

Point
細かなところも気密テープで補修

❹30㎜くらいのわずかな隙間などグラスウールが施工しにくいところは、発泡ウレタン系のスプレー式断熱材などを使います。

❺換気扇などの開口部もていねいにグラスウールを充填します。気密テープで補修します。

要するに、室内の湿気が壁内部に入らないようにすればいいのです。壁内で結露すると、ひどいときには構造材が腐り建物の寿命を縮めます。そのためにも断熱材を取り付ける際には、しっかり気密処理をしましょう。

サトルのひとりごと

ほんとうに寒くないの？

「冬は寒そうですね」僕の家に来ると、たいていの人は言います。リビングの床はコンクリートだし、サッシもガラス戸もなく、雨戸と障子だけの開口部ですから、その質問は正しいのです。もちろん隙間風は入り込み、設計通り冬は寒くなる予定でした。

そして冬を迎えました。僕の住んでいる地域では気温は－4℃まで下がります。ところが、薪ストーブを焚くと家全体が暖かいのです。おかしいな、こんなはずはない。設計ミスですね。それなりに小さな家は暖房もよく効くのです。

あまり「断熱、断熱」というのもどうでしょう。冬は寒いのだからそれを大いに受け入れて、寒さに耐えられる体をつくるほうが建設的だと思えてきました。

●桁／柱間に架ける水平部材。短辺方向に渡された横架材が「梁」。

36 天井下地材と天井断熱材の取り付け

必要な道具と材料

- □下地材（杉・35×35㎜）
- □墨つぼ
- □手のこぎり
- □卓上スライド式丸のこ
- □インパクトドライバー
- □金づち
- □ビス
- □釘
- □グラスウール
- □カッター
- □タッカー

図1 勾配天井の下地材取付け（僕の家の場合）

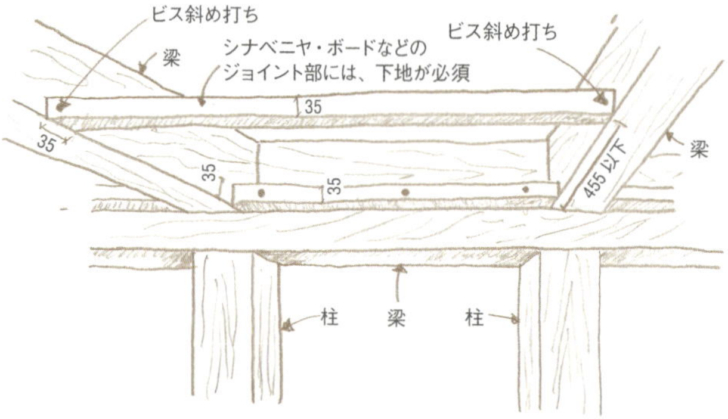

図2 フラットな天井の下地材取付け

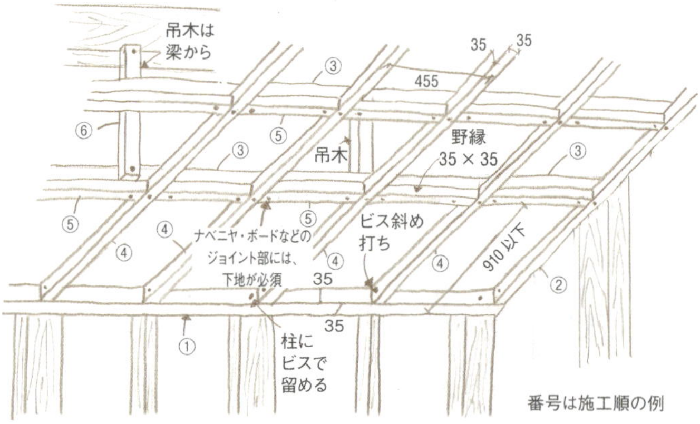

天井下地材の取り付け

❶天井下地材を取り付ける場所に墨を付けます。部屋の内壁まわりからスタートして、天井下地材が455×910㎜以下で施工できるように、部屋の内部にも墨付けをします。

❷下地材には35㎜角の杉乾燥材を使います。仕上げ材には4㎜厚のシナベニヤを張るので、それほど重量はありません。455×910㎜間隔で下地材を取り付けていきます。梁や柱にビス斜め打ちで留めていきます（図1）。フラットな天井の場合は、図2を参考にしてください。

> **Point**
> 仕上げ材の継ぎの部分には必ず下地材がくるように計画します

❸下地材は、寸法を測ってきっちり切ります。寸法通りだと少々入りにくいかもしれませんが、金づちで叩いて入れます。寸法が足らずに短かったりすると、取り付けが面倒になることもあるので、気をつけて材料を切りましょう。

❹僕の家では天井まで建具のくるところがあります。この時点で鴨居をつけるのですが、そこに建具の溝をつくっておかなければなりません。しかし、僕にそん

天井の下地材と断熱材を取り付けます。上を向いて行う、ちょっと苦労する作業です。
僕の家では天井まで建具がくるところがあったので、ここで「簡易鴨居」をつくりました。

図3 「簡易鴨居」のつくり方

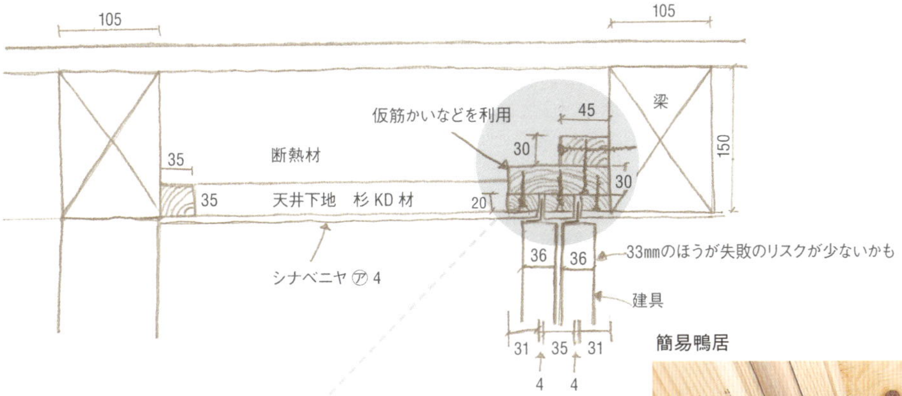

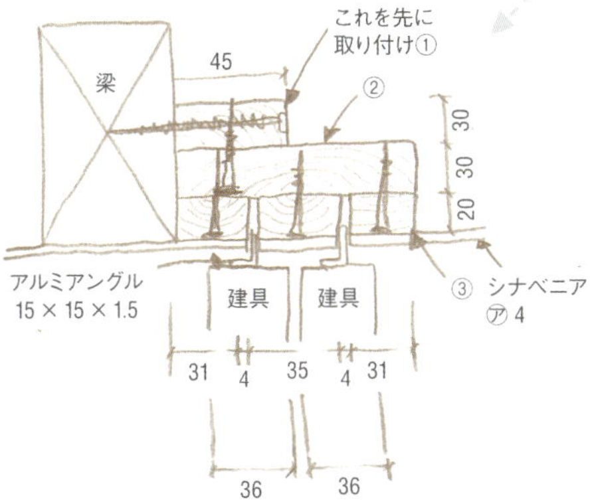

簡易鴨居

簡易鴨居による建具の完成

な難しいことはできないので、溝堀りしない「簡易鴨居」にすることにしました。

図3がその詳細図です。建具の厚みを考慮し、溝幅は4㎜にしました。少し遊びが大きいと思いますが、素人なので、ちょっと大きいほうが施工の逃げがきくと考えました。

天井断熱材の取り付け

天井下地材を取り付けたら、断熱材を入れます。ここもグラスウールを使います。

ここでは、組んだ下地材が邪魔になって隙間があいてしまいがちです。断熱材に湿気が入り込んでしまうと困るので、天井だけは防湿フィルムを張るようにします。

Point
最後にやり残したところがないか、しっかりチェック

軒天井にも同じように下地材を取り付けます。いずれも上を向いての作業になり、効率は格段に落ちます。寸法取りや切断を間違いのないように行い、やり直しを防ぎましょう。

●鴨居／建具を建て込むために、引き戸状開口部の上枠として取り付けられる横木。建具を滑らせる溝を掘る。

37 床フローリング張り

必要な道具と材料

□本実加工杉板(15㎜厚)　□卓上スライド丸のこ　□電気丸のこ　□手のこぎり
□金づち　□ポンチ　□フロア釘(38㎜)　□ウレタン系ボンド　□サンドペーパー
□仮留め釘　□トリマー　□ホルソー(給排水のための穴あけ)

図1 墨付け

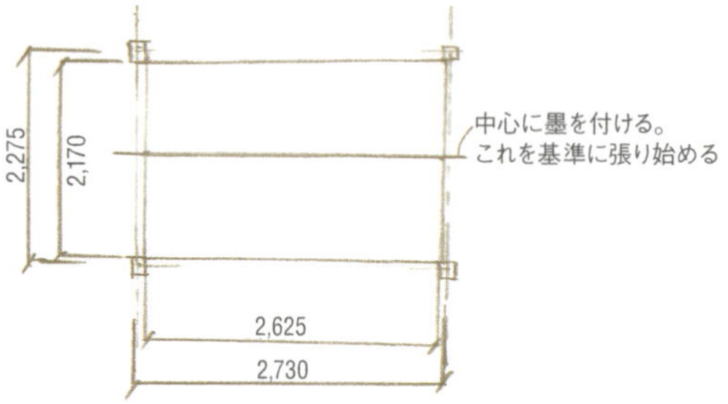

図2 割付

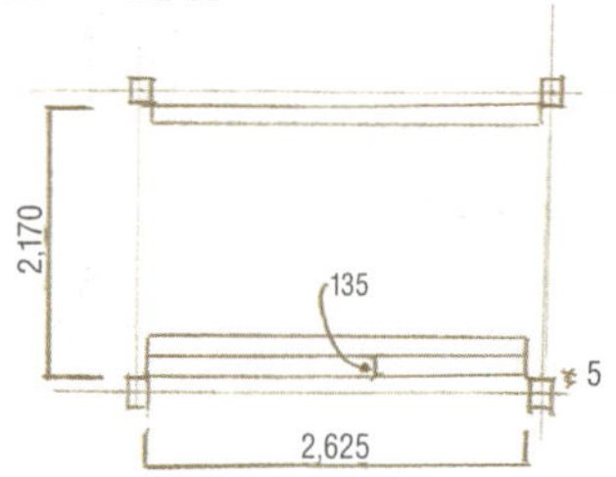

Point
割付はきちんと正確に

図3 切断

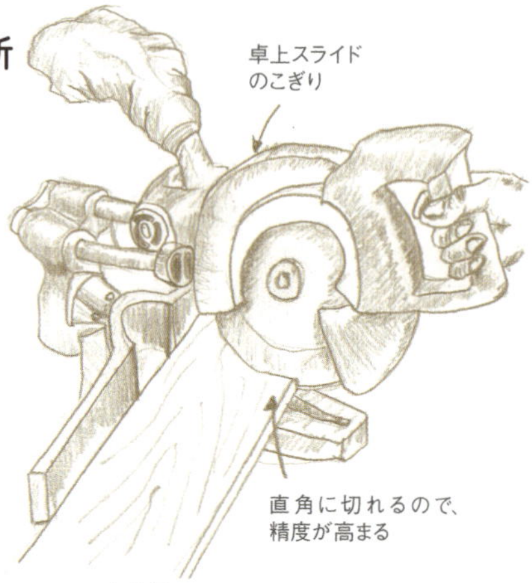

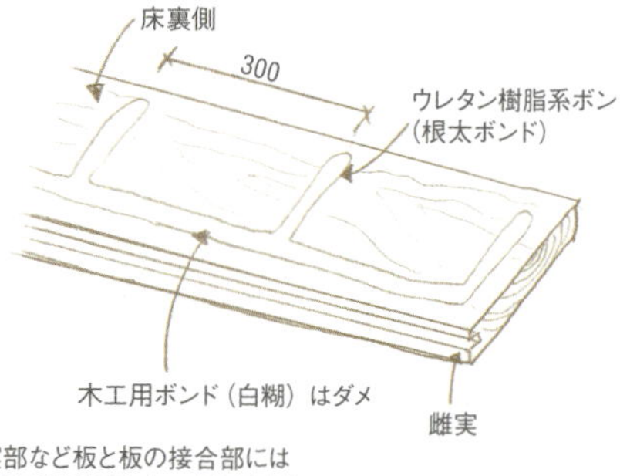

・実部など板と板の接合部には
接着剤を塗布しないようにする

Point
床を張る前に掃除を忘れずに

床フローリング張り

ようやく床の仕上げです。ここからは、できるだけきれいに仕上がるように作業していきましょう。

仕上げ材のフローリングには、厚さ15㎜×幅135㎜×長さ4,000㎜の本実《ほんざね》加工の杉板を使います。杉はやわらかく傷がつきやすい材ですが、肌触りがよく、冬でも冷たく感じにくいという利点があります。

❶まず墨付けです。どこを基準にするかをきちんと決めます。僕は、部屋の中心にして板の長手方向に合わせて墨を付けました(図1)。

❷基準に従って幅135㎜の長い板をどう並べていくか、割付をします。部屋の中心が基準ですから、部屋の両側が同じくらいの幅の板で終わるように仕上げます(図2)。

僕の場合、部屋の幅が2,170㎜なので、板幅135㎜で割ると、16枚と余りが10㎜。余り部分は両端にくるので5㎜ずつになります。つまり柱から5㎜ずつ離して張り始めると、うまく納まる計算になります。両端の余り幅は多少違ってもいいのですが、それよりも両端の板幅が10㎜や20㎜のように細くなりすぎないようにしましょう。細すぎると切りにくく、直角でない部分があったりすると、さらに作業が難しくなります。最後は大きな幅で終わるように割付けます。

❸1枚目です。割付が済んでいるので端から作業します。タテ方向は電気丸のこで、ヨコ方向は直角に切れ

床仕上げ材のフローリングを張ります。基準を決めて割付し、きちんと揃うように作業します。この先、ほかの作業は続くので、張り終えた後の養生は忘れずに。

図4 釘を打つ

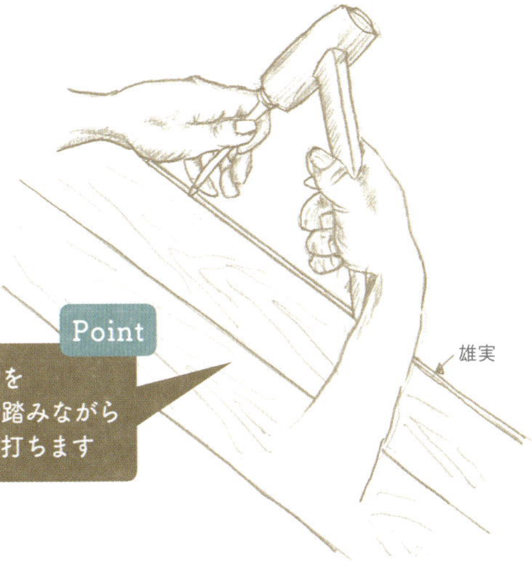

Point
板材を
足で踏みながら
釘を打ちます

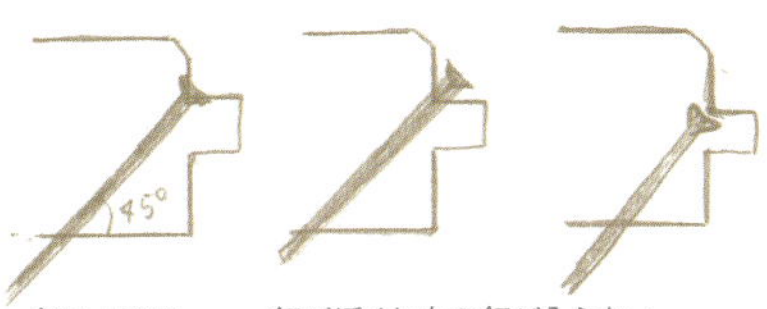

釘は 45°で
打ち込む

釘が浮くと次の釘が入らない。
また実がふくれてしまう。
沈みすぎると雄実が欠けてしまう

室内建具のレールの溝は床板を張ってから、トリマーをガイドに当てて掘る

開口部のV溝レールは、先に溝を掘っておいた板をボンドで取り付ける

Point
きっちりはめ込みすぎないで、
名刺1枚分くらいの隙間をつくります。
板が膨張収縮したときの逃げが必要

Point
1枚目が重要。
ここが歪むと、
後がどんどん
歪みます

る卓上スライド丸のこを使うといいでしょう（図3）。

❹切り口は、ほんのわずか1㎜もないくらいの面を取ります。僕はサンドペーパーを使いました。面を取ったほうが、板を突き合わせたときにきれいに仕上がります。

❺ウレタン系ボンド（木工用ボンドより柔軟性があるので、木が乾燥しても割れにくい）をつけて張り、斜めに釘を打ちます（図4）。

❻次の板の「実《さね》」にはめ込んでいきますが、実部分をつぶさないように、叩くときは当て木をして行います。

❼これを繰り返していきます。張り方は次ページの図を参考にしてください（図5）。

❽最後の1枚は釘を打てないところがあります。その場合は、ボンドをつけて仮留め釘を使って押さえます。

❾建具のレール部分の溝の掘り込みは、上の写真のようにトリマーを使って施工します。（114ページ建具枠取り付け参照）

●本実加工／床板や壁材をつなぎ合わせる方法。板と板が接するところの一方を凹、もう一方を凸に加工する。ビスや釘を打ち込んで固定するが、表面には釘などが見えないようになっている。●トリマー／溝を掘ったり面取りをする工具。●V溝レール／建具の戸車を走らせる床に付けるレール。

図5 板の張り方

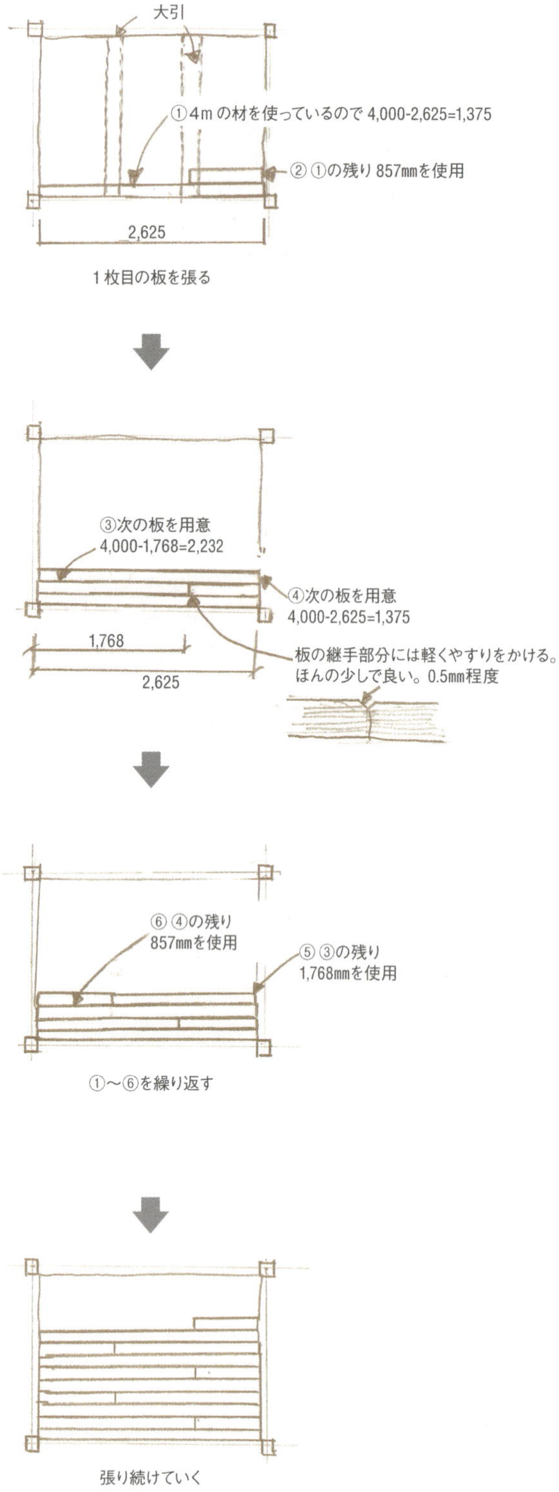

1枚目の板を張る

①〜⑥を繰り返す
張り続けていく

フローリングの仕上がり

木実加工されたフローリングの断面

床の養生

張り終えたら、床を養生します。これからさまざまな作業をしていくので、床が傷付かないようにしておきます。

❶掃除機を使って、床のホコリを吸い取ります。砂や木くずが養生板との間に入るなどしてフローリングを傷めるのを防ぎます。

❷シートを張ります。僕は防水シートが余っていたので、それを使いました。壁から50mmくらい離して敷き、養生テープで四方と接ぎ合わせ部分をしっかり留めます。

❸その上に養生板（さまざまなタイプが売られている）を置きます。壁から70mmくらい離して、養生板の四方と接ぎ合わせ部分にテープを張ります。

サトルのひとりごと

地味な作業ほど難しい。だけど大切

建前で木材を組み立てたり、外壁を張ったりする作業は、見た目にもダイナミックで難しいと思われがちですが、実はそうではありません。こうした主役的な作業は、やってみると思ったより簡単でどんどんはかどります。

ほんとうに難しいのは、見るからに地味で簡単そうな作業です。職人がいかにも楽そうに手を動かしているので、「これなら僕にもできる」と思ってしまいますが、実際にやってみると、とんでもない。時間もかかり思うようには仕上がりません。たとえばコーキング。慣れないと時間ばかりかかってコーキング自体が乾き始めてしまい、表面がイソギンチャクのようになったり、コーキングが付いた手で仕上げたばかりの壁に触れて汚してしまったりします。

簡単に見えるほど難しいのです。ここで僕の難しい仕事ランキングをあげてみます。

1位　天井作業
これは誰でも手間がかかりますが、特に素人にはキツイ作業です。

2位　コーキング

3位　塗装
思ったよりムラになります。自分で納得すればいいのでしょうが、きれいに仕上げたいとなると…。

4位　建具の建て合わせ
一度うまくいかなくなると、永遠に作業が続くのではないかと思うくらい、納まらなくなります。頑固に精度を追求するのはほどほどに。

5位　タイル張り
大きなタイルは比較的簡単ですが、モザイクタイルは難しい。モザイクタイルはタイルを切らなくていいという利点があって捨て難いのですが、やはり難しい。

その他、壁仕上げ前の下地処理。ボードのジョイントパテ埋めを適当にやってしまうと、仕上げに影響します。床を汚さないようにするための養生もきちんとしないと後悔します。

お化粧も下地が大事ですよね。いくら高いファンデーションを塗っても、ベースがきちんと塗れていないと、ムラになって美しくはなれないのです。

38 天井張り

必要な道具と材料

- □電気丸のこ
- □金づち
- □丸のこガイド
- □手のこぎり
- □シナベニヤ（厚さ4㎜）
- □かんな
- □木工用ボンド
- □仮留め釘

図1 天井張り

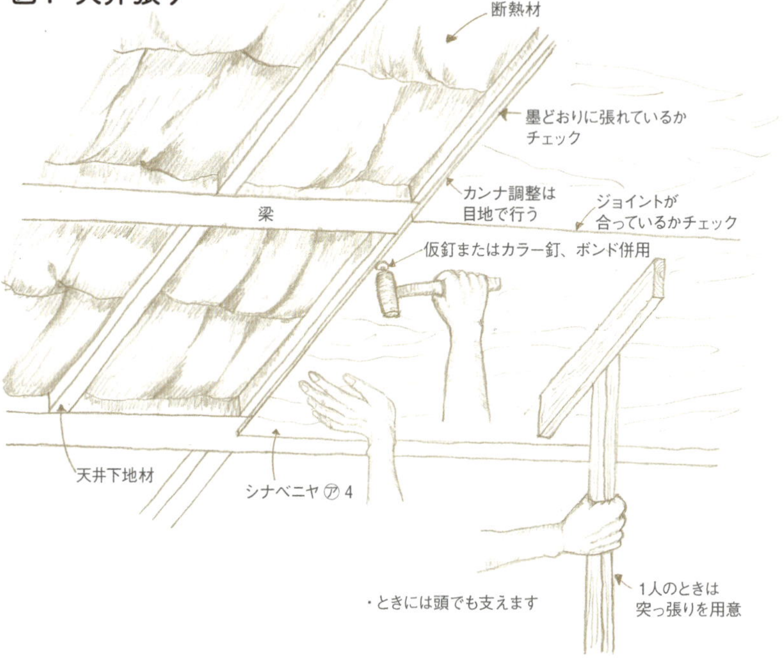
断熱材
墨どおりに張れているかチェック
カンナ調整は目地で行う
ジョイントが合っているかチェック
梁
仮釘またはカラー釘、ボンド併用
天井下地材
シナベニヤ㋐4
・ときには頭でも支えます
1人のときは突っ張りを用意

天井を張ります。素人には荷が重い作業です。できるなら、天井は張らない計画を立てたほうがいいと思います。僕が天井を張ったのは、意匠にこだわってしまったためです。こんなにも手間がかかる作業とは思いもしませんでした。

天井には、厚さ４㎜のシナベニヤを張ります。石膏ボード（厚さ9.5㎜）に比べるとかなり軽いので、比較的楽だと思います。セルフビルドでは、天井は軽い材料を使うこと。それが成功につながります。

天井張りは１人でも作業できますが、２人ならずっとやりやすく、早さも2倍以上になります。

❶墨付けをします。部屋の中央に墨を付けて基準とします。僕は天井中央に目地をつけるので、それに沿って墨付けします。

Point
天井中央の3㎜の目地を基準に

Point
丸のこガイドを使って正確に

❷シナベニヤを丸のこガイドを使って切ります。材料は３×６《サブロク》尺で発注しても、きっちり910×1,820㎜ではありません。914、915×1,825㎜くらいなのです。下地は910㎜ピッチで取り付けてあるので、それに合わせて切っていきます。

❸切ったシナベニヤを仮合わせします。１～２㎜の誤差ならかんなで調整します。ただし、かんなをかけるのは目地の部分だけです。

墨付けの確認がすんだら、木工用ボンドをつけて張ります。

❹このときは釘打ち機（ピンタッカー）を借りてきたので、それで取り付けました。それがない場合は、仮釘などで留めます。後で釘を抜くことになるので、抜

天井を張ります。手間のかかる作業なので、誰かに手助けしてもらうといいでしょう。軽い材料を選ぶことも成功の秘訣です。

かんなをかけるのは目地のある中央部分だけ。そのほかのところにかけると、ベニヤどうしがうまく合わなくなる

僕の家は室内の天井がそのまま軒天井になるように計画しているので、この段階で軒天井まで施工する

き忘れのないようにカラー釘を使うのも1つの方法です。

釘頭が気になるようなら、ダーク系のオイルステインを塗ると目立たなくなります。

❺ ❸と❹を繰り返して張っていきます。目地がまっすぐに通っているかどうかを確認しながら行います。まだ壁の仕上げをしていないところは、壁との取り合いは少々あいていてもかまいません。なぜなら、壁のボードを張ると隙間が隠れるからです。

❻シナベニヤが張れたら、仕上げにクリア塗装をします。一般的には刷毛で塗りますが、ムラが出やすく塗料が垂れてくるので、僕は軍手に塗料を滲み込ませて塗りました。

●シナベニヤ／表面にシナの単板を張った合板の一種。表面がきれいなので、仕上げに使うこともある。●オイルステイン／屋内外の木部に使用する塗料で、塗膜をつくらずに含浸し着色する。

サトルのひとりごと

夫婦で作業をしたら仲良くなる?

「あんた、ちゃんと持っといてや」

なんとなく持ってくれてはいますが、なんせ天井作業なので手がだるくなります。早く作業を進められるわけがなく、パートナーはただの脇役にストレスを感じているようです。そんな気持ちが当然作業に影響します。

「あんた、ちゃんと墨に合わせて持っといてや」

「持ってるわいな」

なんてことを言うので、信じて釘を打ちます。やっと1枚目が張れました。しかし、見直してみると、墨からずれているではないですか。ずれが大きいと、あとあと下地の位置と合わなくなってしまいます。

「ちゃんと見て持っとかなあかんわな」

「ちゃんと見てたわな」

「なに言うとんねん。見てへんからずれているんや」

険悪な雰囲気。やり直しをしなければならないから、僕も不機嫌になります。この矛先はどこに向けたらいいのでしょうか。

楽しさや辛さを一緒に味わえば夫婦は仲良くなり、よりわかり合えるというようなことを世間ではいいますが、そんなことは絶対ありえないくらいに仲が悪くなります。

できれば別々の作業がよろし。さわらぬ神にたたりなし。今日の晩ご飯は僕がつくろうかな。これが教訓であります。

39 建具枠取り付け

必要な道具と材料

- □杉板（25㎜厚ほか）
- □インパクトドライバー
- □卓上スライド式丸のこ
- □手のこぎり
- □コースレッド（65㎜）
- □ウレタン系ボンド

図1 枠材を組む

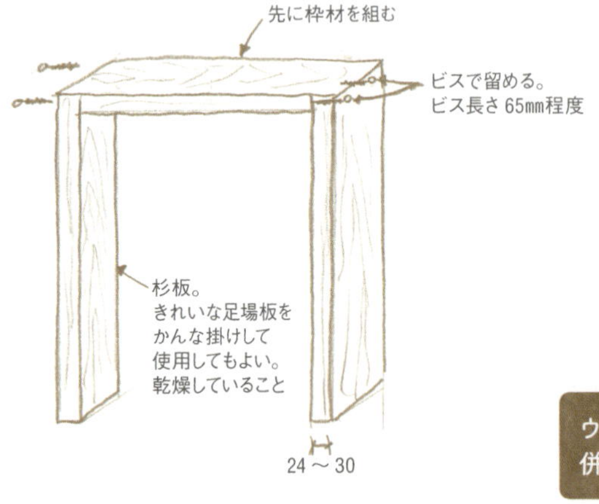

先に枠材を組む
ビスで留める。
ビス長さ 65㎜程度
杉板。
きれいな足場板を
かんな掛けして
使用してもよい。
乾燥していること
24 ～ 30

図2 枠材を取り付ける

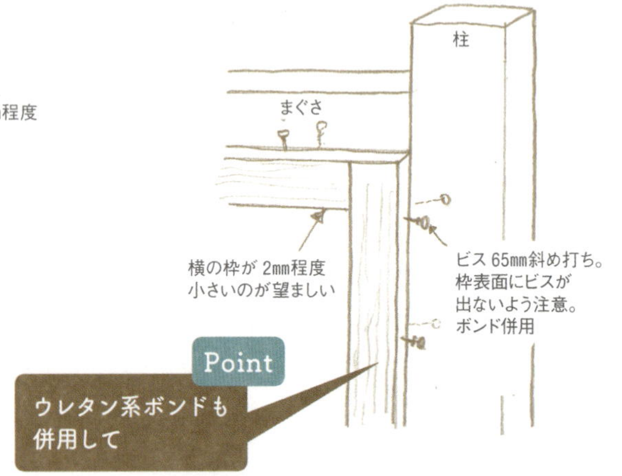

柱
まぐさ
横の枠が 2㎜程度
小さいのが望ましい
ビス 65㎜斜め打ち。
枠表面にビスが
出ないよう注意。
ボンド併用
Point
ウレタン系ボンドも
併用して

図3 建具枠と丁番との関係

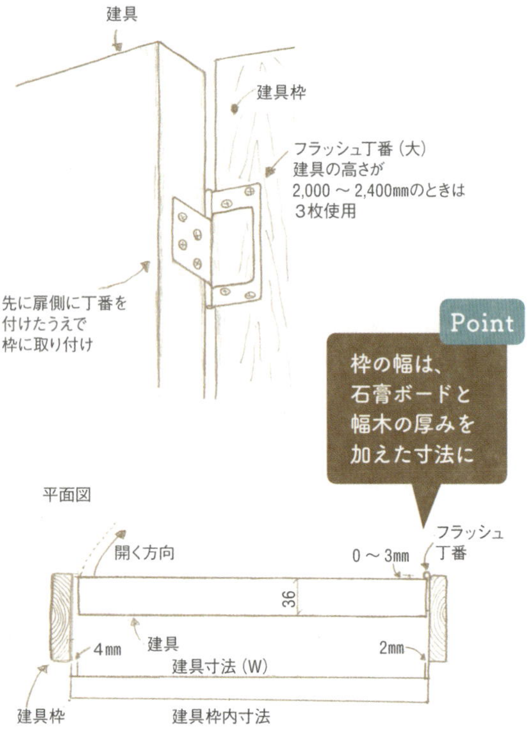

建具
建具枠
フラッシュ丁番（大）
建具の高さが
2,000 ～ 2,400㎜のときは
3枚使用
先に扉側に丁番を
付けたうえで
枠に取り付け
Point
枠の幅は、
石膏ボードと
幅木の厚みを
加えた寸法に
平面図
開く方向
0 ～ 3㎜
フラッシュ
丁番
36
4㎜
建具
2㎜
建具寸法（W）
建具枠
建具枠内寸法

窓枠や内部建具枠を取り付けます。僕の家で内部建具枠を取り付けるところは、寝室の出入口２カ所と浴室出入口だけです。トイレと脱衣室の出入口は漆喰塗りをするので、枠はつけてありません。基本的にはあってもいいと思いますが、ここではコスト削減と作業の短縮を図りました。

❶枠材は24～30㎜厚の杉材を使います。寸法を測って、卓上スライド式丸のこで切ります。

❷切った枠材を組んで、ビスで留めます（図１）。

❸組んだ枠材を現場に持って行き、水平垂直を見ながら取り付けます。柱から斜めにビスをねじ込みます。まぐさからもビスで引っ張ります（図２）。

柱やまぐさに水平垂直が出ていなかったら、パッキンを入れて調整します。２㎜くらいの誤差はよしとしましょう。

●ハンガーレール／天井や鴨居に設置し、吊り下げるタイプの引き戸を取り付けるためのレール。●戸車／引き戸の下部に取り付けて開閉を滑らかにする小さな車輪。●戸当たり／開き戸、引き戸を開けたときに、開きすぎや引きすぎがないように戸の動き止める金具。

窓枠や建具枠を構造体に取り付けます。
それぞれの用途によって、少しずつ作業が異なります。

引き戸の納まり

図4 一般的な引き戸

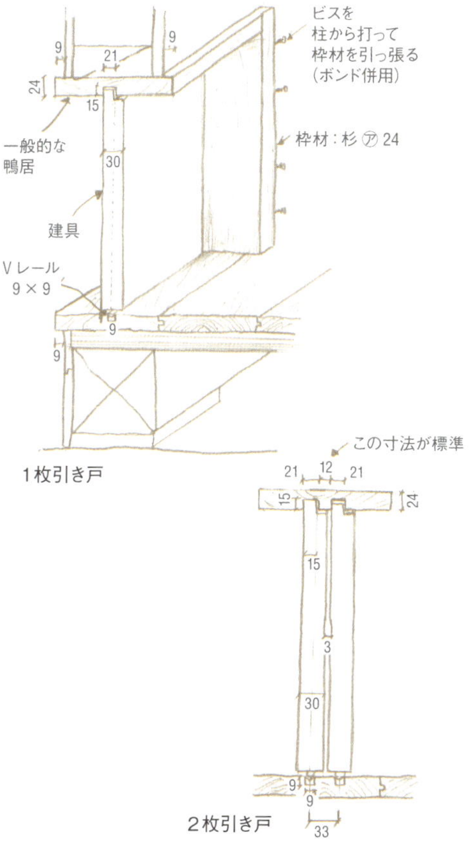

図5 単純化した引き戸

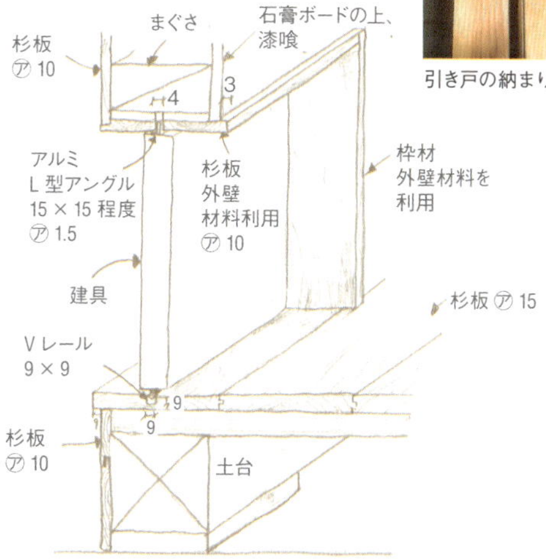

図6 吊り型引き戸

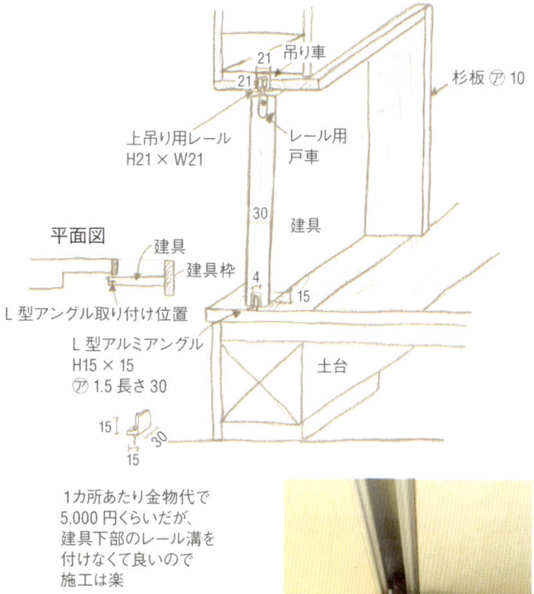

引き戸の建具枠を取り付けるには、必ず鴨居の溝を掘ってから建具枠を組んで取り付けます。一般的な引き戸、吊り型引き戸、鴨居を使う引き戸の場合の溝の深さや寸法は、図４～６のようになります。

引き戸や扉が幅950㎜以下で高さ2,000㎜未満の場合の建具の厚みは33～36㎜以上に、幅950㎜以下で高さ2,400㎜未満の場合の建具の厚みは36～40㎜以上とするのが一般的です。引き違い戸の場合、建具の厚さによって溝を掘る寸法が異なるので注意します。僕の場合は、自己責任で、この基準よりも薄くしています。

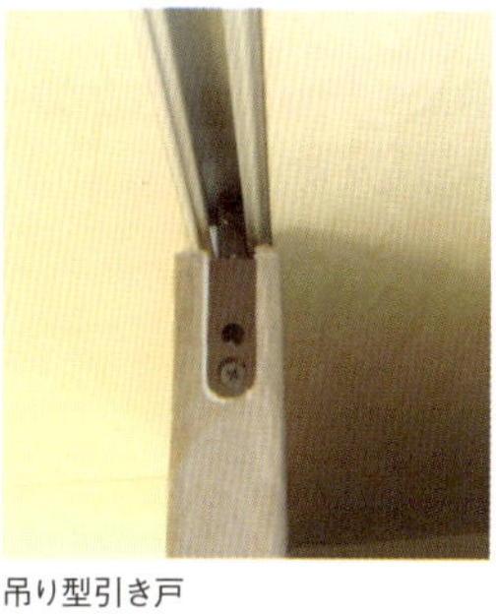

吊り型引き戸

40 石膏ボード張り

必要な道具と材料

- □石膏ボード（12.5㎜厚・Vカット）
- □ボードやすり
- □ボードビス
- □手のこぎり
- □カッター
- □インパクトドライバー
- □引きまわしのこぎり
- □定規

図1 石膏ボードの割付

Point
石膏ボードの取り扱いは要注意

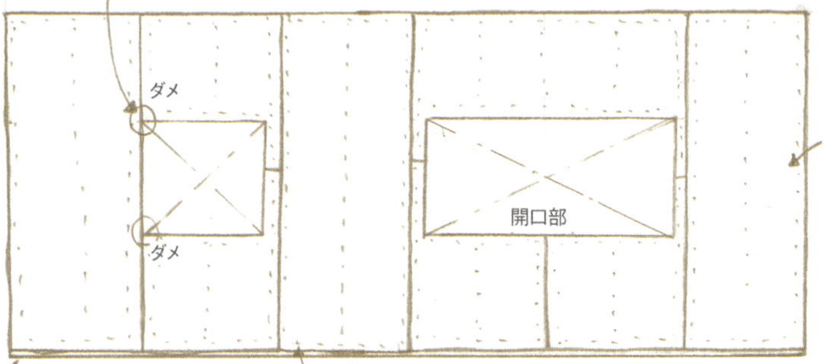

幅木はF見切（フクビ）を使います。
石膏ボードを張りながら取り付けていきます。

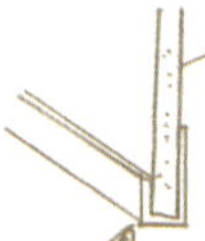

いよいよ終盤戦に入ります。ここまでくれば木工事の感覚もけっこうつかめている頃でしょう。しっかり寸法を測って、手直しをできるだけ少なくすれば、1日に張る面積も増えます。重要なのは正確に寸法を出すことです。

最終仕上げの下地材となる石膏ボードは、厚さ12.5㎜、3×8尺サイズでVカット（面取り）してあるベベルエッジを選びます。脱衣室には、耐水性能の高い石膏ボードを張ります。

石膏ボードは、保護の目的で両面に紙が張られていますが、本体は案外もろく、角などすぐ欠けてしまいます。持ち運びには十分気をつけてください。

❶壁面の寸法（柱芯から柱心までの長さ、床から天井までの高さ）を測ります。それに合わせて図のように石膏ボードを割付をしました（図1）。

❷石膏ボードの加工のしかたは右ページの通りです。石膏ボードは、手のこぎりかカッターで切ります（図2・図3）。

❸切断面はボードやすりを平らに当て、きれいにします（図4）。

❹ボードどうしを突き合わせる部分は、必ず面取りをします。カッターで5㎜程度カットします（図5）。

❺コンセントやスイッチなどの配線関係の開口部は、引きまわしのこぎりでくり抜きます。

Point
配線関係の開口部はあけておきます

❻ビスで取り付けます。耐力壁なら150㎜以下、非耐力壁なら200㎜以下の間隔でビス留めします。ただし、ビスが入り込みすぎないように注意します。目安は、ボード表面の紙が破れない程度です。

これを繰り返していけば、おおまかなところは4日くらいで終わります。手すりやつくりつけ家具、トイレットペーパーホルダーなどの下地は、ベニヤのほうがいいでしょう。それらを取り付ける位置もあらかじめ考えておく必要があります。

●ベベルエッジ／石膏ボードはエッジの形状により、テーパエッジ、ベベルエッジ、スクェアエッジの3種類あるので、それぞれの仕上げに合わせて使い分ける。

壁に石膏ボードを張ります。石膏ボードは案外もろいので、取り扱いには注意が必要です。
正確に寸法を出して作業します。

石膏ボードの加工のしかた

図2 手のこぎりで切る場合

Point
開口部の4隅に
ボードの突き合わせ
部分がこないように
普通の
のこぎりで切れる
カッターの刃を
1度入れてから行うと
きれいに切れる

図3 カッターで切る場合

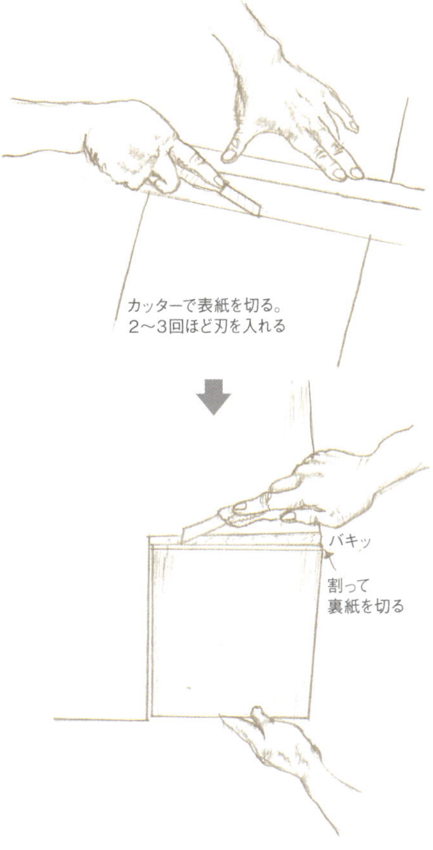
カッターで表紙を切る。
2〜3回ほど刃を入れる
バキッ
割って
裏紙を切る

図4 切断面をきれいに

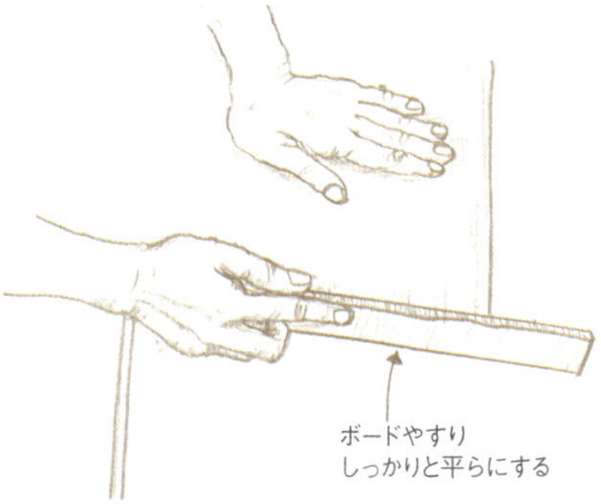
ボードやすり
しっかりと平らにする

図5 面取りをする

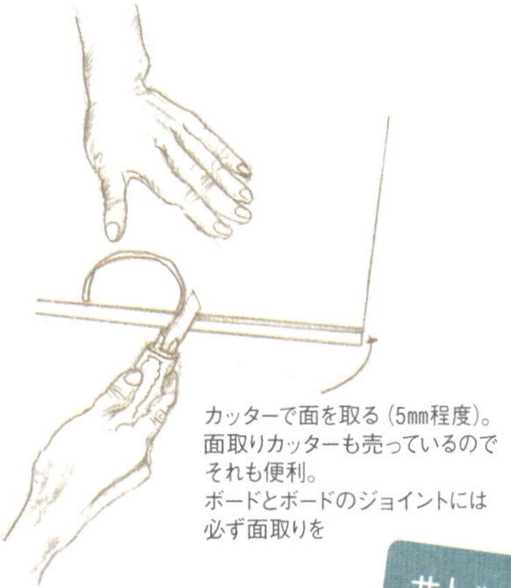
カッターで面を取る（5mm程度）。
面取りカッターも売っているので
それも便利。
ボードとボードのジョイントには
必ず面取りを

サトルのひとりごと

手を抜くとしっぺ返しがくる

石膏ボードと石膏ボードの突き合わせ部分は、最終的にパテで埋めて仕上げます。見た目にはきれいになったので「まぁ、こんなものか」と思うと、最終的に仕上げてからヒビが入ったりします。

僕も大雑把に考えていて、少々隙間があいていても気にせず、そのままどんどん進めてきました。そうしたら、漆喰で仕上げたところにヒビが入っているじゃありませんか。気を抜いて手を抜くと、あとで思わぬしっぺ返しがあります。くれぐれも1つずつ慎重に作業しましょう。

サトルの
ひとりごと

マラソンと家づくりは よく似ている

僕は年に1回くらいですが、マラソンをしています。全然速いわけではなく、42.195㎞を4時間から5時間かけて走ります。

走り始める前はゴールを夢見て、勢いよくスタートを切ります。それが10㎞、20㎞と進んでいくと、だんだん疲労が蓄積して足が上がらなくなってきます。30㎞くらいいくと、「なんでこんなことやっているんやろ」と自問自答を繰り返し、逃げ出したくなります。遠いゴールのことなんか考えると気が遠くなってしまい、走るのをやめてしまいそうです。ただただ目の前の一歩を前に進めることで精一杯。力を振り絞り、やっとの思いでゴールにたどり着くのです。でも、そのときに心の底からわき上がってくる達成感、充実感。今まで苦しんできたことが報われる一瞬です。これだけのために走るのです。

家づくりも最初は勢いよく始まります。胸の鼓動は高まり、完成予想図めがけて一直線に走り出します。しかし、その思いも時が経つにつれ、トーンが落ちてきます。「なんでこんなことしているんやろ」と思い、ただ呆然と立ち尽くしたり、投げ出してしまおうか、他人に任せようか、なんて考えます。完成なんてあまりにも遠すぎて考えたくないから、目の前にある板を切り、ボードをコツコツ取り付けるだけなのです。

そう思うと、マラソンと家づくりのモチベーションはなんとなく同じような気がします。マラソンをする人は案外家を自分で建てられるんじゃないか、と僕は思うのです。

セルフビルドで家を建てているときに、「なんで家なんか建てているんだろう」と思ったら、「そこに未完成の家があるからだ」なんて、どこかで聞いたような言葉を思い浮かべ、照れ隠しにニンマリとします。

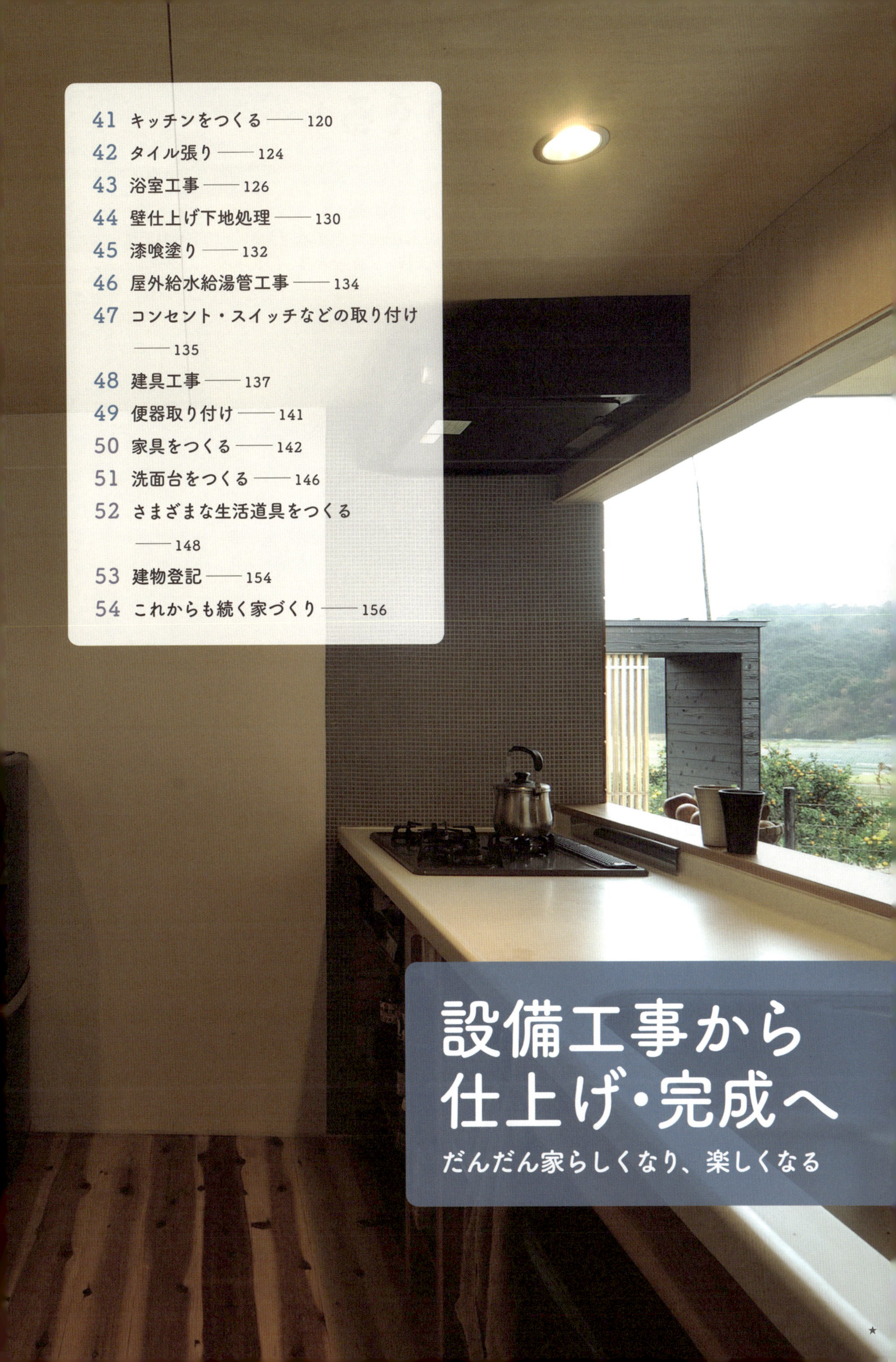

設備工事から仕上げ・完成へ

だんだん家らしくなり、楽しくなる

41 キッチンをつくる

必要な道具と材料

□卓上スライド丸のこ　□電気丸のこ　□手のこぎり　□インパクトドライバー　□金づち　□アルミテープ　□コーキング　□コーキングガン　□ビス　□下地材□塩ビのこ　□やすり　□ボンド　□キッチン天板　□水栓金具　□止水栓　□シールテープ

図1　キッチン正面姿図

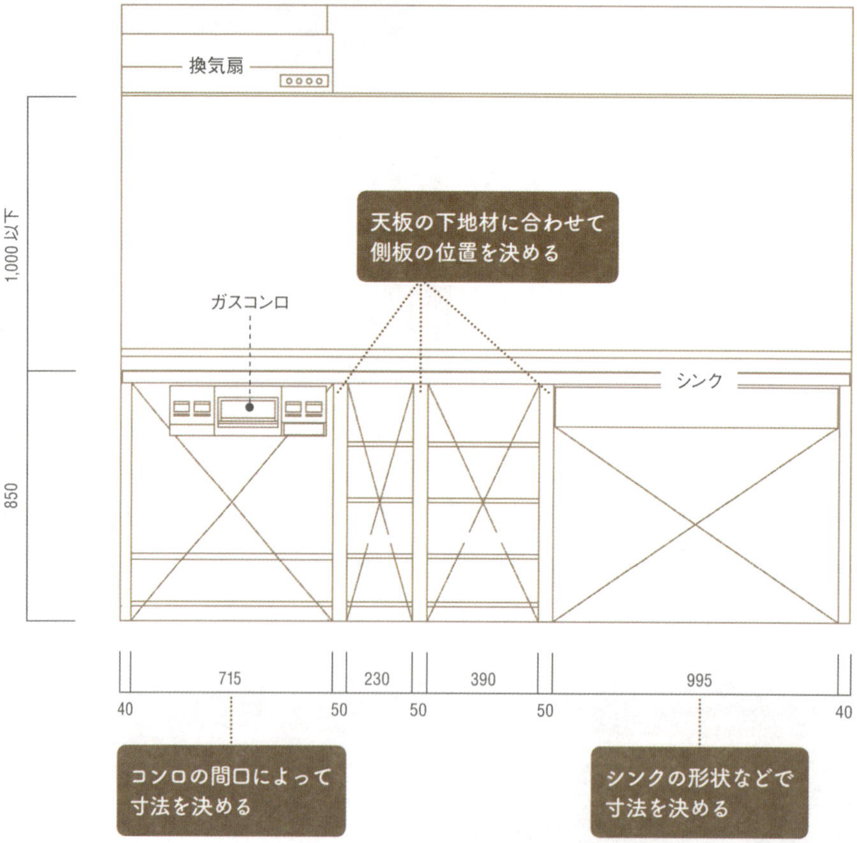

キッチン全体を決めます

メーカーのシステムキッチンは、とても豪勢で便利に見えます。引き出し式収納、シャープなデザイン…。これを購入すれば、それなりに満足感もあるでしょう。価格もピンからキリまで。僕の家全部と同じくらいの金額のものもあるから驚きです。しかし、満足感を得たいのなら、自分でつくりましょう。ハチャメチャにでき上がって困ったら、自分で考えて自分で改良していくだけ。最高級の設備にはなりませんが、味のあるものになります。

料理をする僕にとって、自分らしく快適に暮らすためにもキッチンは重要な場所です。といっても、とても使い切れないような豪華な設備はいりませんし、広すぎても効率が悪いものです。

そこから考えたのは、天板の長さ2,550㎜×奥行650㎜×高さ850㎜のキッチン。キッチン後ろの通路幅は1,000㎜。２人が行き来して、冷蔵庫の開き勝手や開きしろを考えても、こんなところで十分。オーブンや食器洗い機はやめて、シンプルで使いやすいキッチンにしました（図１）。

僕流のシンプルキッチンをつくります。
設備や天板は入手し、余った壁材などを使えば、それほど難しくはありません。
換気扇は重いので、取り付けには十分気をつけて。

図2 キッチン断面図

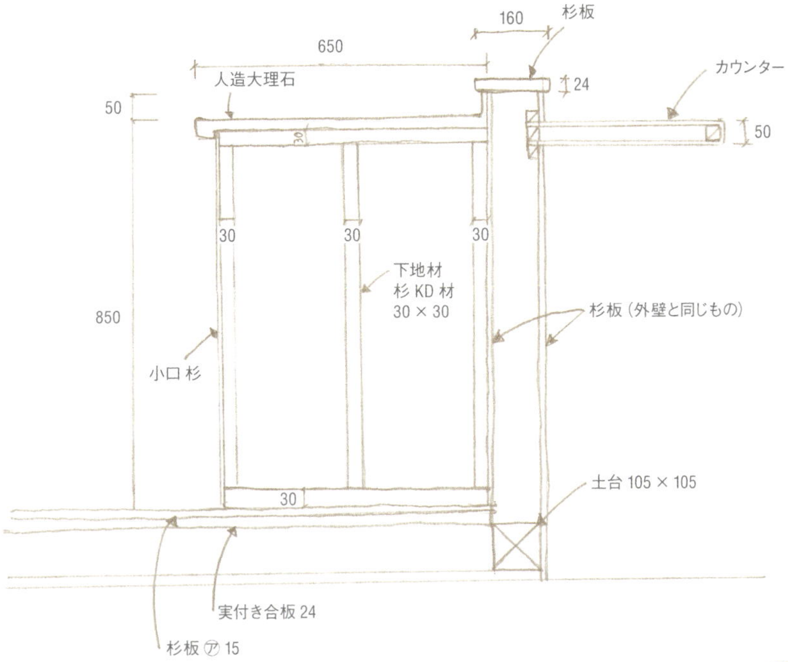

キッチンのつくり方

キッチンの材料はインターネットや近くの設備屋で入手しました。換気扇はシロッコファン、高さ200㎜のもの。天板は、長さ2,550㎜の人造大理石製。ガスコンロはシステムキッチン用の3口タイプ。シンクはシンプルな1槽タイプで、シングルレバー混合水栓。すべて施工説明書にしたがって取り付けられます。骨組みにこれらを取り付けて、天板下の収納を自分でつくればいいのです。このくらいのキッチンなら、2日くらいで完成するでしょう。

Point
ダクトと換気扇の取り付け部分にアルミテープを巻くことを忘れずに

❶最初に換気扇を取り付けます。ほかの設備を取り付けてからでは、傷を付けてしまう可能性があります。取り付けは2人でやったほうがいいと思うので、見に来た人に手伝ってもらいましょう。

❷墨出しをします。キッチンの天端の高さ、天板に付いている下地材の位置に合わせて、側板の位置・寸法を決めます（図2）。

❸30×30㎜のの木材でタテ枠をつくります。

❹❸のタテ枠に、天板（シンク付き）を載せて下か

図3 キッチンの組み立て

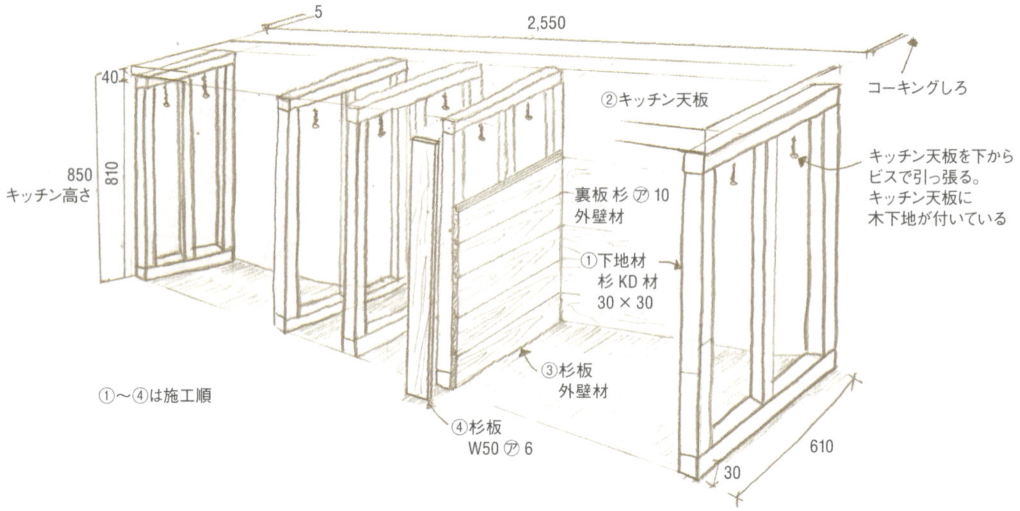

図4 棚板の取り付け

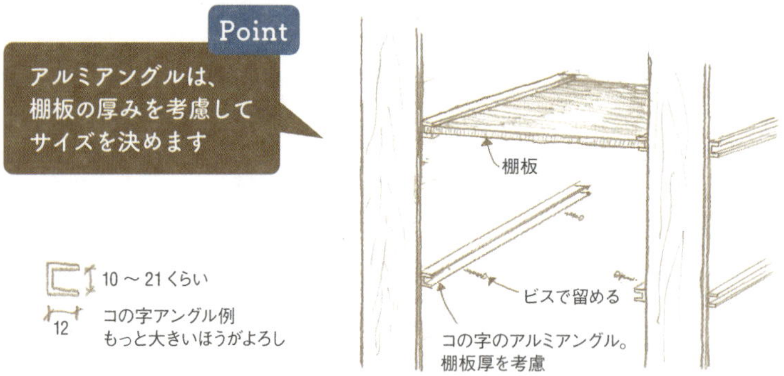

らビスで引っ張ります。
❺外壁材の杉板を使って側板を仕上げます。
❻タテ枠の木口に幅50㎜の杉板を張ります。
❼木部を塗装します。僕はクリア塗装にしました。
❽水栓金具を取り付けます（次ページ参照）。
❾コンロを取り付けます。
❿天板と壁のタイルとの隙間（ここはタイルを張ってからの作業）、天板と向かいのカウンターとの取り合いにマスキングテープを張り、シリコンコーキングをします。
⓫棚板を取り付けます。受けにはコの字型のアルミアングルを使います。僕は棚板に耐水性のMDFを使いましたが、たわんでしまいました。厚さ21㎜のポリ合板のランバーコアのほうがいいと思います。もちろん無垢板でも、お好きなもので（図4）。

●シロッコファン／レンジフードファンの一種。ダクトを通じて自由な方向に排気できる。扇風機型のプロペラファンに比べ、屋外の風の影響が少ない。●MDF／木質繊維を原料とする成型板。●ランバーコア／小さな角材を寄せ集めた芯材の両面に、シナやラワン、ポリ合板などの薄い板を張った3層構造の合板。●止水栓／蛇口とは別に設けられた、水道の水を止めるための栓。

図5 水栓金具の取り付け

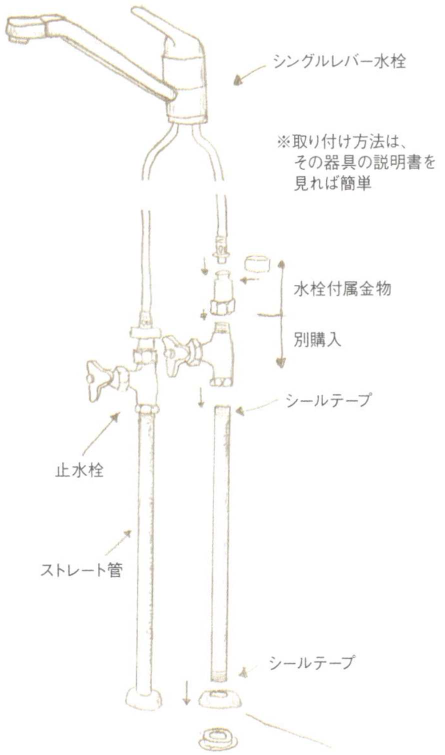

シールテープを
6〜11回巻く

水栓と配管の接続部分に

Point
間違いのないように、
天板の現品が
到着してから
施工します

水栓金具の取り付け

シンクに水栓金具を取り付けます。床から立ち上げた給水・給湯管とつなぎます。

❶止水栓と床から立ち上げた配管をつなげます。つないだ部分はシールテープを巻くことを忘れないように(写真参照)。

❷水漏れがないか、しっかり確認します。

なお、給水給湯管工事は行政の指定する専門業者でないと工事できません。指定業者の指導のもと、一緒に作業するというスタンスで行います。

サトルのひとりごと

素人でもセンスのいいインテリアはできる

始めての家づくりとなると、どうしても力が入ります。あれもこれもほしいと思うのはしかたのないことでしょう。しかし、その通りにすると、いろいろなものにあふれてゴチャゴチャし、なんだかうるさい感じになってしまうものです。実はインテリアをすっきりさせるにはコツがあるのです。

●仕上げ材料の種類は少なくする

できれば3〜4種類の材料で仕上げましょう。各部屋の仕上げは同じ種類でまとめます。どこかの家の余った材料をもらってきて自分の家に使おう、なんて思うと失敗します。だって家1軒分の材料が余っているなんてことはあり得ないのですから。

●色は3色くらいでまとめる

家具を置くなら、なおさら仕上げの色の種類は増やさないほうがいいでしょう。同系色でまとめると失敗は少ないと思います。

●建具はシンプルに

建具を気にかける人は少ないですが、僕は建具が家の善し悪しを決めてしまうと思っています。僕は装飾のないシンプルなものが好みなので、障子中心の建具でまとめました。

42 タイル張り

必要な道具と材料

- □モザイクタイル
- □目地セメント
- □タイル用ボンド
- □くしベラ
- □ゴムこて
- □墨つぼ
- □インパクトドライバー
- □インパクトドライバー用撹拌器

図1 接着剤を塗る

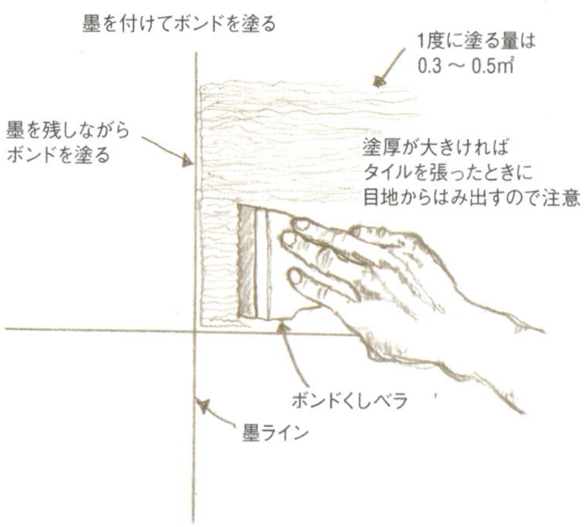
墨を付けてボンドを塗る
1度に塗る量は
0.3 ～ 0.5㎡
墨を残しながら
ボンドを塗る
塗厚が大きければ
タイルを張ったときに
目地からはみ出すので注意
ボンドくしベラ
墨ライン

図2 モザイクタイルを張る

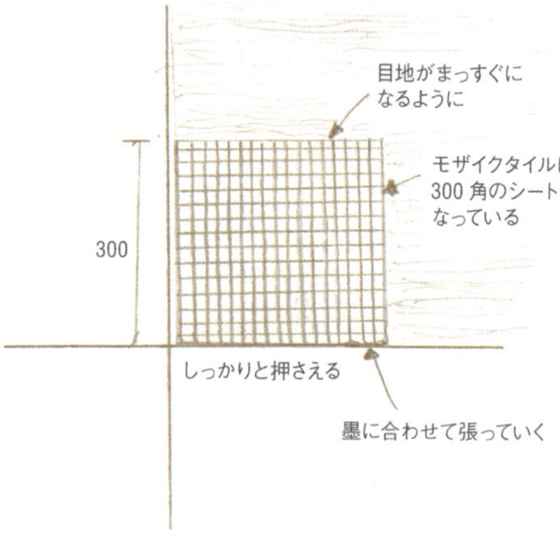
目地がまっすぐに
なるように
モザイクタイルは
300 角のシートに
なっている
300
しっかりと押さえる
墨に合わせて張っていく

タイルを選ぶときに、僕はずいぶん迷いました。サンプルを取り寄せては質感が気に入らない、別のサンプルを取り寄せても今度は色合いが気にいらないというように、ずいぶん悩みました。迷いに迷ったあげく、結局は無難なグレーのモザイクタイルにしました。あまり変わったものにすると飽きてしまいそうな気がしたのです。

僕の家では、キッチンのコンロ横の壁とトイレの収納部分にタイルを張りました。下地は石膏ボードで、使用したのは約10㎜角のモザイクタイルです。

❶墨出しをします。タイルの割付をしながら、水平垂直の両方に墨を出します。割付するときに、できるだけタイルを切らずに済むよう計画すると、手間が省けます。タイルを切るには専用の道具が必要になるのです。その点、モザイクタイルは一つ一つのタイルが小さく300㎜角のシートになっています。タイルを切る必要もなく、扱いやすいのです。

Point
タイルを
張らない壁面は、
マスキングテープで
養生しておきます

❷下地に専用接着剤（ホームセンターで買えます）を塗ります。❶で付けた墨を残して、くしベラで延ばしながら塗ります。慣れないうちは、一度に塗るボンドの量は0.3～0.5㎡にしましょう（図1）。

❸シート状のモザイクタイルを張ります。このときに全体の目地が通るように注

Point
夏に施工するときは、
ボンドを塗る面積を
できるだけ小さく

**キッチンとトイレのタイルを張ります。
扱いやすいモザイクタイルを使いましたが、
仕上がってみると、全体に目地がまっすぐ通っていませんでした。**

図3 目地を埋める

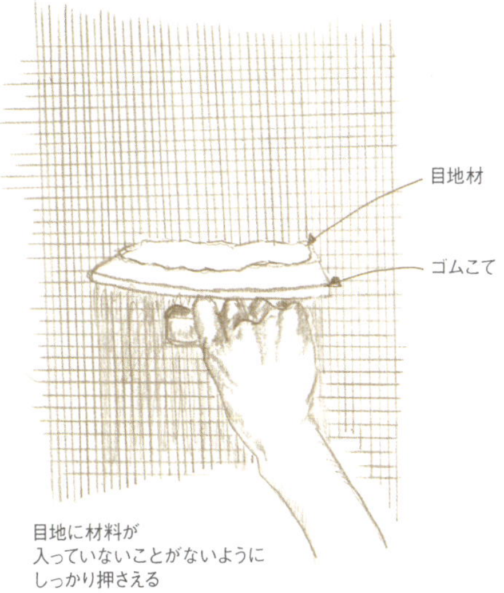
目地材
ゴムこて
目地に材料が
入っていないことがないように
しっかり押さえる

図4 余分な目地を拭き取る

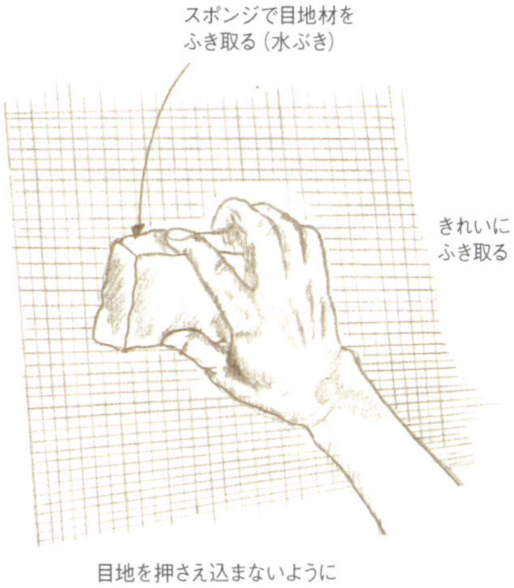
スポンジで目地材を
ふき取る（水ぶき）
きれいに
ふき取る
目地を押さえ込まないように

Point
拭き取りはボンドが乾かないうちに

意します。また、目地からボンドがはみ出していれば、必ず拭き取っておきます（図2）。

❹1日おいたら、目地セメントで目地を埋めます。目地セメントは水で練るのですが、最初は水とセメントがなかなかなじまなくて心配になります。だからといって、水を入れすぎてはダメです。あくまでも水は決められた分量で。根気よく混ぜていると、突然、混ぜ合わさります。

❺目地セメントを目地に埋めていきます。ゴムの鏝を使って、タイル全体に目地セメントを塗り付けるような感じです。タイルを張った壁とキッチンとの取り合いには、のちほどシリコンコーキングを施すので、目地は入れません（図3）。

❻目地が埋まったら、バケツに水を用意して、タイルに付いた目地セメントをスポンジで拭き取ります。拭き取りすぎて目地がやせないように注意します。乾きが早いので、特に夏、作業するときはテキパキと行ってください（図4）。

がんばったのですが、僕の家のタイルの目地はまっすぐ通らず、「素人仕上がり」炸裂です。海でもないのに目地が波打っています。モザイクタイルは難しい。まっすぐ通っていない目地を眺めていると、目ばかりか頭までおかしくなりそうです。

43 浴室工事

必要な道具と材料

□耐水合板（12㎜厚）　□防湿シート　□防湿テープ　□ビス（38㎜）　□インパクトドライバー　□カッター　□電気丸のこ　□引きまわし　□プライマー　□FRP樹脂　□FRP硬化剤　□ガラスマット　□アセトン（汚れとり）　□FRP用ローラー　□カッター　□マスク

図1　浴室姿図

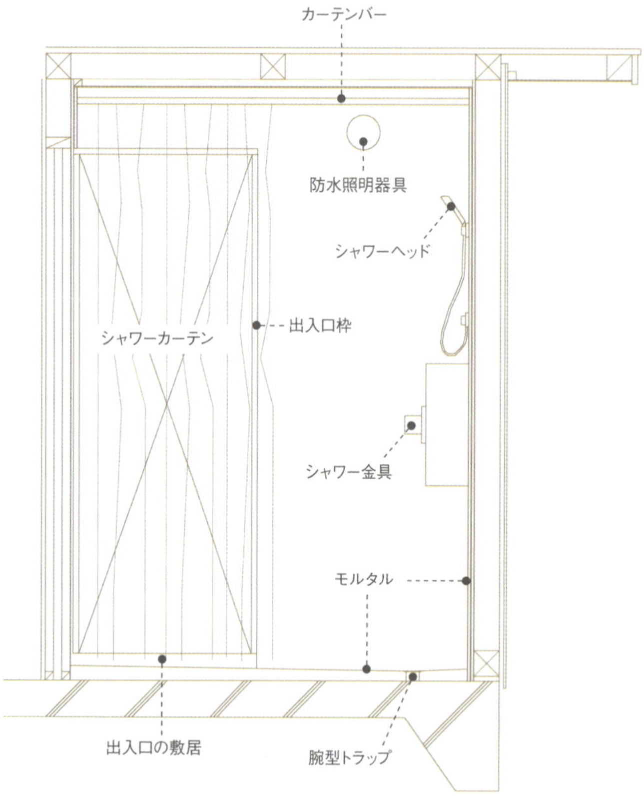

図2　出入口に敷居をつくる

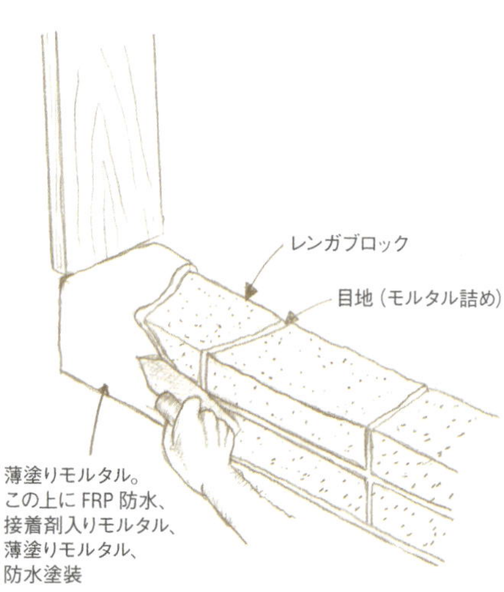

僕の家の浴室はシャワーだけ

自分の毎日を振り返ると、1年中ほとんどシャワーですませています。それならば、いっそのことシャワーだけの浴室でいいのではないかと考えました。脱衣室はその分広くして、洗濯機とタオルや下着をしまえる収納を置きます。合理的で便利なほうを選びました。

ここでは最初に、僕の家の浴室工事を紹介します。そのあとに、浴槽のある浴室を解説します。

Point

十分に換気して、
マスクをして作業しましょう

下地づくりとFRP防水

浴室でもっとも重要なことは防水です。その要となるのがFRP防水ですが、プラスチックにガラス繊維を加えたFRPの臭いはひどく、ガラスマットはチクチクする大変な工事です。気をつけて作業しましょう。

❶給排水管の位置を確認します。

❷床の排水口には椀型トラップを取り付けます。水が流れるように勾配を付けることを考えて、高さを調節します。

❸浴室の水が脱衣室に行かないように、浴室の入口に敷居をつくります。すべてモルタルでつくってもいいのですが、僕はたくさんのモルタルを練るのが面倒な

浴室をつくります。僕はふだんの暮らし方からシャワーだけの浴室にしましたが、応用として浴槽のある浴室のつくり方も紹介します。重要なのは防水です。

図3 プライマー塗装

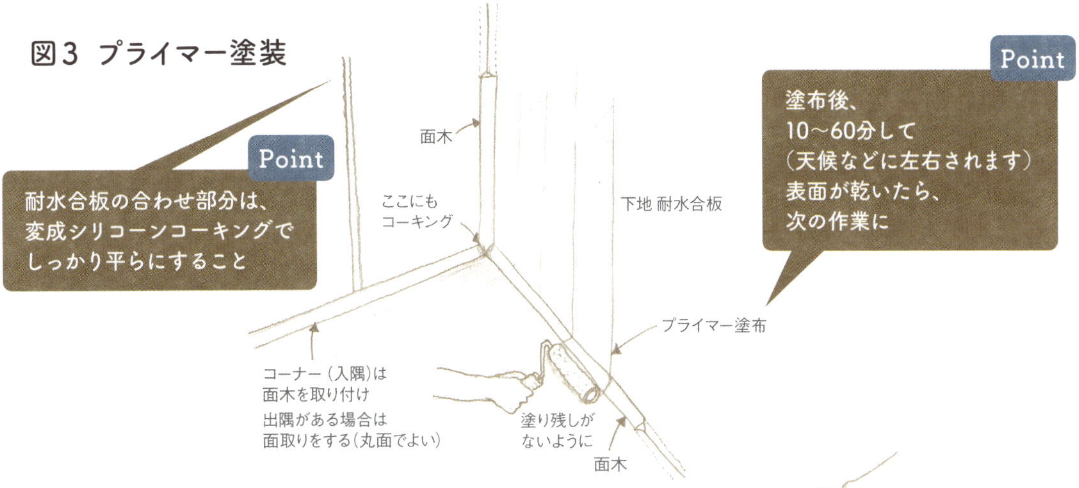
Point
耐水合板の合わせ部分は、
変成シリコーンコーキングで
しっかり平らにすること
面木
ここにも
コーキング
下地 耐水合板
Point
塗布後、
10〜60分して
(天候などに左右されます)
表面が乾いたら、
次の作業に
プライマー塗布
コーナー(入隅)は
面木を取り付け
出隅がある場合は
面取りをする(丸面でよい)
塗り残しが
ないように
面木

図4 FRP塗装

・下塗り(樹脂のみ) 1kg /㎡
・ガラスマット + 樹脂1kg /㎡
中塗り(樹脂のみ) 0.5kg /㎡
プライマー
下地 耐水合板 ㋐ 12
Point
FRP防水の取扱い説明書を
確認しながら作業すること
ガラスマット
Point
施工は壁から行い、
最後に床を
ポリエステル樹脂
ガラスマットを引きながら
ポリエステル樹脂を塗りつける。
脱泡処理を必ず行う。空気が入ったままだと
水漏れの原因となる

ので、レンガブロックを芯にして、その上にモルタルを塗って仕上げました(図2)。

❹壁の合板を張るための下地を取り付けます。

❺その上に防湿シート(基礎工事と同じもの)をタッカーで張っていきます。防湿シートを継ぎ合わせるときは必ず防水テープで留めて、壁や天井に湿気が入らないようにします。

❻耐水合板を壁に張ります。(116ページの石膏ボードと同じ要領)入隅には面木を取り付けます。

❼給排水工事は、合板を張りながら行います。

❽天井にはフレキシブルボード(繊維強化セメント板)を張ります。僕はこれを選びましたが、耐水性のあるものであればOKです。天井を張ります。

❾FRP防水が定着するように専用のプライマーを塗ります(図3)。

❿壁と床にFRP樹脂を塗って、その上にガラスマットを敷き込みます。塗り重ね方は図4の通り。

ガラスマットを敷いてからFRPを塗るときに、なかに入った空気を抜くことを忘れずに。そのままだと水漏れの原因になります。

⓫❾が乾いたら、もう一度FRP樹脂を塗ります。これが中塗りになります。

Point
気泡が
入らないように、
ローラーでしっかり
空気を抜きます

必要な道具と材料

【モルタルの道具】 □接着剤入モルタル(カチオン) □薄塗りモルタル(ハイモル) □防水テープ □モルタル用プライマー □椀型トラップ(φ100×50㎜) □モルタル撥水剤 □ステンレスこて □こて板(132ページ) □バケツ □インパクトドライバー用撹拌器

図5 浴室内部詳細

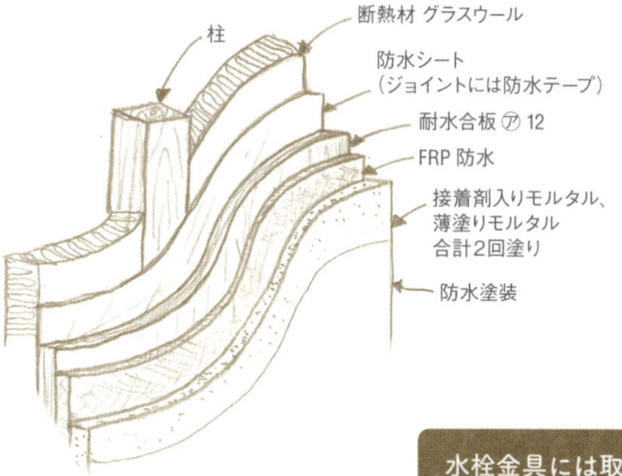

Point
水栓金具には取り付け方の
難しいものもあります。
ホームセンターで
広く売られているものならば、
施工しやすいでしょう

モルタル仕上げ

防水ができたら、モルタルで仕上げていきます。図5のように塗り重ねていきます。

❶FRP防水の上から、床と壁に接着剤入りモルタルを厚さ3㎜くらいに塗ります。

❷もう一度塗り重ねますが、このときは薄塗り用モルタルを使うと施工しやすいでしょう。

❸床の高さを決めるために墨付けします。トラップに向かって1/50くらいの勾配をとります。

❹土間にモルタルを流します。定規を使って、墨に合わせながらモルタルを流していきます。1時間後、さらに2時間後(時間は季節やモルタルの水の量で変わる)に、こてで均して仕上げます。

❺入隅や枠材とモルタルの取り合い部分をコーキングします。タイルを張る場合は、タイルを張った後にコーキングします。

❻モルタル撥水剤を塗ります。

❼水栓金具を取り付けます。

置くだけ浴槽の浴室

浴槽はどうしてもほしい、浴室を広くとりたい、という方もいるはずです。浴槽を本格的に据え付けるとなると、ちょっと難しい工事になるので、ここでは工期も早く失敗も少ない、セルフビルドでできる浴室を紹介します。

この浴室は腰から上の壁と天井は板張りで、腰から下の壁と床はモルタルで仕上げます。それができれば、あとは浴槽を置くだけ。置き型の浴槽はネット販売されているので、大きさなどを確認して発注しましょう。

Point
浴槽が浴室に入るかどうか、
浴室・脱衣室の出入口寸法や
搬入経路の確認をお忘れなく

❶FRP施工までは、前述の浴室工事と同じです。

❷床の土間コンクリートから1mの高さが境です。そ

図6　置くだけで浴槽の浴室

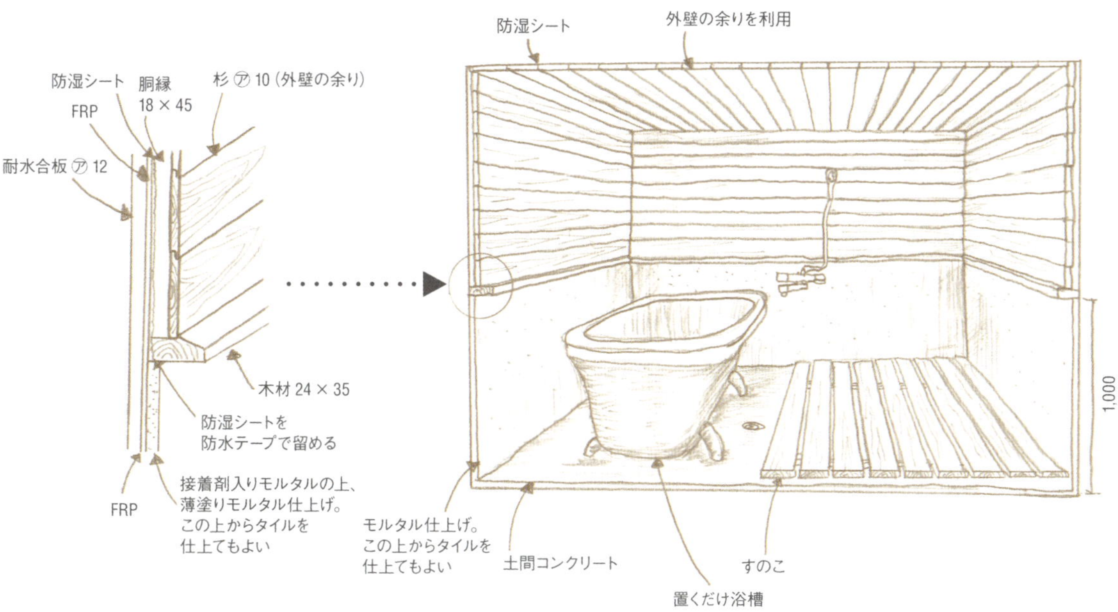

こから上の壁および天井に防湿シートを張ります。防湿シートの継ぎ合わせ部分、FRPと防湿シートの取り合い部分には、湿気がまわらないように防水テープを張ります（図6）。

❸壁の１ｍラインに、24×35㎜の木材で見切りを取り付けます。

❹見切り上部に、18×45㎜の胴縁を縦に取り付けます。

❺その上に仕上げ材の杉板を取り付けます。これは外壁の余りを利用します。天井も同様に張ります。

❻１ｍより下の壁と床に接着剤入りモルタルと薄塗りモルタルを塗ります。

❼土間にモルタルを流して均します。

❽モルタルが乾いたら、床と壁にモルタル撥水剤を塗ります。

❾ネットで購入した浴槽を置きます。

❿水栓金具を取り付けます

⓫浴槽の横にスノコを敷いて完成です。

サトルのひとりごと

家中、素地仕上げ

僕の家は素地仕上げばかりの家です。土間はコンクリート打放し、居間の壁は外壁と同じ材料というように、いささか荒っぽい仕上げになっています。そんなところにきれいなユニットバスが入ると、とてもアンバランスになるに違いない。家にふさわしいほうがいいと思い、やはり自分なりの手づくりでいくことにしました。

ほんとうのところ、この頃になると財布の中身も淋しくなってきて、予算はたてているものの、お金は厳しい状況でした。「最低限の浴室が、この家には似合っているんだ」と言いながら工事にかかります。

●FRP／ガラス繊維などをプラスチックのなかに入れて強度を上げた複合材料。●モルタル／砂（細骨材）とセメントと水を練り混ぜてつくる建築材料。●面木／部屋のコーナーに面をとるために、入隅に打つ細い木。●プライマー／下地をつくるために生地に施す塗装。●ガラスマット／FRPの芯材として使われている。●椀型トラップ／椀を伏せたような形のトラップ。排水トラップは、常に水を遮断しておく構造になっていて、それによって悪臭や虫などの進入を防止する。●コーキング／建築物において、気密性や防水性を高めるために、隙間を目地材などで充填する。変成シリコーンコーキングは塗料が乗りやすいタイプ。

44 壁仕上げ下地処理

必要な道具と材料

□パテ　□グラスファイバーテープ　□マスキングテープ　□マスカー
□サンドペーパー　□灰汁《あく》止め剤　□プライマー　□バケツ　□こて
□こて板(132ページ)　□インパクトドライバー　□インパクトドライバー用攪拌器

図1 壁仕上げのための養生

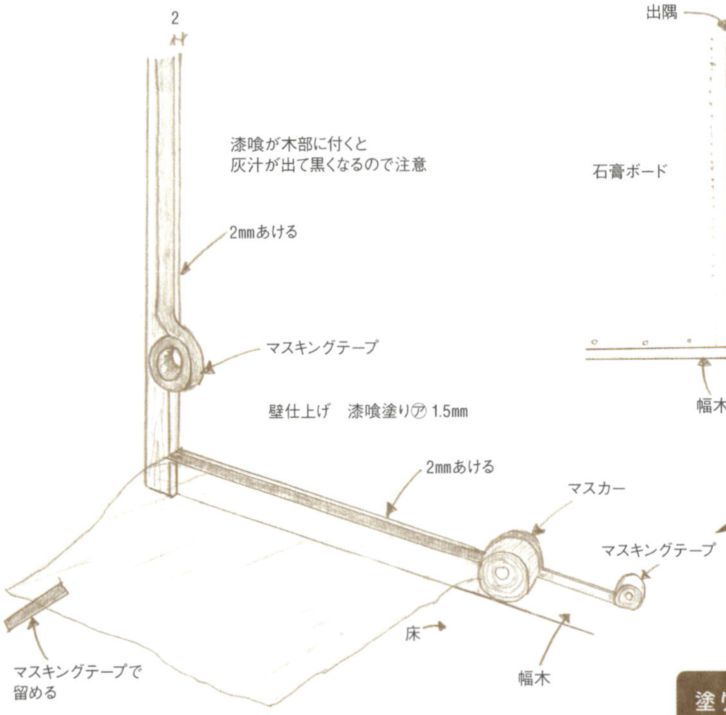

図2 クロス下地コーナー

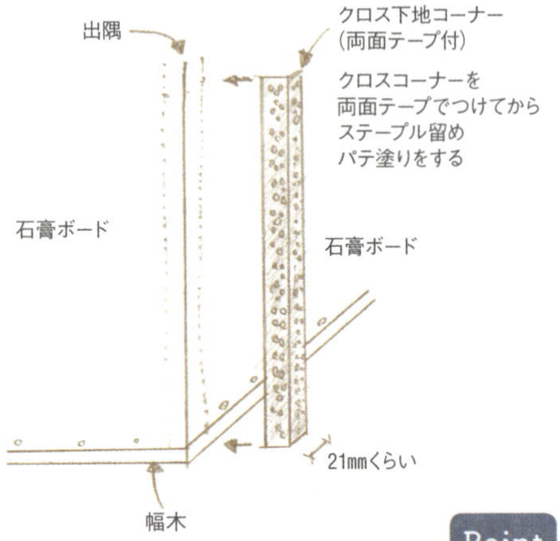

Point
マスカーは粘着力が
強すぎるので、
マスキングテープを
張った上に張ります

Point
塗り厚に余裕を持たせ、
養生は2mmくらい外に施しましょう

養生

家づくりそのものには関係のない、作業のための作業だからイヤになります。しかし、家づくりにはこういう作業がけっこうあって、手抜きすると仕上がりが悪くなります。目に見えて仕上がっていく作業もいいのですが、こんな地味な作業も大切にしてください。

壁の漆喰塗りのための養生です。壁と天井、幅木、建具枠、タイルなどとの取り合いに、マスキングテープまたはマスカーなどの養生資材を張ります。漆喰の塗り厚が1㎜程度なので、それを見越して張ります。漆喰は板につくと板から灰汁《あく》が出て黒くなるので要注意。きれいに仕上げるには、きちんとした養生は必須です(図1)。

キッチンは、上からものが落ちても傷つかないように、マスカーで養生した後に段ボールなどで覆っておきます。

Point
下地だからと
侮《あなど》らないでていねいに

下地処理

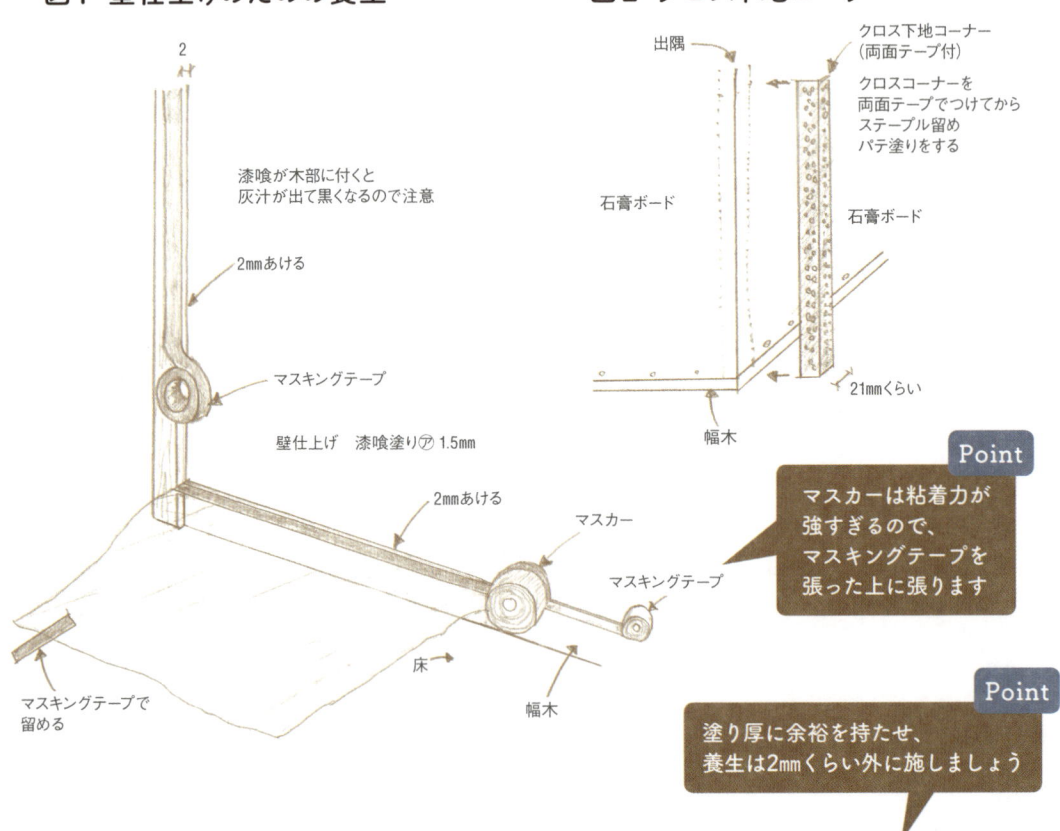

石膏ボードどうしや石膏ボードとコンパネなどのジョイント部分、ビスの跡などの下地処理をします。クロス張りなどに使うパテを、ステンレス製の仕上げ用左官こてで塗ります。ジョイント部分はグラスファイバーテープを使います。細かな作業ですが、しっか

壁の漆喰塗りのための下地処理です。養生をし、隙間やへこみを埋めていきます。
地味な作業ですが、ていねいにやっただけ仕上がりが違ってきます。

図3 パテを練る

インパクトドライバー用の
かくはんできるもの
クロス用パテ
水を入れてかくはんする

図5 つなぎ部分を埋める

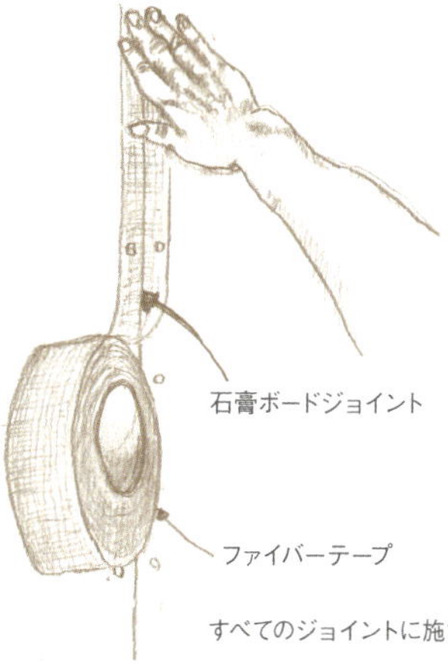
石膏ボードジョイント
ファイバーテープ
すべてのジョイントに施す

図4 穴を埋める

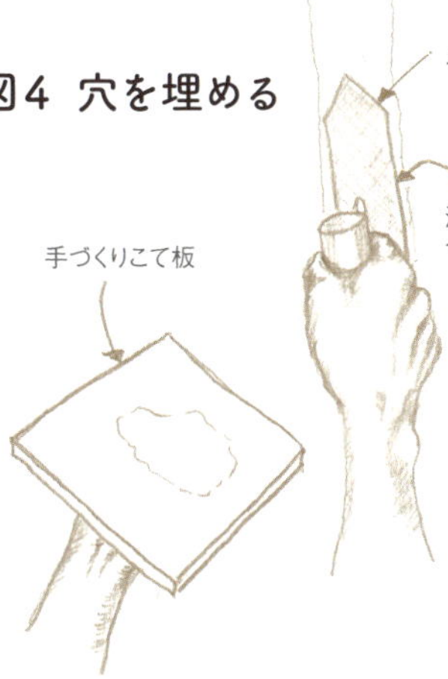
ステンレス仕上用
漆喰もこれで塗るので、
今のうちに慣れておく
手づくりこて板
空洞ができないよう、
しっかりしごく
余分なパテを残さない

図6 サンドペーパーをかける

サンドペーパーで
平滑にする
ビス穴

Point
平らでないと、
仕上げても
跡が目立ちます

りやっておきましょう。出隅は、市販のクロス下地コーナーを取り付けます(図2)。石膏ボードは角が欠けやすいので注意します。

❶パテを水に混ぜて練ります(図3)。

❷ビス跡やジョイント部分(グラスファイバーテープも使用)を一つひとつパテで埋めます(図4、図5)。

❸乾いたら、軽くサンドペーパーを当てて平らにします(図6)。

❹くぼんでいるところなどをチェックして、再度パテをつけます。

Point
パテは時間がたつと
やせてくるので
再チェック

❺乾いた後にサンドペーパーを当てます。

❻コンパネ部分は、灰汁止め剤を塗ります。

❼全体が平滑になったら、漆喰用のプライマーを水に薄めて塗ります。たくさん塗りすぎて、石膏ボードが傷まないようにしましょう。

気をつけて作業していたつもりですが、やはり石膏ボードとボードの間に隙間がありました。パテでしっかり埋めておくしかありません。仕上げたら、ひび割れる可能性がありそうです。やれやれ。

●マスカー／テープ付マスキングフィルム。●グラスファイバーテープ／ボードのつなぎ目や小さな穴、ひび割れなどの補修に適した下地用テープ。

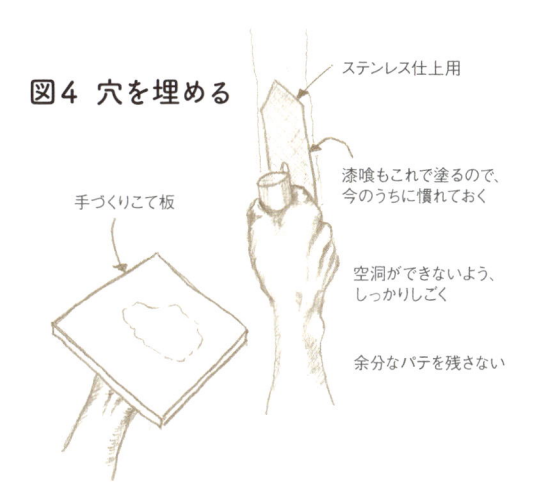

45 漆喰塗り

必要な道具と材料

- □漆喰
- □インパクトドライバー
- □インパクトドライバー用攪拌器
- □バケツ
- □こて
- □こて板
- □マスク
- □カッター

図1 てづくりこて板

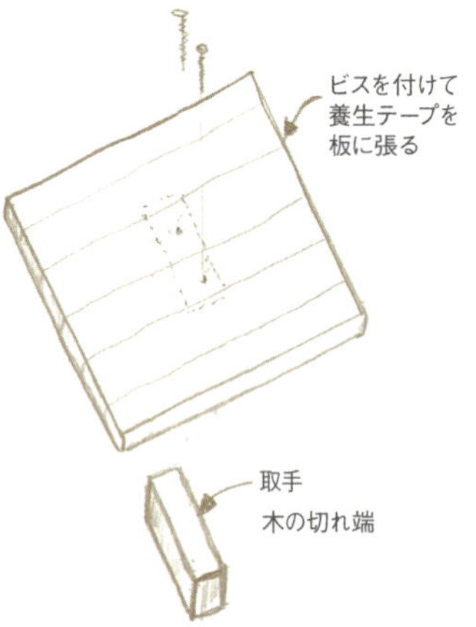

ビスを付けて
養生テープを
板に張る
取手
木の切れ端

図2 始まりは左端から

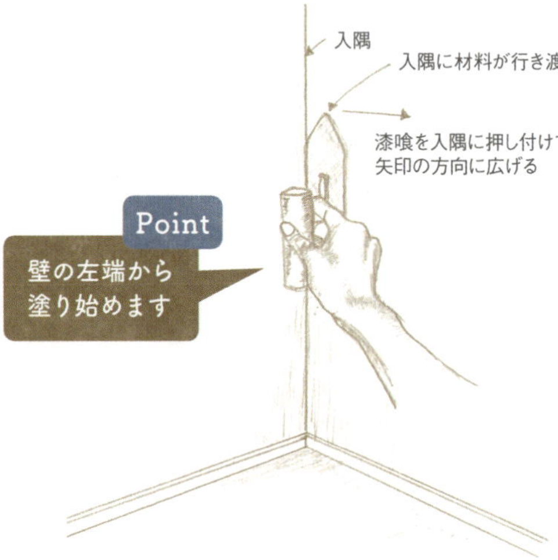

入隅
入隅に材料が行き渡るように
漆喰を入隅に押し付けて
矢印の方向に広げる
Point
壁の左端から
塗り始めます

いよいよ家全体の仕上げがはっきりわかる作業に入ります。壁の漆喰塗りです。

漆喰は比較的塗りやすく、セルフビルドで扱いやすい材料だと思います。素人がまっすぐ平らにしようとした仕上がりが、ほどよくこてムラができて良い風合いになることもあります。しかも、ここにくるまでにコンクリートやモルタル工事で、こての使い方に慣れてきていますから、手早く作業できるはずです。

左官屋さんはよく意図的にムラをつけたりしますが、それを真似たりすると材料費がかさみます。おそらく1.5倍くらいになるでしょう。意匠的にも、僕はあまりおすすめできません。

❶こて塗り用の漆喰を水で練ります。バケツに半分くらいずつ、インパクトドライバーに取り付けた攪拌器を使って練ります。棒で攪拌してもいいのですが、家1軒分の漆喰となるとたいへんな量です。ここは塗るほうに集中するためにも、攪拌器を使いましょう。

❷ステンレス製の仕上げ用こてと、こて板（これくらいは自分でつくりましょう）を用意します（図1）。右利きの人なら壁に向かって左端から塗り始めると、作業しやすいと思います（図2）。

❸よく「小手先だけではダメ」なんて言いますが、こても同じで、面全体を使って塗ります。最初に1.5㎡くらいまんべんなく漆喰を塗り、10〜15分後（季節によって異なる）にもう一度押さえて平坦に仕上げます。ここが重要で、小さな面積ずつ仕上げようとすると、かえってうまくいきません（図3）。

Point
トイレ以外の
小さな壁から始めて、
徐々に広い壁に

❹1日の作業は、必ずキリのよいところまで仕上げてしまいましょう。壁の途中で終わったりすると、あと

Point
必ず
キリのよいところで
終わらせましょう

壁を漆喰で仕上げます。こてを使って塗り上げる作業をマスターしましょう。
素人ならではのムラが良い風合いになるはずです。

図3 こての面全体を使って

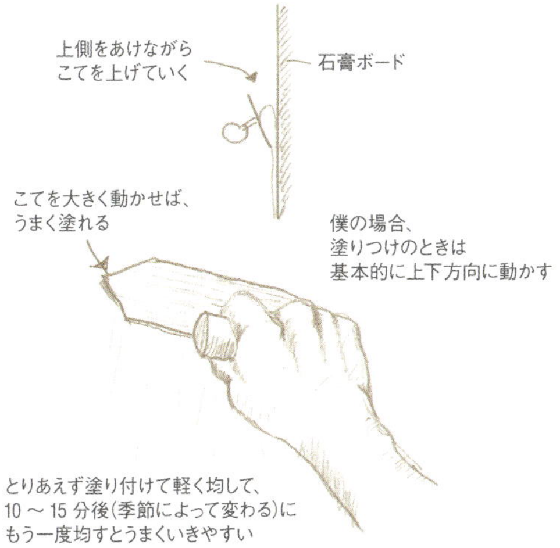

上側をあけながら
こてを上げていく
石膏ボード
こてを大きく動かせば、
うまく塗れる
僕の場合、
塗りつけのときは
基本的に上下方向に動かす
とりあえず塗り付けて軽く均して、
10 ～ 15 分後(季節によって変わる)に
もう一度均すとうまくいきやすい

図4 端を整える

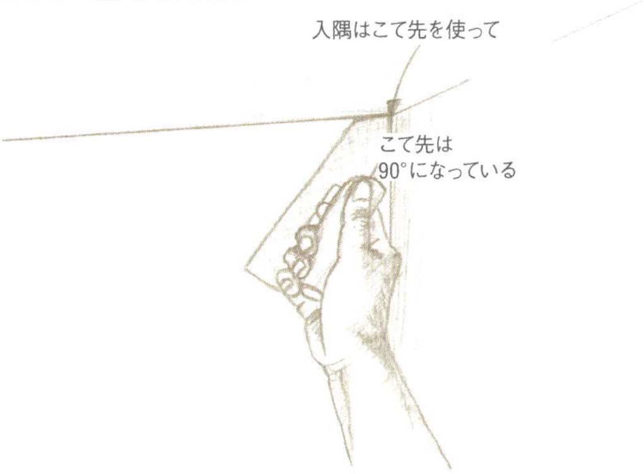

入隅はこて先を使って
こて先は
90°になっている

で継ぎ目が目立ったりします。壁1面ごとに終わらせていきます。

❺コーナーや端のところが大事です。図のように端をきれいに整えることで、部屋がしまってみえます（図4）。

❻すべて塗り終わって乾いたら、マスキングテープをはがしますが、そのときに漆喰が一緒にとれないように、カッターを使って慎重にはがします。

僕の家で70㎡ほど塗りましたが、大体5日で終わりました。

サトルのひとりごと

杉板の灰汁《あく》に悩まされる

やれやれ、やっとここまできました。養生を取り払ってみると部屋らしくなったのを実感します。うれしくてうれしくて、掃除機でゴミを吸い取り、床についた漆喰の粉を雑巾で拭き取りました。

ところが、きれいになった部屋で寝ころんでみようと床を見たら、なんとグレーになっているではありませんか。目の前がくらくら揺れて卒倒しそうになりました。急いで雑巾で拭きましたが、なかなか落ちません。いままでの苦労というか忍耐の結果がこれですもん、途方に暮れます。養生が甘かったのか、どうやら床に落ちた漆喰に反応して板の灰汁が出てしまったようです。板材が薄くなるのではないかというくらいこすりましたが、きれいになりません。

ここで登場したのが床用ワックスです。なんの根拠もありませんが、スポンジにたっぷり含ませて、摩擦で火がおこるくらいこすりました。ほんのわずかずつですが、汚れが落ちてきていると確信できました。しかし、これは重労働。効率がよくないので、さらに実験します。

今度は重層です。山菜の灰汁抜きに使うからどうかと思い、振りかけて一生懸命こすりました。なんだかきれいになったようです。ホッとして数時間後、乾いた頃に見ると、それまでなんでもなかったところまで一面グレーの絨毯のようになっていました。つまり、杉板の灰汁が抜けて外に出てしまったようです。灰汁を取るどころか、灰汁を呼んでしまったとは…。選択ミス。知識のなさを身にしみて感じます。その後、酢も試しましたが、同じでした。

結局、床用ワックスを塗って汚れを落としました。それ用の補修剤があるかと思いますが、僕はワックスでがんばりました。おかげでたっぷり2日間、この作業に没頭しました。

46 屋外給水給湯管工事

図1 外壁に並ぶ給水給湯管

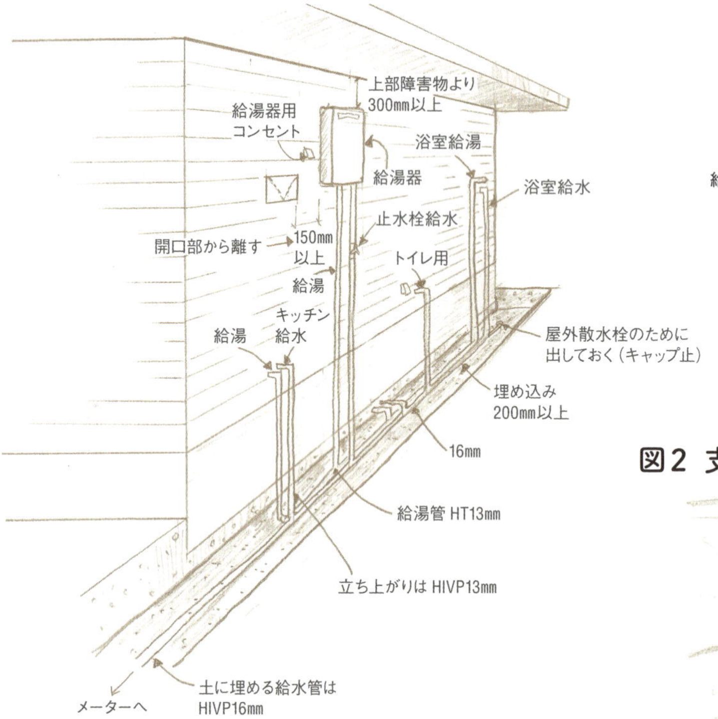

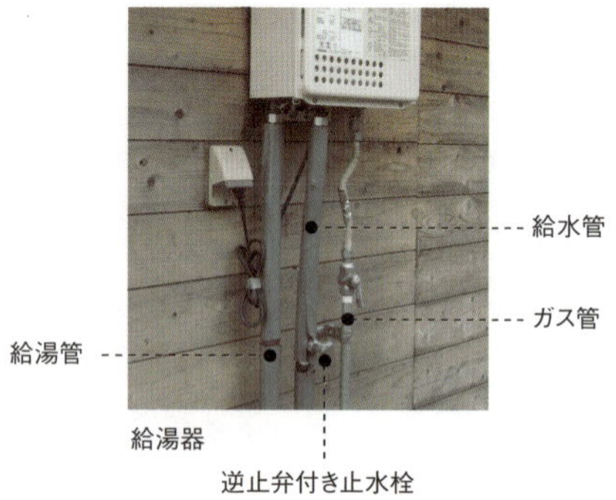

Point
支持金物の長さによって、
管の出幅が異なるので注意

図2 支持金物で固定

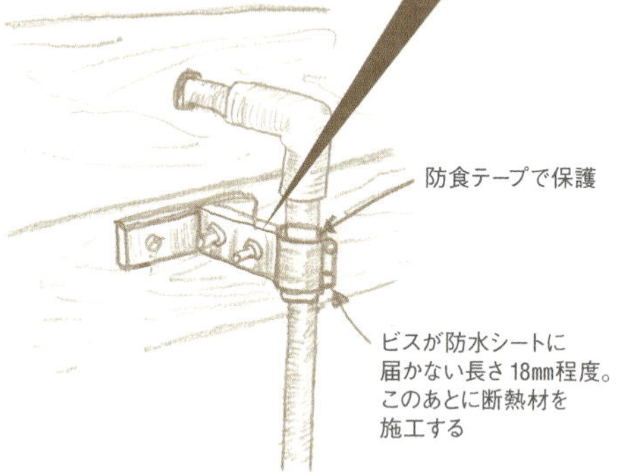

Point
段取りよく
工事が進めば、
コストも削減

屋外に配管した給水給湯管とそれぞれの内部配管をつなぐ工事です。指定の専門業者にお願いしなければなりませんが、自分でできることはたくさんあります。それを見つけて準備しましょう。

工事は、寸法を測ってストレート管を切り、面取りをしてボンドを付け、継手をつなげる（98ページ参照）。この作業の繰り返しです。

前も説明したように、僕の家の配管は屋外に露出しています。意匠的には美しくありませんが、水漏れの発見やメンテナンスがしやすくなっています。外気にさらされるので、取り付けや断熱には十分注意しましょう。

❶外部と内部の配管をつなぎます。終わったら、配管に断熱材（ワンタッチ式断熱材を使用）を巻きます。そのときにエルボ部分の断熱材は切って長さを調整し、ビニールテープをしっかり巻いて補修します。

❷給湯器を取り付けます。逆止弁付の止水栓を給水管に取り付け、フレキ管で位置を調整しながら接続します。外部配管から給湯器まですべてに断熱材を巻きます。給湯器を取り付けたら、ガス工事を手配します。

❸すべての接続を終えたら、メーターのバルブを回して配管に水を流し、水漏れがないかどうか確認します。また、水栓金具などの出水も確認します。問題がなければ、土を埋め戻します。

●逆止弁付き止水栓／水道の水を止める止水栓に逆流しないように支弁が付いたもの。

47 コンセント・スイッチなどの取り付け

必要な道具と材料

- □スイッチ
- □コンセント
- □プレート
- □差込コネクター
- □電工ナイフ
- □ニッパー
- □ドライバー
- □引きまわしのこぎり
- □分電盤

照明へ
電源

照明スイッチの配線

コンセント部分の配線

電線の接続手順

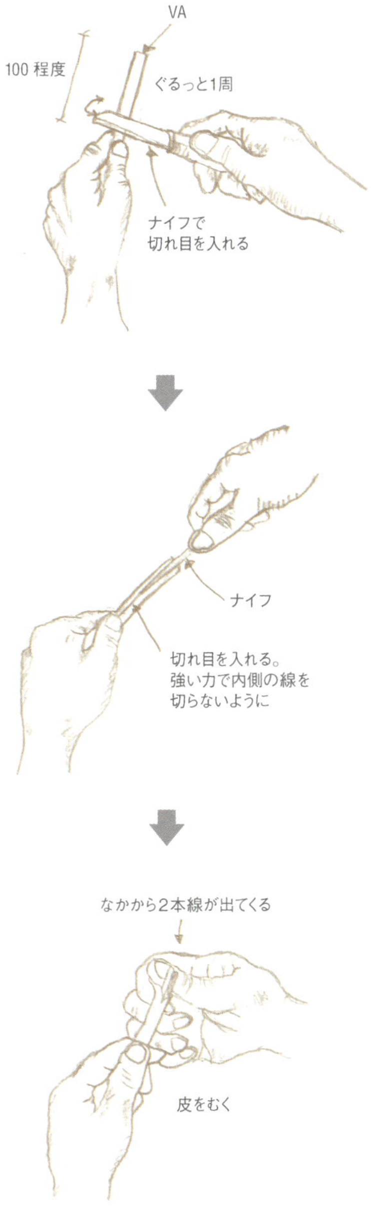
VA
100 程度
ぐるっと1周
ナイフで
切れ目を入れる
ナイフ
切れ目を入れる。
強い力で内側の線を
切らないように
なかから2本線が出てくる
皮をむく

壁が仕上がったら、コンセントやスイッチ、分電盤などを取り付けます。これまでの配線の集大成で、ここで失敗が見つかると厄介です。壁をはがしてやり直さなければいけないので、緊張が走ります。

電気工事も電気工事士の資格がある人に頼まなければなりません。ここでも電気工事士さんを手伝います。必要な材料を揃え、それぞれの場所に配っておくと、早く作業が終わります。電気工事士さんには、接続する作業に徹してもらいましょう。

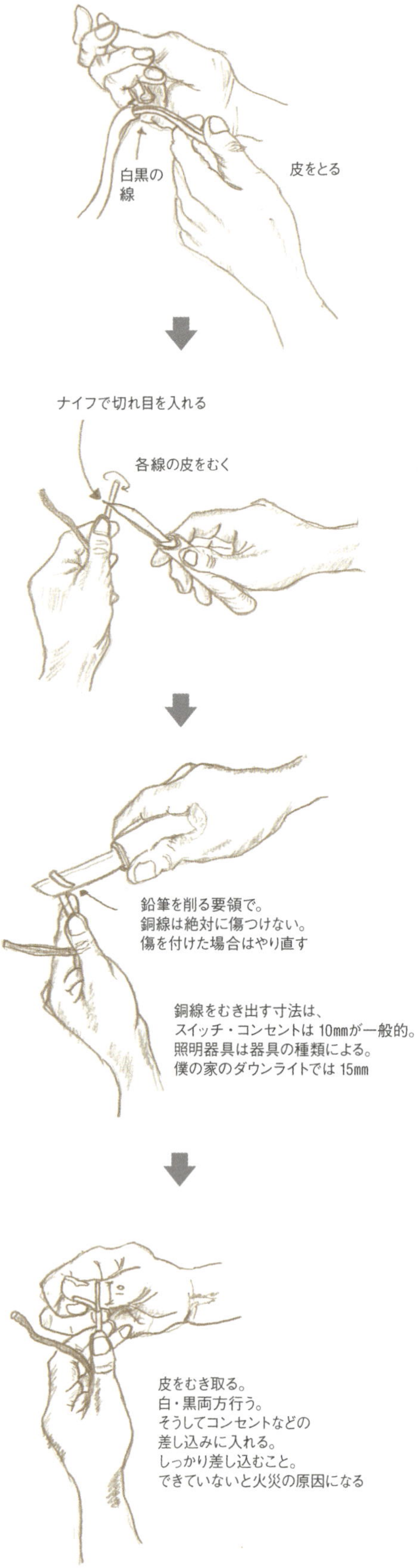
白黒の線
皮をとる
ナイフで切れ目を入れる
各線の皮をむく
鉛筆を削る要領で。
銅線は絶対に傷つけない。
傷を付けた場合はやり直す
銅線をむき出す寸法は、
スイッチ・コンセントは 10㎜が一般的。
照明器具は器具の種類による。
僕の家のダウンライトでは 15㎜
皮をむき取る。
白・黒両方行う。
そうしてコンセントなどの
差し込みに入れる。
しっかり差し込むこと。
できていないと火災の原因になる

僕の家では電線の接続に、ハンダ付けしなくていい差込コネクターを使いました。

❶コンセントとスイッチはホームセンターで購入します。

❷つなぎ方は至って簡単です。要は電線の先10㎜ほどの皮をむいて差し込むだけ。手順は図の通りです。写真のようにつなぎました。

❸配線後のプレートなどは自分で取り付けます。電気工事士さんには、コンセントやスイッチと照明器具、分電盤、外部メーターボックスの取り付けを頼みます。

●差込コネクター／電線の被覆を剥いて差し込むだけで簡単に接続できるコネクター。

48 建具工事

必要な道具と材料

□ステンレス甲丸レール　□アルミ製アングル　□丁番　□刷毛　□ヘラ（定規）
□障子糊　□障子紙　□和紙　□建具　□建具下地　□建具化粧板　□タッカー
□Vレール　□戸車　□吊り車　□ストッパー　□襖用コマ　□上吊り用レール

自作建具のつくり方

図1 芯材にシナベニヤを張る

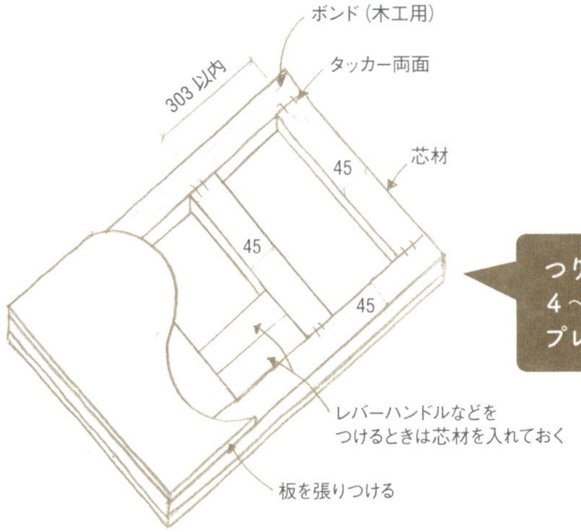

寝室の窓は外側に押し出すように開ける

Point
つりたい建具の寸法より
4～8㎜程度大きくつくる。
プレスした後に切り揃える

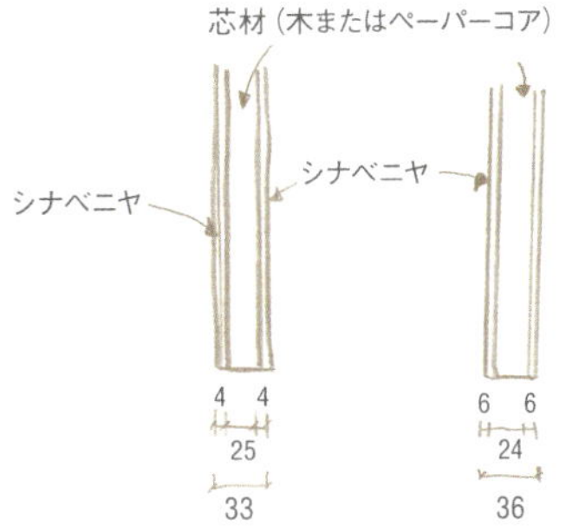

図2 重しを載せてプレスする

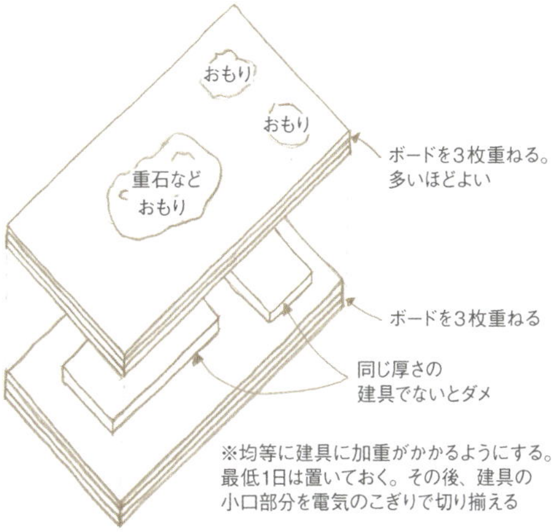

自作建具

僕の家ではサッシを使っていません。建具については大きかったり難しかったりするものは専門業者に頼み、それ以外は自分でつくりました。トイレや寝室などの比較的小さな窓は自作です。これらは外壁についている窓なので、板戸にしました。

❶芯材をつくります。木またはペーパーコア（充填材）をタッカーで留めて枠をつくります。このタッカーは外壁の防水シートを張るときに使ったものと同じです（図1）。

❷芯材の両面に仕上げのシナベニヤを張ります。

❸ボンドが完全に乾くまで、しっかりとプレスします（図2）。

❹開口部寸法から4～8㎜切り落として、木口に木口テープを張ります（金物によって切り落とす寸法は異なります）。

❺丁番などを使って建具枠に取り付けます。

特注建具

図3 詳細図

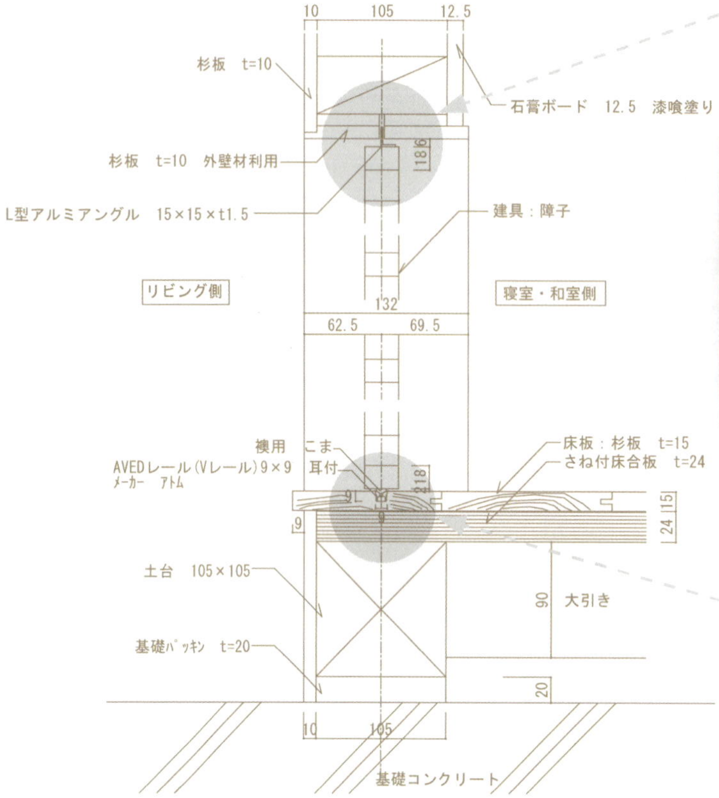

L字アングル

障子の建て合わせ

室内の障子は襖用コマで

特注建具

Point
建具は
金物を差し引いた
寸法でつくります

大きなものや細工が難しいものは、建具屋さんに特別注文します。すべて頼むのではなく、こちらでつくれるところは自作で。そうすればさほど高い値段にはなりません。しかも、僕の家のように、既成の規格寸法でできていない場合には助かります。

僕の場合、特注建具の仕上げや金物の取り付けは自分で行いました。しかし、ドアノブの金具の開口部分など難しいものは、建具屋さんに加工してもらったほうがいいと思います。

特注したのは、リビングの両側の大開口部の雨戸と障子です。戸車など金物の取り付け部分は掘り込んでもらい、また、どの金物を選ぶかを建具屋さんと話し合って決めました。この注文で、１本約12,000円～でした。

Point
戸車は
調整戸車が便利

❶雨戸も障子も、建具屋さんに掘り込みなどの細工を施した枠組みをつくってもらいました。納品されたものに戸車を付けます。

❷建て合わせが悪ければ、調整戸車で調整します。建具が入ると一気に部屋っぽくなるから不思議です。

❸雨戸には板材を、障子には障子紙を張って仕上げます。

簡単上吊り建具のつくり方

図4 吊り車と振れ止めを取り付ける

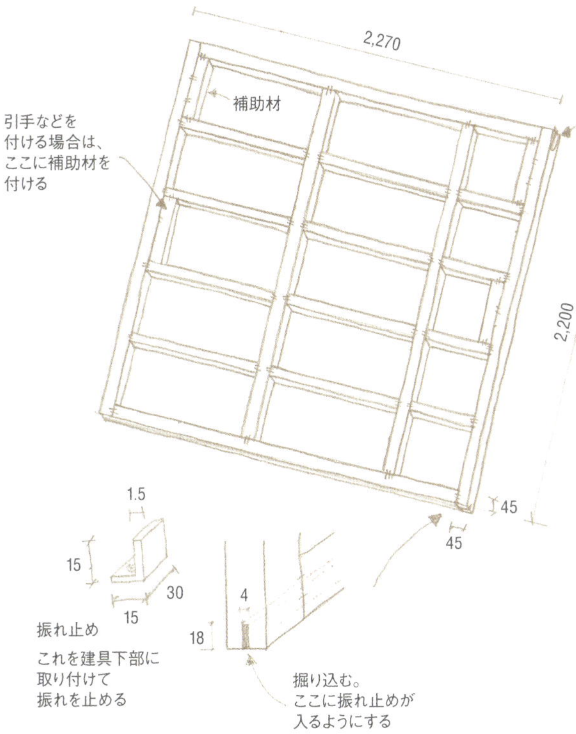

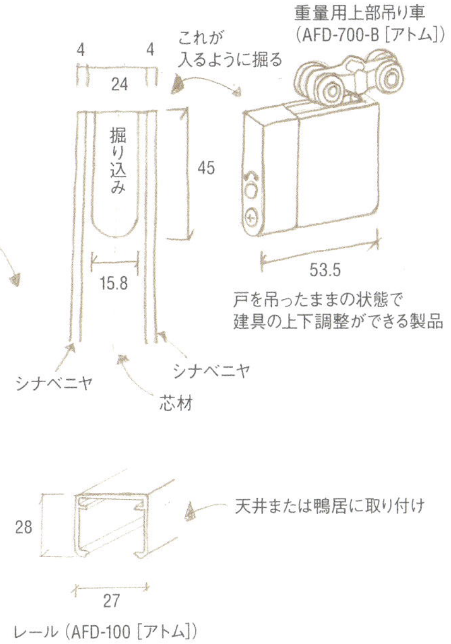

図5 芯材にシナベニヤを張る

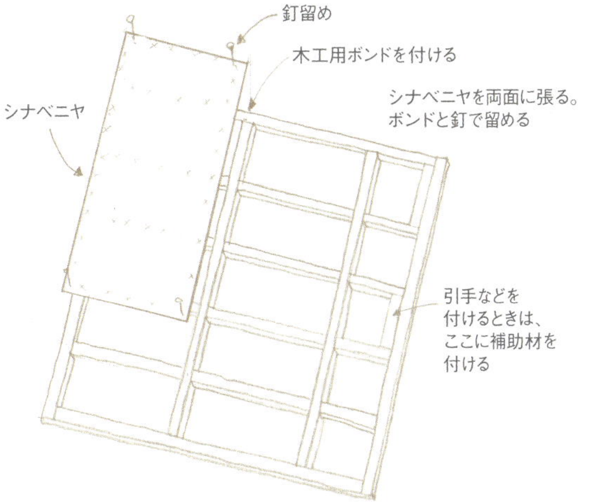

リビングと寝室を仕切る大きな建具★

僕流簡単上吊り建具

僕の家の特徴的な建具の1つが、リビングと寝室の中央を仕切る大きな引き戸です。リビングを2つに分けたり寝室を小さく使ったり、ときには取り外しもできるアイテムです。床にレールのないすっきりした空間にしたかったので、上から吊るした建具にしました。

❶天井の仕上げをするときに、吊るためのレールと吊り車を躯体に取り付けておきます（114ページ建具枠取り付け参照）。

❷自作建具と同じように芯材を組みますが、ここでは芯材には24×45㎜のものを使っています。

❸建具上部には吊り金物、建具下部には振れ止め（15×15×長さ30㎜、厚み0.9～1.5㎜のアルミ製アングル）を取り付ける部分を削ります（図4）。

❹芯材を2,270×2,200㎜に組んで、両側から4㎜厚のシナベニヤで挟みます。この大きさの建具をプレスするのは難しいので、シナベニヤはボンドと釘でしっ

図6 建具を吊る

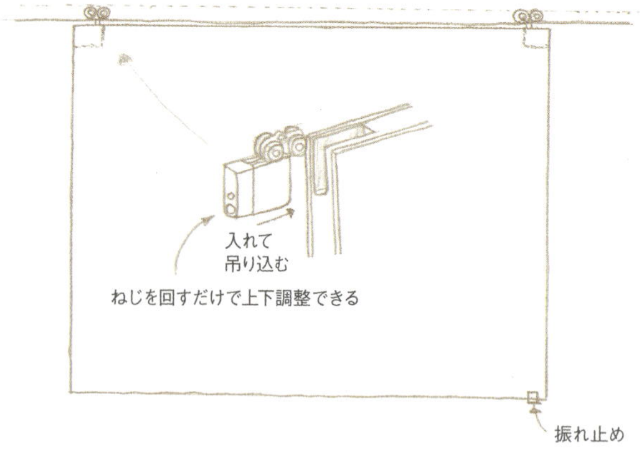
入れて
吊り込む
ねじを回すだけで上下調整できる
振れ止め

図7 和紙で仕上げる

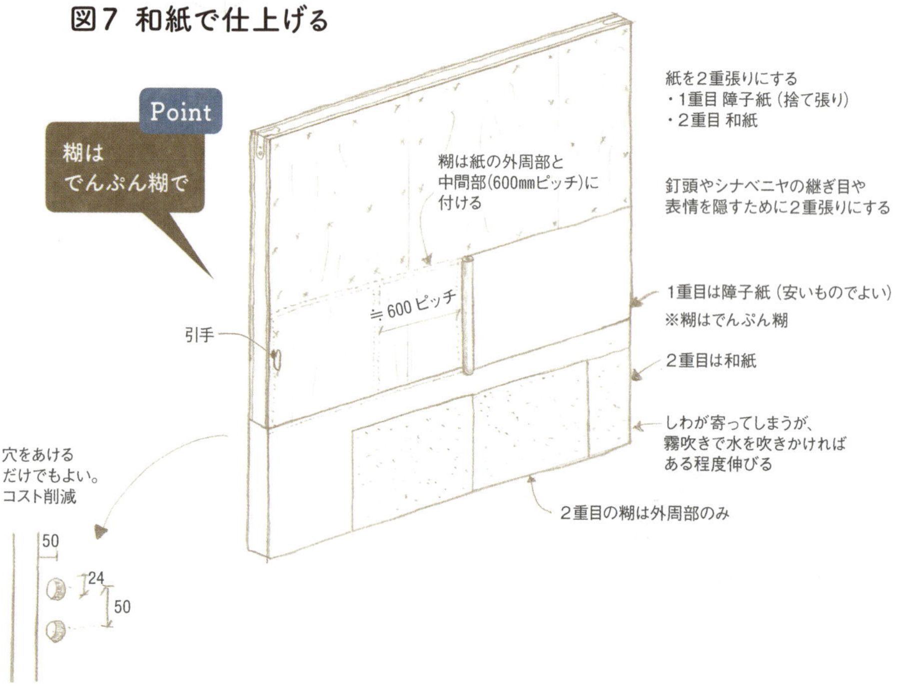
Point
糊は
でんぷん糊で
紙を2重張りにする
・1重目 障子紙（捨て張り）
・2重目 和紙
糊は紙の外周部と
中間部(600㎜ピッチ)に
付ける
釘頭やシナベニヤの継ぎ目や
表情を隠すために2重張りにする
≒600ピッチ
1重目は障子紙（安いものでよい）
※糊はでんぷん糊
引手
2重目は和紙
しわが寄ってしまうが、
霧吹きで水を吹きかければ
ある程度伸びる
2重目の糊は外周部のみ
穴をあける
だけでもよい。
コスト削減
50
24
50

かり取り付けます（図5）。

❺必要ならば引き手を掘り込みます。たとえば図7のように、φ24の穴を2つあけて引き手にすることもできます。

❻吊り車に建具を取り付けます（図6）。

❼シナベニヤの表情や釘頭を目立たなくするために、紙を二重張りにします。最初は障子紙による捨て張りです。障子紙すべてに糊をつけずに、紙の外周部と、横張りなので600㎜間隔で糊をつけます（図7）。

❽乾いたら、仕上げの和紙を貼ります。今度は外周部だけに糊をつけます。

❾❽が乾いたら、霧吹きして全体を水でしめらせます。ある程度のシワが取れます。

●ペーパーコア／パネル内部の空間を埋める充填材。●フラッシュ丁番／主に屋内のフラッシュ戸に使われ、丁番部分の掘り込みが必要なく、簡単に取り付けられる丁番。●フラッシュ戸／横桟、縦框などの骨組みの両面から合板などを接着し、表に桟組子の出ない戸。●建て合わせ／戸や障子などの建具の納まり具合を現場で確認し、開閉が悪い場合は調整すること。●調整戸車／戸車の高さが調整できる建て合わせに便利な戸車。

49 便器取り付け

必要な道具と材料

- □便器・便座セット
- □インパクトドライバー
- □シールテープ
- □塩ビ管用ボンド
- □塩ビ用のこぎり
- □振動ドリル（コンクリート床の場合に必要）

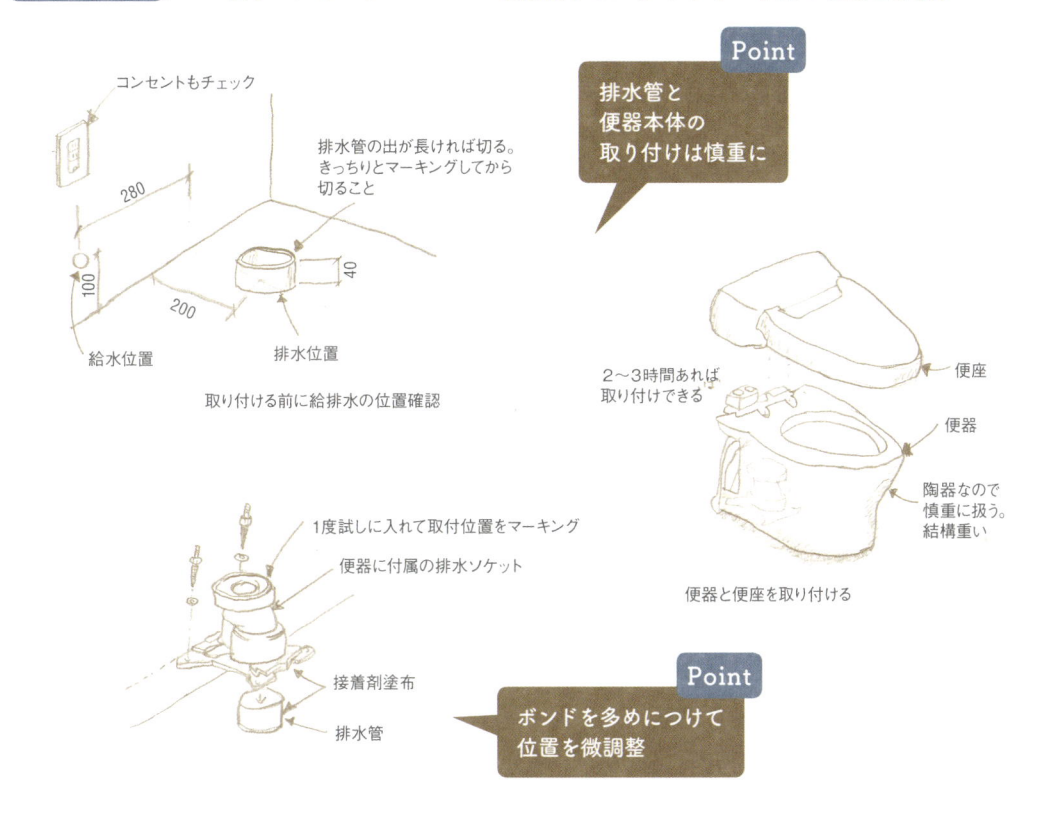

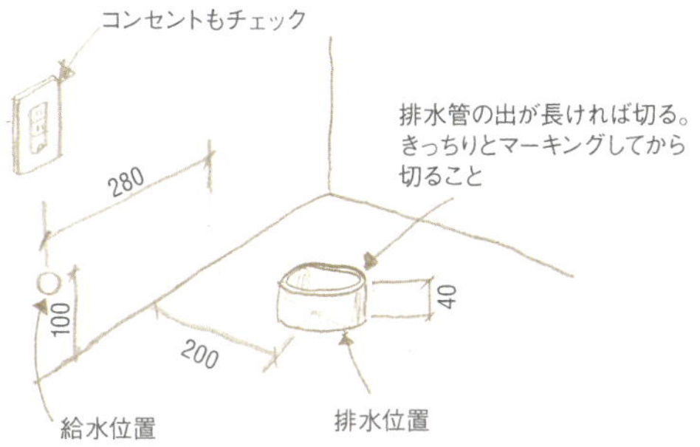
コンセントもチェック
排水管の出が長ければ切る。
きっちりとマーキングしてから
切ること
280
40
100
200
給水位置
排水位置
取り付ける前に給排水の位置確認

Point
排水管と
便器本体の
取り付けは慎重に

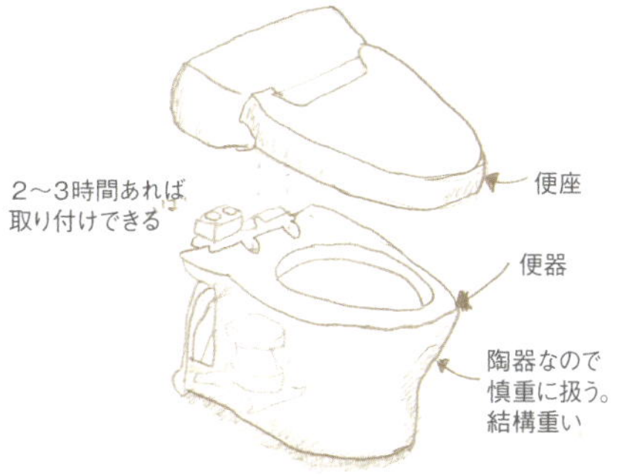
2〜3時間あれば
取り付けできる
便座
便器
陶器なので
慎重に扱う。
結構重い
便器と便座を取り付ける

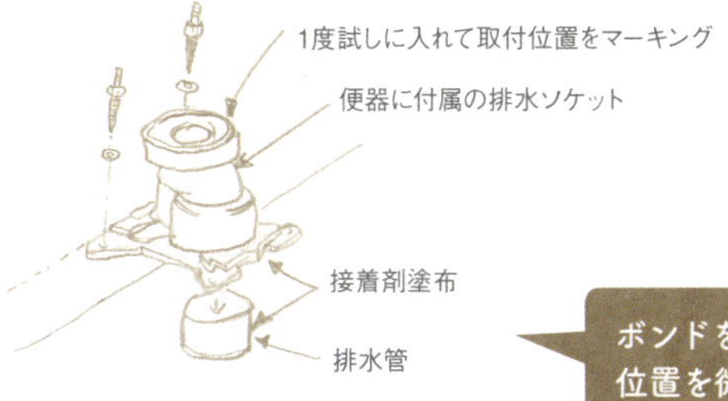
1度試しに入れて取付位置をマーキング
便器に付属の排水ソケット
接着剤塗布
排水管

Point
ボンドを多めにつけて
位置を微調整

僕の家のトイレは幅910×奥行1,365㎜、畳1畳もない小さな部屋です。この空間を最大限に使うためコンパクトなタンクレストイレにしました。少々高価ですが、その分、広く使えると考えたのです。

便器は説明書を見ながらやれば、ほとんど問題なく取り付けられます。あえて難点をいうなら、排水管につなげるアダプターをボンドで取り付けるために、1回で決めなければいけないことです。

❶給排水管、コンセントの位置を確認します。もし位置が間違っていたら、給水管は新しい部材を購入してやり直せますが、排水管の場合は、基礎の一部を壊して変更しなければなりません。基礎工事のときにしっかり確認しておきましょう。

❷床から出ている排水管の出が40㎜になる位置で切ります。マーキングして、きちんと寸法を出すことが重要です。

❸排水ソケットをボンドで取り付けます。ボンドを付けてしまったら変更はできないので、一度仮組みして確認しておく必要があります。

❹便器を取り付けます。便器は陶器製なので、ぶつけて割らないように。

❺暖房便座を取り付けます。

❻壁に出ている給水管と便器の給水ホースをつなげます。シールテープを巻くのを忘れずに。

●タンクレストイレ／タンクのないトイレで、奥行きのないトイレの場合に便利。

50 家具をつくる

必要な道具と材料

□インパクトドライバー　□電気丸のこ　□手のこぎり　□定規　□のみ　□かんな　□カッター　□ビス　□ダボ栓（φ8）　□ボンド　□木口テープ（シナ）　□木工きり　□シナランバー・フラッシュ板（24㎜厚）　□シナベニヤ（4㎜厚）　□棚板（12〜21㎜厚）　□棚板受　□サンドペーパー　□スライド丁番　□鉄筋

収納家具

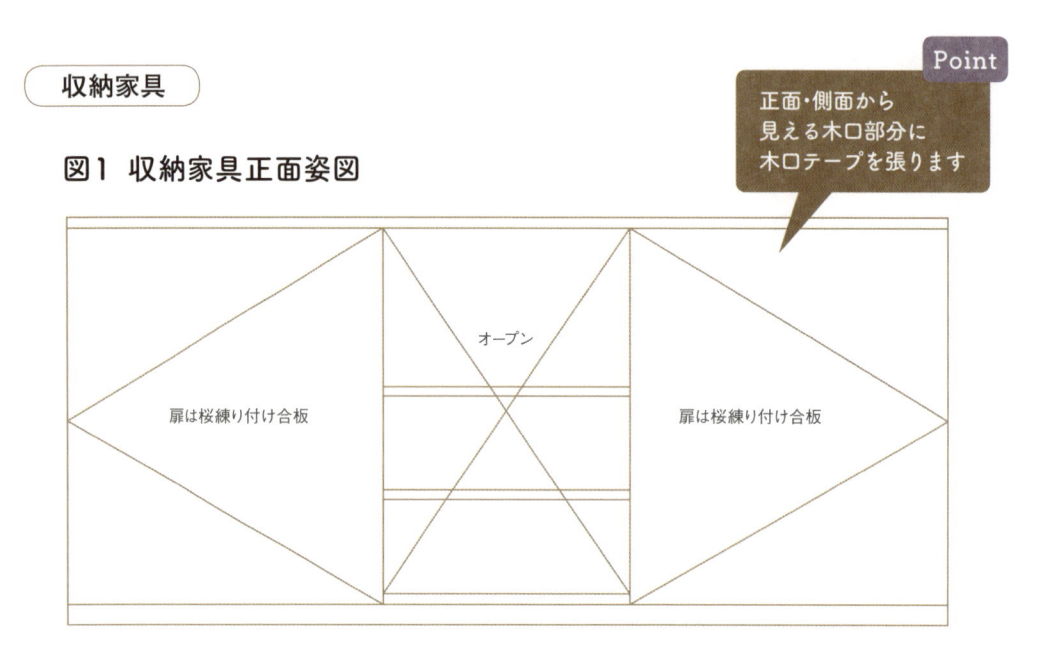

Point
正面・側面から
見える木口部分に
木口テープを張ります

図1　収納家具正面姿図

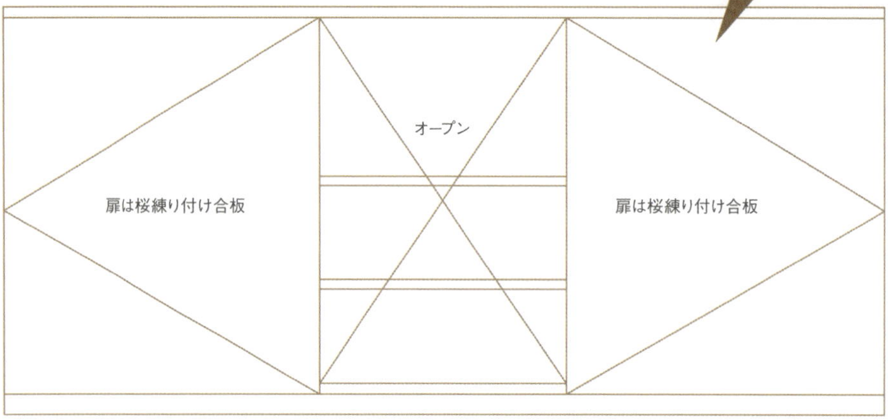

家だけだけでなく家具も自分でつくると、サイズや雰囲気を合わせられるので、統一感のあるインテリアになります。一般に家具をつくるには高度な技術が必要ですが、ここまでセルフビルドをしてきたら、できるはず。これまでの経験とアイデアでつくり上げましょう。

収納家具

❶キッチンの向かいに置く収納家具をつくります。まず、図面を描きます（図1）。つくり方は自作建具と同じく、芯材で枠をつくり両面に仕上げ材を張るやり方です。それが面倒なら、シナランバーコア合板を使うと手間が省けます。

❷各パーツの部材寸法を決め、それに沿って丸のこガイドを使って切ります。

❸各パーツの表側に見える部分に木口テープを張ります。粘着テープ式になっていて張りやすいのですが、しっかり張らないとはがれることがあるので注意します（図2）。

❹ビスの頭が見えると見栄えが悪くなるところは、ダボを使って組み立てます。φ8の木工きりを使って穴をあけてボンドを入れ、ダボを取り付けます。差し込まれるほうにもダボ穴をつくっておきます（図3）。

❺そのほかはボンドとビスで組み立てます。ビスを使うところは下穴をあけてねじ込むと、より正確に組み立てられます（図4）。

❻棚板受けを取り付け、棚板を載せます（キッチンと同じ要領）。

❼扉を付けます。家具の丁番はスライド丁番を使います（図5）。スライド丁番はたくさんの種類があるので、扉の厚みやかぶせ量で選択します。僕は全かぶせの丁番を使用しました。

これまでの経験を活かして、家具も自分でつくります。
ここでは、キッチンの収納家具と鉄筋を使ったテーブルを紹介します。

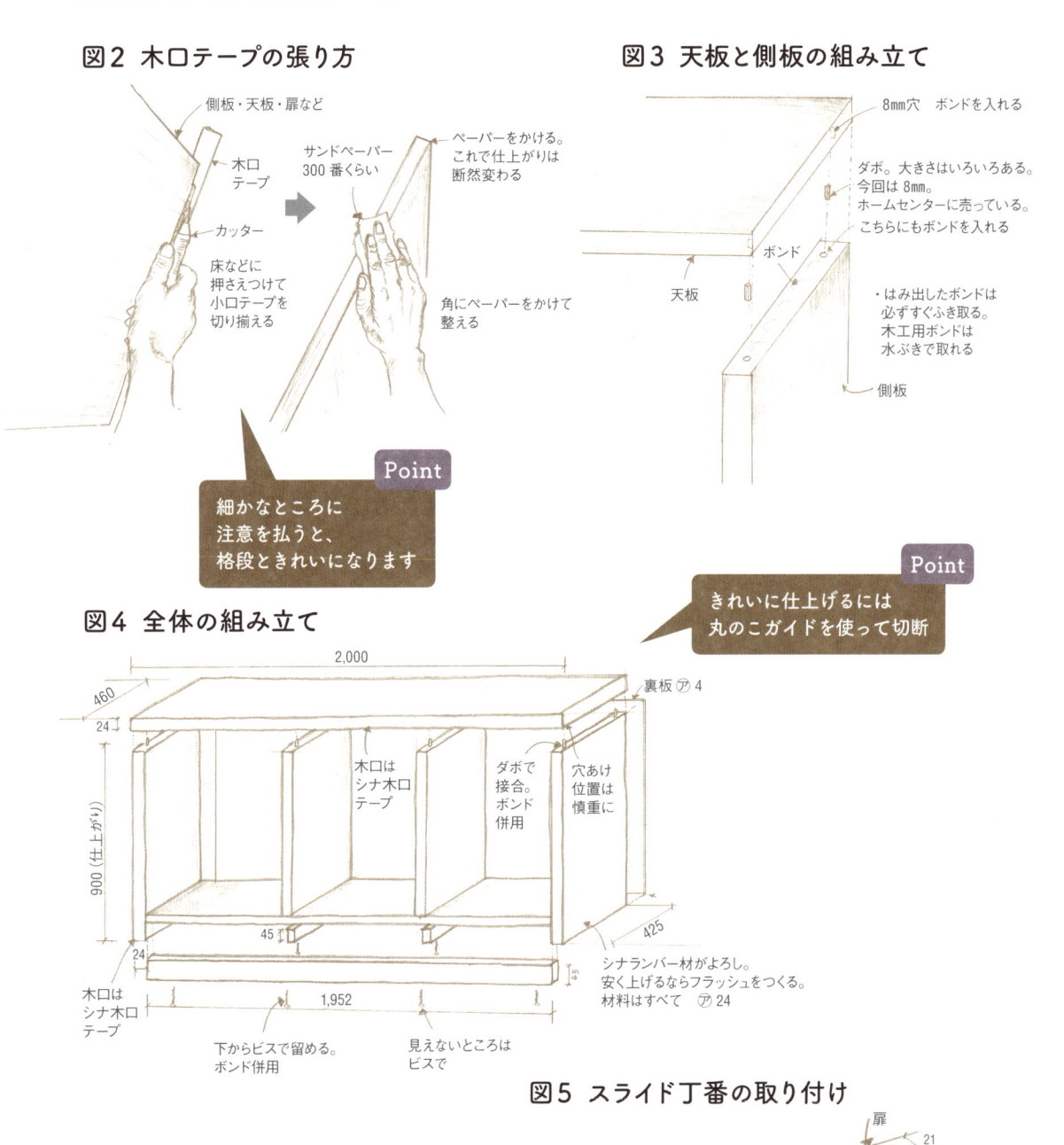

図2 木口テープの張り方

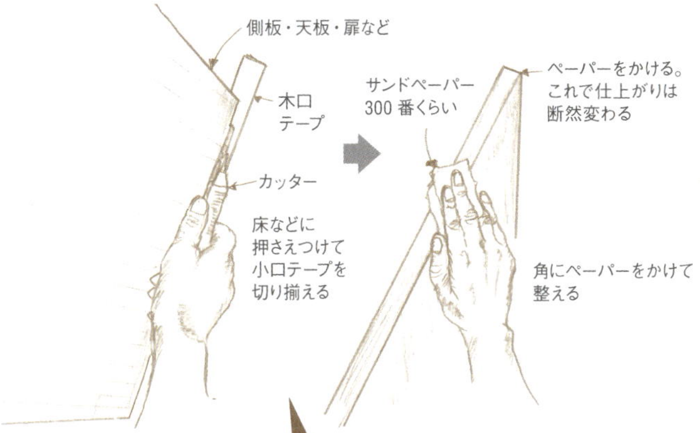
側板・天板・扉など
木口テープ
カッター
床などに押さえつけて小口テープを切り揃える
サンドペーパー300番くらい
ペーパーをかける。これで仕上がりは断然変わる
角にペーパーをかけて整える

Point
細かなところに
注意を払うと、
格段ときれいになります

図3 天板と側板の組み立て

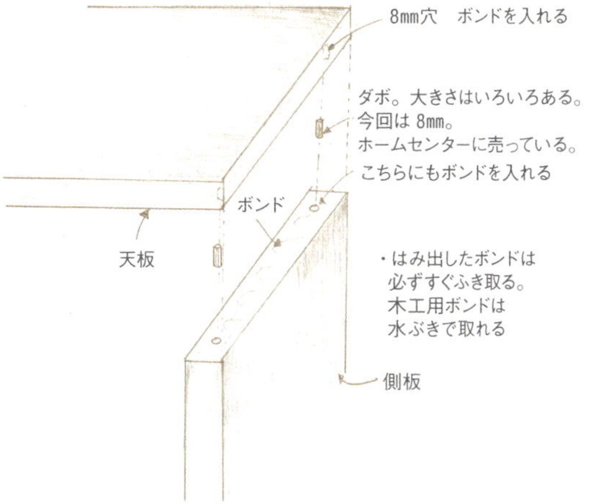
8mm穴　ボンドを入れる
ダボ。大きさはいろいろある。今回は 8mm。ホームセンターに売っている。
こちらにもボンドを入れる
ボンド
天板
・はみ出したボンドは必ずすぐふき取る。木工用ボンドは水ぶきで取れる
側板

Point
きれいに仕上げるには
丸のこガイドを使って切断

図4 全体の組み立て

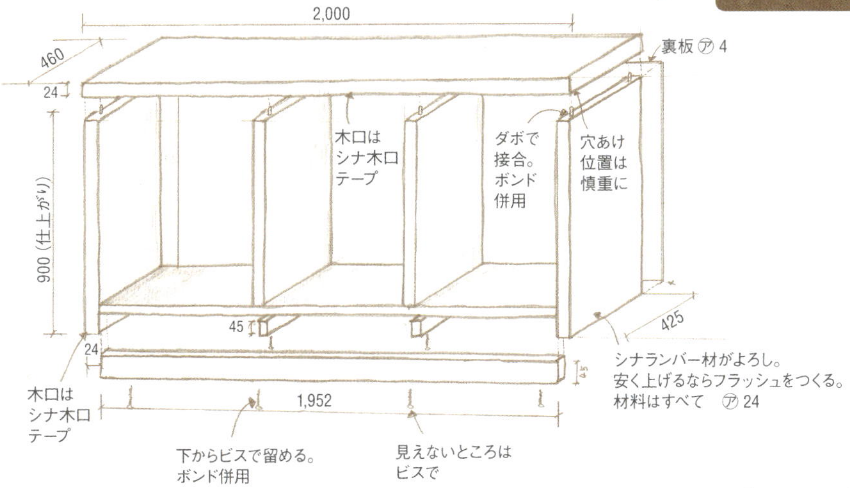
2,000
460
24
裏板 ㋐ 4
木口はシナ木口テープ
ダボで接合。ボンド併用
穴あけ位置は慎重に
900（仕上がり）
45
24
425
シナランバー材がよろし。安く上げるならフラッシュをつくる。材料はすべて ㋐ 24
木口はシナ木口テープ
1,952
下からビスで留める。ボンド併用
見えないところはビスで

図5 スライド丁番の取り付け

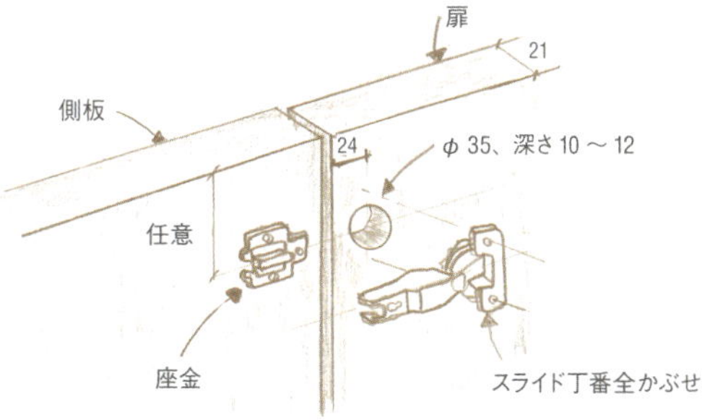
扉
21
側板
24
φ 35、深さ 10 ～ 12
任意
座金
スライド丁番全かぶせ

テーブル

図6 鉄筋で脚をつくる

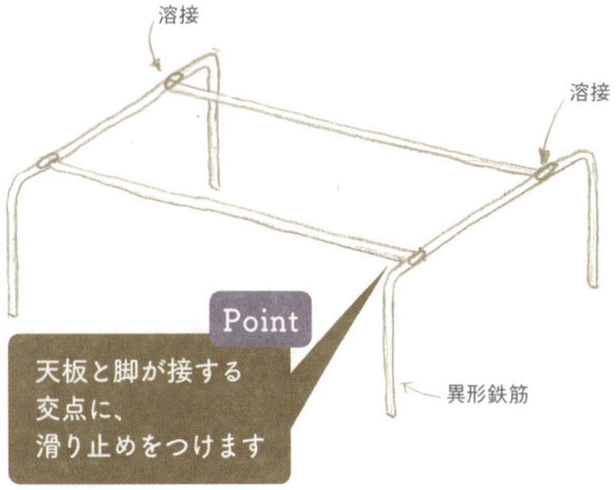
溶接
溶接
異形鉄筋
Point
天板と脚が接する
交点に、
滑り止めをつけます

図7 3枚並べて接着

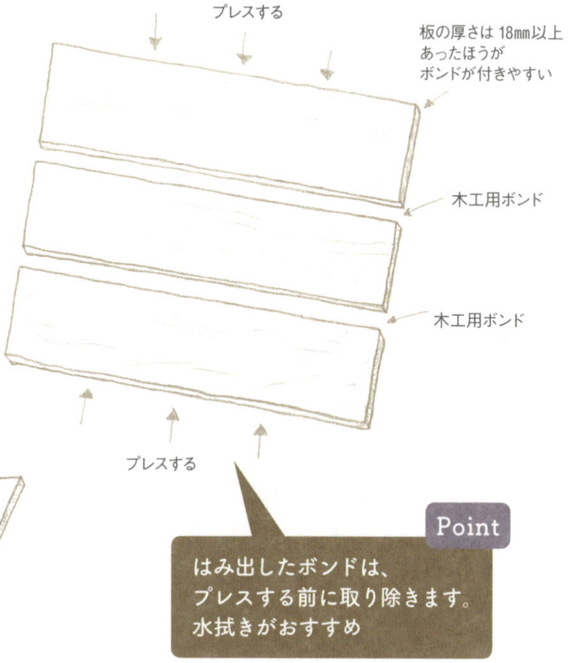
プレスする
板の厚さは 18mm以上
あったほうが
ボンドが付きやすい
木工用ボンド
木工用ボンド
プレスする
Point
はみ出したボンドは、
プレスする前に取り除きます。
水拭きがおすすめ

図8 サンドペーパーをかける

ひたすらサンドペーパーをかける

テーブル

❶余っていた鉄筋を使ったテーブルです。コの字型に曲げた鉄筋と、天板を受ける鉄筋を切り、鉄骨屋さんで溶接してもらい、脚をつくります（図6）。
❷天板は、幅200mmの板材を３枚並べて木工用ボンドで接着。プレスして幅600mmの大きな板にします（図7）。後はひたすらサンドペーパーをかけてきれいにします（図8）。
❸鉄筋の脚に板を載せて完成。

間仕切りを閉めた寝室に置いたテーブル◆

●シナランバーコア合板／シナ合板の中心部分を木片にした合板。●ダボ／木材どうしをつなぎ合わせるときに使用する木製の棒。●スライド丁番／主に家具に使われ、外側からは見えずにすっきり納まる丁番。●かぶせ量/側板木口に扉がかぶさる量。

サトルのひとりごと

ものを持たないで暮らす

僕の家を訪れる人は「収納が少ないね」と言います。確かに必要最低限の収納しかなく、ものも少ない。それは僕自身がものを持たない性格だからですが、しかしそれだけではないのです。

まず冷蔵庫。僕の家の冷蔵庫は小さいので、食品をたくさんストックできません。生鮮食品である魚は海にアウトソーシング。海はわが家の生簀ですから、いつでも新鮮な魚が食べられます。（生簀が大きすぎて、思うように魚が獲れないのが難点ですが）野菜も畑からの穫りたてを食べればいいので、冷蔵庫は小さくてすむのです。ちなみに僕の家の電気代は1カ月3,500円程度です。同じように本は図書館で、自動車はレンタカーで。日用品は安いときに買い込むのではなく、ストックは店にしてもらっていると考えています。だから、収納が少ないのです。

これまでは、家にものがあふれていることに豊かさを感じていましたが、自分の生活を見直してみれば、ものをたくさん持つことと豊かさは結びついていないような気がします。大抵のものは近所の店にあり、品切れすることも少ない。だから、家にストックしておく必要がありません。

家にストックしておこうとするから収納が必要になり、収納が大きくなれば、家の広さもコストもふくらんできます。そう考えると、ものを買うという行動にも躊躇します。ゆえに僕は、必要最低限のものしか買わないし、買いものは必要なものがなくなってから行きます。

たくさんものを持つと、その維持管理が必要になり、それによって縛られることもあります。家を持つことも、さまざまな面でなにかと縛られます。ならばものをたくさん持たず、小さな家で暮らせば、その分、縛りも少なくなります。家にものがないと掃除も楽だし、いつもすっきりシンプルに暮らせます。

51 洗面台をつくる

必要な道具と材料

- □レンチ
- □シールテープ
- □振動ドリル
- □インパクトドライバー
- □塗料
- □水栓金具一式
- □排水管一式
- □鏡

図1 洗面台下部

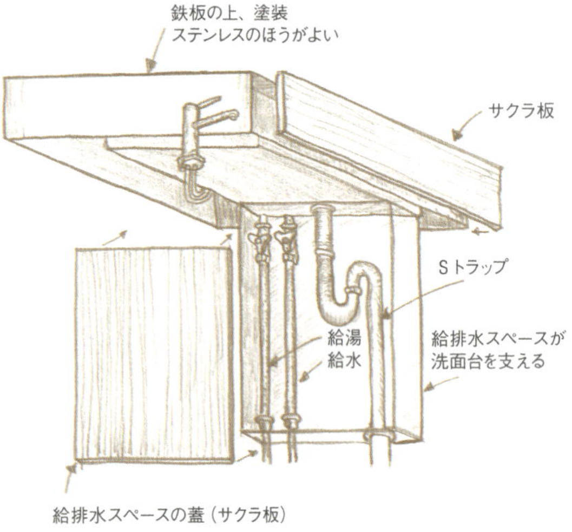

洗面台を下から見たところ。配管スペースの蓋をはずすと、図のように管が並んでいる

図2 洗面台全体図

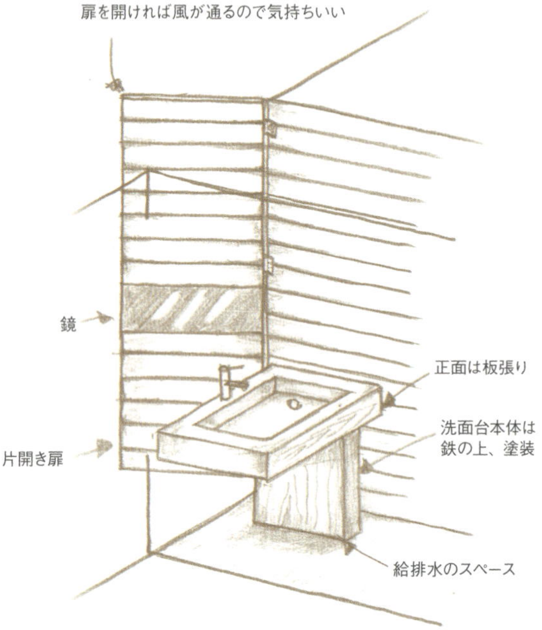

洗面コーナーの全体図。洗面台の裏側が扉になっていて、オープンになる

意識はしていなかったのですが、日頃から世の中の洗面台に違和感を感じていたのかもしれません。自分の家の洗面台は好き勝手につくろうと、前々から決めていました。だから、あまり参考にはなりませんが、どのようにつくったかを紹介します。

メーカーから販売されている洗面台には収納からシャワーまで多くの機能がついていますが、僕のつくった洗面台は正反対。収納どころか足元のごちゃごちゃした配管も見えないすっきりした洗面台です。しかも、壁などに依存しない独立したオブジェのようなものにしたいと考えました。

洗面台の後ろは壁ではなく、洗面台の幅×天井までの高さの大きな扉にしました。開ければ、フルオープンで風通し満点。外にいるような気分で洗面できる場所になっています。

❶洗面台本体の図面を起こし、鉄骨屋さんと打ち合わせしながら本体をつくってもらいます。

❷床のコンクリートにアンカーボルトをつけて、洗面台本体を据え付けます。

❸水栓や排水金物などを取り付け、給水・給湯管と接続します。

❹洗面台に塗装します。

僕がどうしてもやりたかった洗面台を紹介します。
余分なものが付いておらず、すっきりした意匠の独立型の洗面台です。

洗面台。後の扉を開けたところ ★

❺扉に鏡を取り付けます。

洗面台の給水給湯管は床のコンクリートに埋設しています。この場合、水漏れが起きると、修理はほぼ不可能です。とてもリスクが高いので、多くの人には薦められません。僕はそのリスクを負っても、この意匠でやりたかったのです。

一般的には、外壁から給水給湯管を取り付ける方法がいいでしょう（僕の家のような建具には施工できません）。

サトルのひとりごと

ちょっとだけ主夫の薦め

家をつくりながら考えます。主夫になれば案外うまくいくことがあるんじゃないかと。パートナーが稼ぎ出してくれるのなら、家をつくっている間や完成してしばらくは主夫をやってもいいと思うのです。

一般の家庭では「ここに棚がほしい」「扉の調子が悪い」と言われて、男の人が日曜大工で行うことが多いようです。でも、ふだん家にいる主夫ならば生活の不都合もわかるので、自ら察してすぐに解決できて効率がいいかもしれません。主婦が大きな棚を吊ろうと思っても、材料が重かったり高い位置に取り付けなければいけなかったり。だから製品を買ったりプロに頼んだりしていたところを、ものをつくっていくという行為にシフトしていく。家をつくった主夫だったら、そんなことお茶の子さいさいでこなせるはずだと思います。

生活のなかにたくさんある力仕事も、それまでの経験から苦にならなくなっているでしょうし、完成後暮らしていくなかで付け加えていくところもあると思います。ふだんパートナーに任せっきりの家事も、自分で行えばありがたみを感じます。しばらくの間だけ、主夫をやってもいいと思います。

52 さまざまな生活道具をつくる

物置兼アプローチ

プレカット材料で余った木材などを使って、物置兼アプローチをつくりました。簡単な構造で、僕の家へのアプローチを兼ねたデザインにしています。あまり神経質にならずに、自由につくります。

❶物置は畳１畳ほどの広さの小屋ですが、図面を起こして基礎工事から行います。これまでの作業のおさらいのようなものです。一つひとつていねいに。基礎と骨組みのつくり方は図を参考にしてください。

❷骨組みができたら、防水シートを張って胴縁を取り付けて仕上げていきます。外壁には焼き杉を張りました。物置の扉は余った材料を使い、両開き戸にしました。

❸アプローチは、物置と背中合わせのような形に配置しています。ここも基礎からつくります。ここでのポイントは、建具づくりの経験を活かした大きな格子戸です。図を参考にしてください。

図1 物置のつくり方

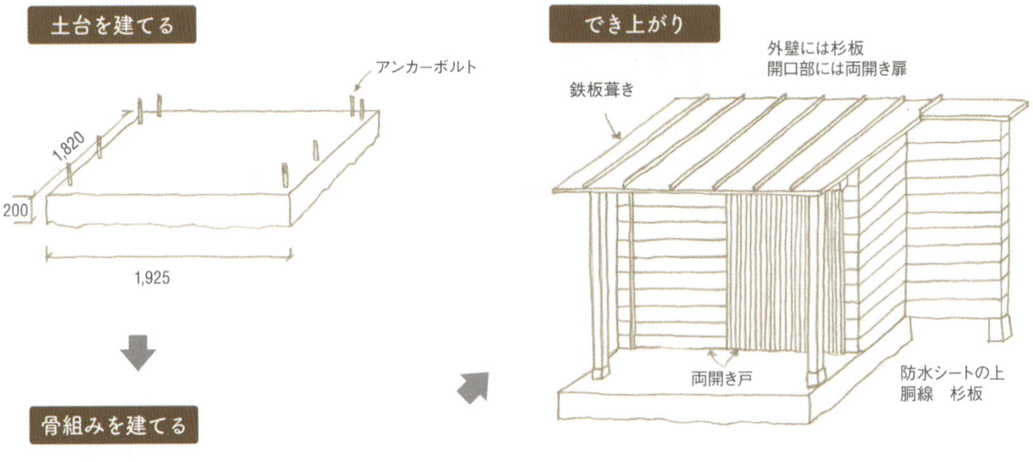

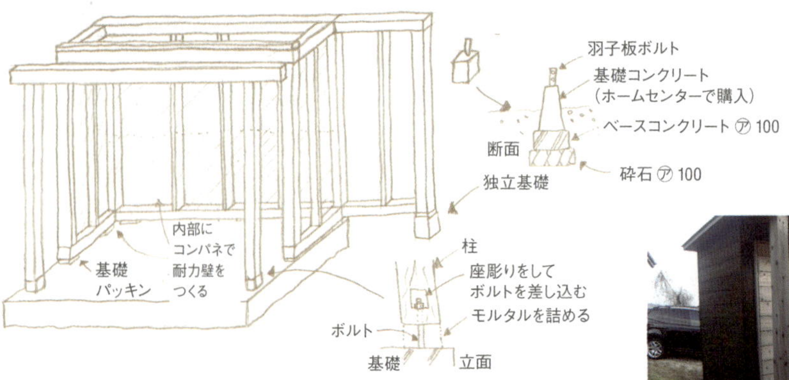

物置

ここまでくると、家づくりの技術はある程度マスターしています。
今度は余ったものや不要なものを活用して生活道具をつくりましょう。
アイデアさえあれば、さまざまなものがつくれます。その一部を紹介します。

アプローチ★

図2 アプローチ全景

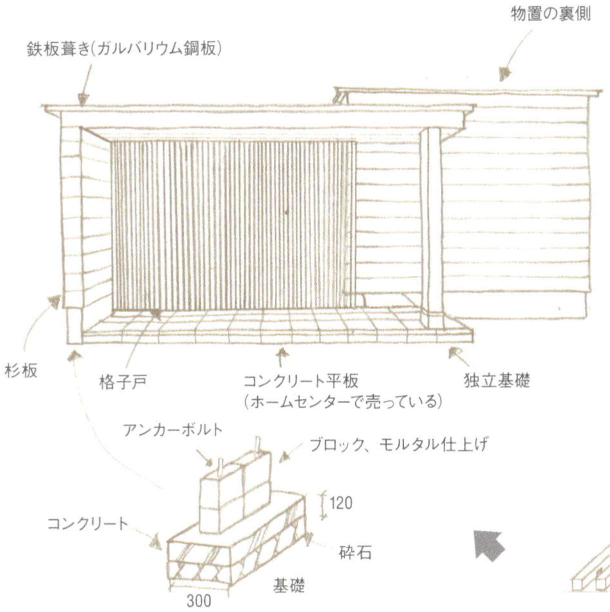

図3 格子戸のつくり方

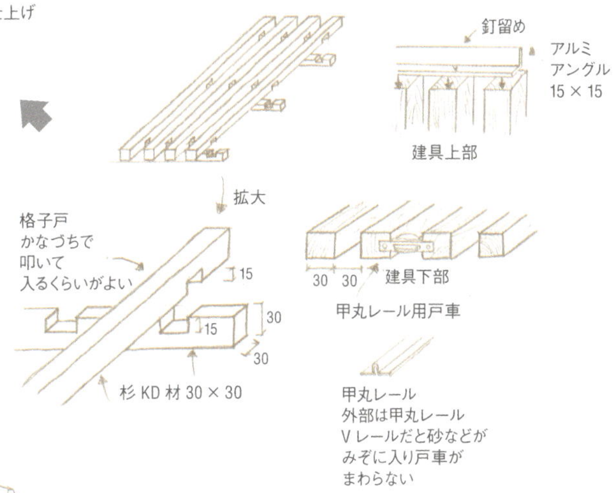

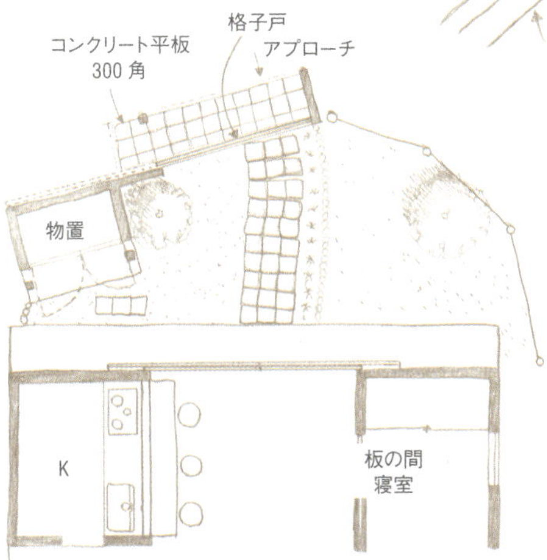

物置兼アプローチ平面図

薪ストーブ

薪ストーブを見積もってもらったら、なんと67万円もしました。そんな高いものを買えるわけがない。見直してみると、薪ストーブ本体は18万円となっています。残り50万円ほどは煙突と設置費用なのです。そこで考えて、薪ストーブ本体だけを買い、煙突はインターネットで購入。眼鏡板とフラッシングは板金屋さんにつくってもらいました。

❶図は煙突と屋根部分の断面図です。天井より上の外部に出る部分は二重断熱煙突。それよりも下の室内部分では一重煙突になっています。

❷板金屋さんに頼み、屋根に煙突の開口をあけてもらいます。

❸ストーブ本体を設置して、組み上げます。眼鏡板の取り付けを忘れずに。

❹煙突がぶれないように、屋根と天井の間に振れ止め金物を取り付けます。

❺板金屋さんにつくってもらったフラッシングもどきを取り付け、煙突との取り合いをコーキングします（図5）。市販のフラッシングを取り付ける方法もありますが、構造が少々複雑で雨漏りした場合など原因がわかりにくいのではないか、という心配がありました。そこでシンプルで雨漏りなどが発見しやすいつくりを選びました。煙突掃除などで屋根に上がるときは、こまめにチェックしています。

床はコンクリートなので、暖炉の下にタイルを敷く必要もなく、そのまま床に置いています。壁との距離は、暖炉の説明書に記載された寸法を守らなければいけません。くれぐれも火災には気をつけましょう。

暖炉、煙突、板金屋への支払いを含め、約25万円で仕上げました。

図4 薪ストーブ全体図

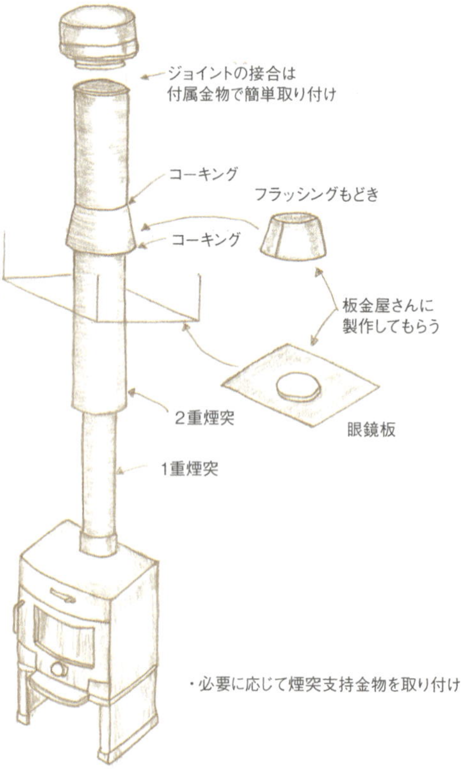

図5 煙突と屋根の取り合い

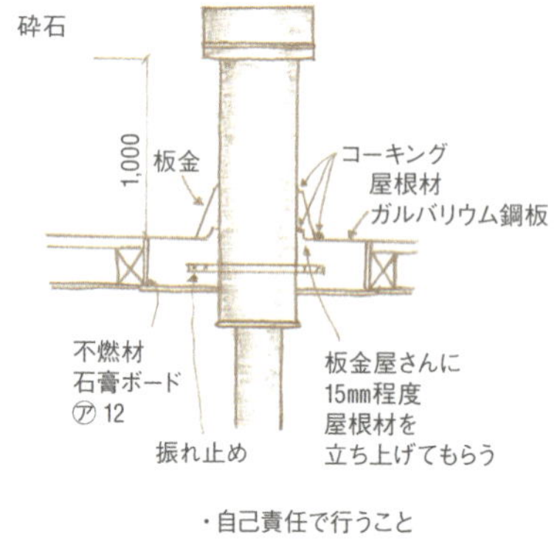

眼鏡板

薪ストーブ ◆

カウンター

僕の家にはダイニングテーブルがありません。友だちが来て飲んだりするときはリビングのテーブルを囲めばいいし、ふだんの２人暮らしなら、キッチン前のカウンターで十分だと思うからです。このカウンターも自作です。

一般的にカウンターは１枚の板でつくりますが、強度さえ保てればなんでもありだと思います。下地を木とラワンベニヤによる枠（フラッシュ）でつくり、モルタル塗装で仕上げたカウンターです。

❶キッチンの開口下の壁材をはがします。本来なら壁材をつける前に作業すべきでしたが、最後まで迷っていたので、やり直しとなりました（写１）。

❷柱や間柱を欠き込んで、ここでカウンターを持たせるようにします。図のように下地材をつくり、キッチン側の内部まで差し込み、しっかり固定します(図６)。

❸下地材のベニヤにメタルラスを張ります。これは、上に塗るモルタルを定着させるためのものです(写２)。

❹接着剤入りモルタルを塗り、その上に薄塗りモルタルを塗ります。このときに墨汁を入れて、黒くしました。最後にクリア塗装します。

写1 壁をはがす

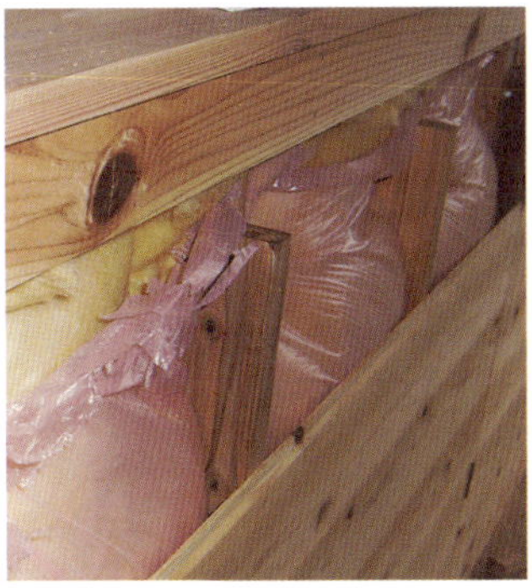

図6 カウンター図面

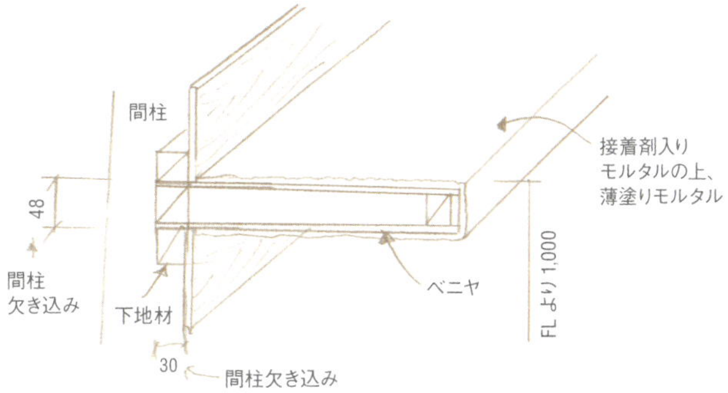

写2 メタルラスを張る

カウンター ★

ゆるい照明器具

電気工事に使った電線が余りました。そこで電線を覆っているビニールを剥いて、中の銅線を使った照明器具をつくります。いつも寸法と数字ばかりを気にしてきましたが、ここではそこから解き放たれて、なんとなくの寸法でつくってみましょう。

❶電線（VA1.6〜2.0㎜）のビニールをカッターなどで取り除き、銅線だけにします。

❷シェードをつくります。イメージに近い型を選び、それにあてがってカタチをつくります。僕はバイクのヘルメットを型にしてつくりました（図7）。

❸それぞれの交点をハンダで留めます（図8）。形が歪んでいても、それが良い味になるので、あまり整えすぎないようにします（図9）。

❹木工用ボンドを使って和紙を張ります。一度に全部張るのは難しく、1マスずつ張っていく地道な作業ですが、そのほうがいい結果に仕上がります（図10）。

❺ソケットを不燃性の板材に取り付けて内部に納めます。銅線などを使ってシェードに固定するなど、ソケットが倒れないようにします（図11）。

照明器具なので熱を持ちます。火災には十分注意しましょう。

図7 銅線で形をつくる

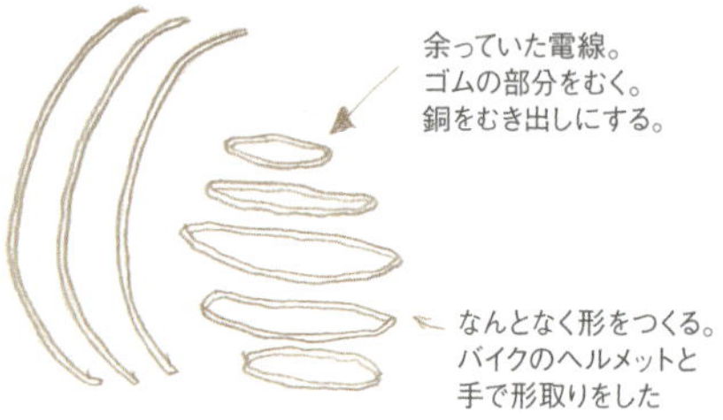
余っていた電線。
ゴムの部分をむく。
銅をむき出しにする。
なんとなく形をつくる。
バイクのヘルメットと
手で形取りをした

図8 ハンダ付けする

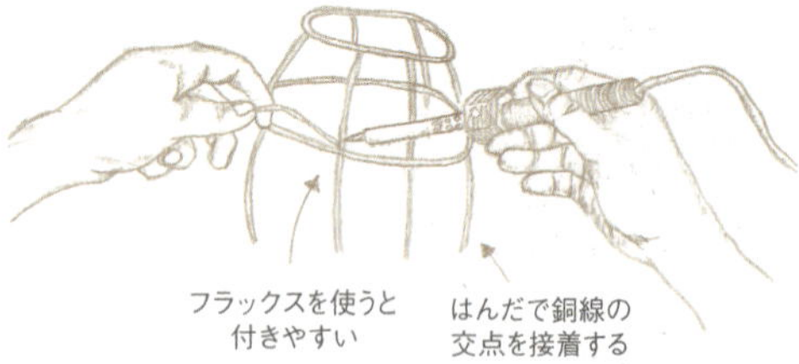
フラックスを使うと
付きやすい
はんだで銅線の
交点を接着する

Point

ハンダ付けの前に、
ハンダをなじませるための
溶剤フラックスを
付けるのを忘れずに

図9 全体の形をつくる

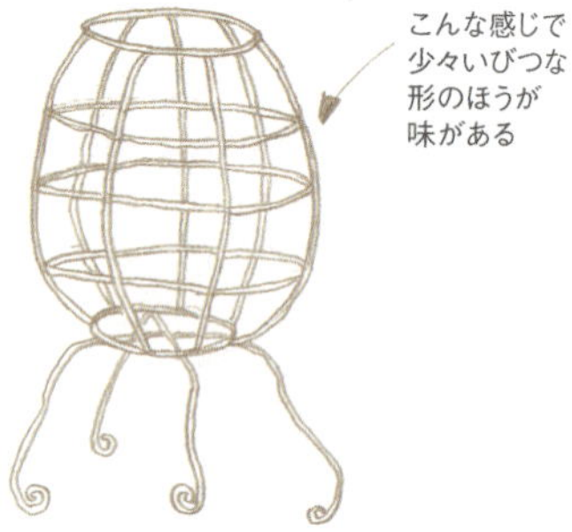
こんな感じで
少々いびつな
形のほうが
味がある

図10 和紙を張る

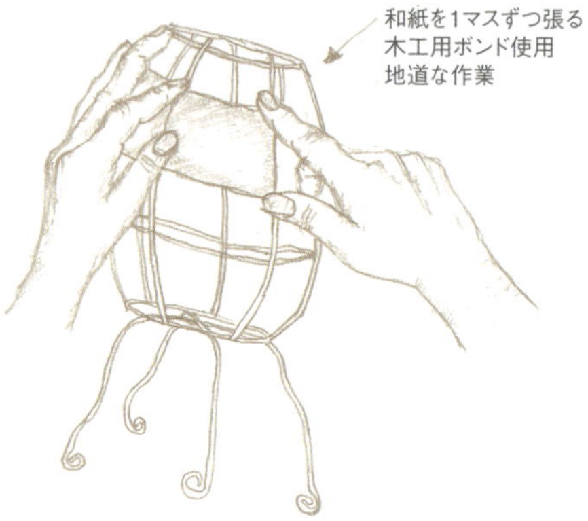
和紙を1マスずつ張る
木工用ボンド使用
地道な作業

ゆるい照明器具

図11 電球を入れる

Point

**余った材料で、
いろいろなものを
つくりましょう**

トイレットペーパーホルダー

鉄筋の余りを利用したペーパーホルダーです。図のように曲げて、ビスで取り付けるだけ。荒削りな仕上がりが、僕の家の雰囲気にぴったり合っています。

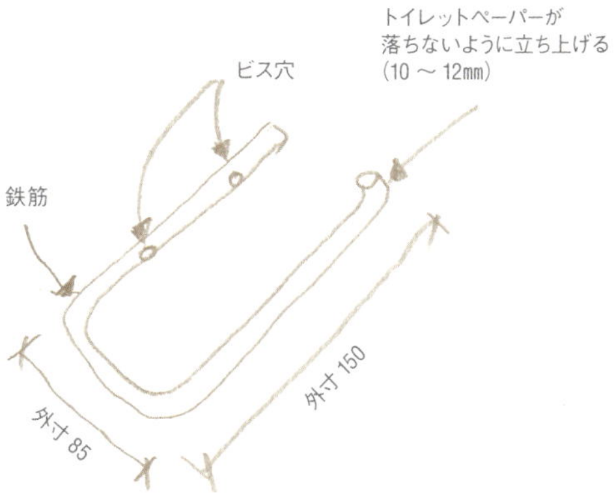

トイレットペーパーホルダー

●焼き杉／初期の着火性が低いという焼き杉の性質を生かして耐火性を持たせ、風雨などに対する耐久性も高める。●眼鏡板／煙突の、天井・壁に貫通した部分に取り付ける化粧板。●フラッシング／煙突の部材の1つで、屋根と煙突の取り合い部分に取り付け、漏水などを防ぐ。●メタルラス／金属製の塗り壁下地材。薄い銅板に切れ目を入れて、引き伸して網状にしたもの。

53 建物登記

工事が完了したら、完了検査（要領は中間検査86ページと同じ）をします。さらに１カ月以内に建物の登記を申請しなければなりません。土地家屋調査士に頼むと７〜10万円くらいの費用がかかるので、これも自分でやることにします。複雑そうで気が重かったのですが、実際にやってみると、結構簡単な作業でした。とりあえず近くの法務局に行き「建物の登記をしたい」と言い、係の人から必要書類をもらい説明を受けます。

正式な名前は「建物表題登記」といい、新たに登記簿を開設するための登記ということになります。必要な書類は以下のものです。

❶登記申請書

法務局に行ったときに渡される書類です。住所などを記入するだけです。

❷建物図面・各階平面図

B4判・横書きで、建物図面は1/500、各階平面図は1/250で載せます。用紙は強靭な製図用紙かトレシングペーパーがいいでしょう。

CADを使えれば便利なのはいうまでもありません。図面サンプルをもらえるので、それを元に作成します。

❸所有権証明書

以下の証明書のうち、いずれか2点以上を提出します。

建築確認書

確認済証、検査済証

工事完了引渡証明書

　　代表者事項証明書、印鑑証明書

所有権証明書

　　所有権について知っている成人2名によるもので、その人の印鑑証明も必要

僕は「建築確認書」と「検査済証」で大丈夫だと思っ

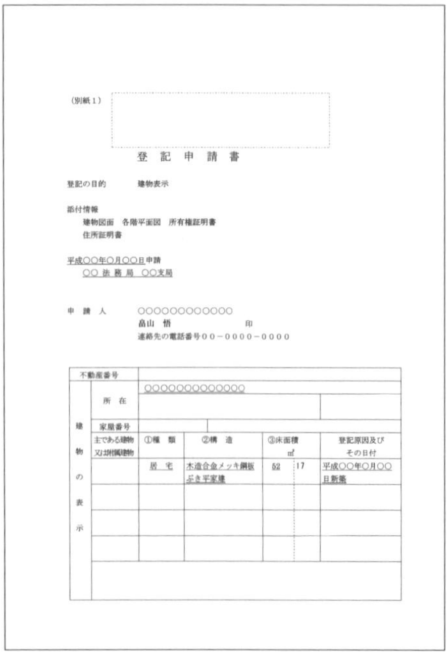

（別紙１）

登　記　申　請　書

登記の目的　　建物表示

添付情報
　建物図面　各階平面図　所有権証明書
　住所証明書

平成○○年○月○○日申請
　○○ 法 務 局　○○支局

申　請　人　　○○○○○○○○○○○○
　　　　　　　畠山　悟　　　　　　印
　　　　　　　連絡先の電話番号００−００００−００００

不動産番号					
建物の表示 所在	○○○○○○○○○○○○○○				
家屋番号					
主である建物又は附属建物	①種類	②構造	③床面積 ㎡		登記原因及びその日付
	居宅	木造合金メッキ鋼板ぶき平家建	52	17	平成○○年○月○○日新築

登記申請書

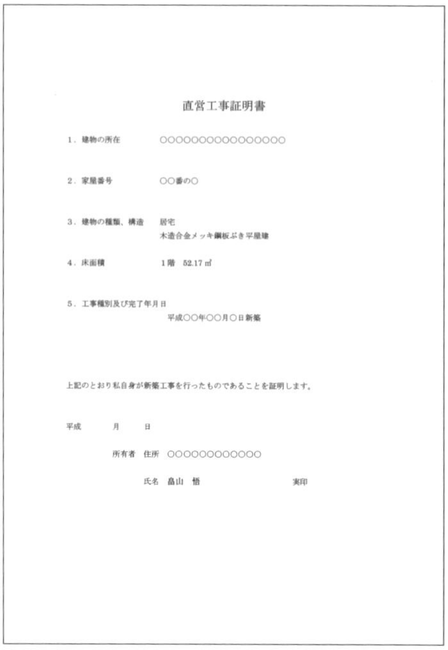

直営工事証明書

1．建物の所在　　○○○○○○○○○○○○○○○○

2．家屋番号　　○○番の○

3．建物の種類、構造　　居宅
　　木造合金メッキ鋼板ぶき平屋建

4．床面積　　1階　52.17㎡

5．工事種別及び完了年月日
　　平成○○年○○月○日新築

上記のとおり私自身が新築工事を行ったものであることを証明します。

平成　　月　　日

所有者　住所　○○○○○○○○○○○○

氏名　畠山　悟　　　　実印

直営工事証明書

工事を終え完了検査が済んだら、1カ月以内に建物を登記します。これで法律的にも僕の家が完成したことになります。

ていましたが、法務局には「工事完了引渡証明書」も必要だといわれました。法務支局によって、必要書類は異なるようです。

僕の場合は、「工事完了引渡証明書」を「直営工事証明書」（自分でつくった家を自分で証明する、という不思議な書類）という表題に書き直し、印鑑証明書を添付しました。

❹住所証明書

所有者の住民票です。

やってみると、市役所に住民票と印鑑証明を取りに行き、書類を作成するだけ。すべて半日ですみます。これで7～10万円はすごい金額です。これなら自分でやったほうがいいと思います。

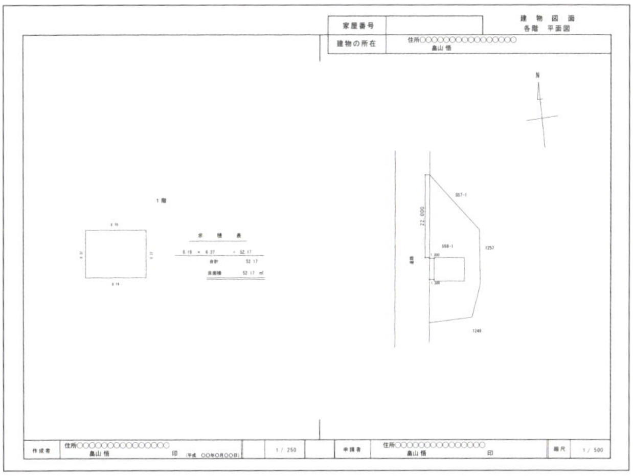

建物図面

サトルのひとりごと

訂正印ばかりの書類

書類ができあがり、法務局に行きます。書類を担当の方にチェックしてもらいましたが、やはり訂正箇所がありました。「所在」には、それまで住んでいたところの住所を書いていましたが、どうやら「所在」と「住所」の概念は違うようです。僕はずっと混同していました。すべての「所在」を訂正するために、その場で次々に訂正印を押します。

至るところに訂正印が押された書類はなんとも気に入らず、ため息が出ます。やれやれ、まだまだ知らないことばかりです。法務局に行くときには、必ず実印（これが訂正印です）を持っていきましょう。

その後、法務局の方が僕の家に来て、実際に家が存在するのか、申請通りになっているのか、を確認します。滞在時間は15分程度。玄関もない家なので、住みかに見えないのかもしれません。僕の親は初めて家に来たときに、牛小屋と間違えて通り過ぎてしまい、なかなか家にたどりつけませんでした。しかも「遠まわりした」とお門違いに怒られて、すっかり困惑した記憶があります。

申請後に連絡があり、登記完了証を受け取りに行きましたが、そのときも訂正印を押す事態に。訂正印だらけの書類を見ていると、青春の吹き出物を思い出します。登記完了証をもらって、僕の家づくりはめでたく終了しました。

54 これからも続く家づくり

図1 太鼓張りの布障子

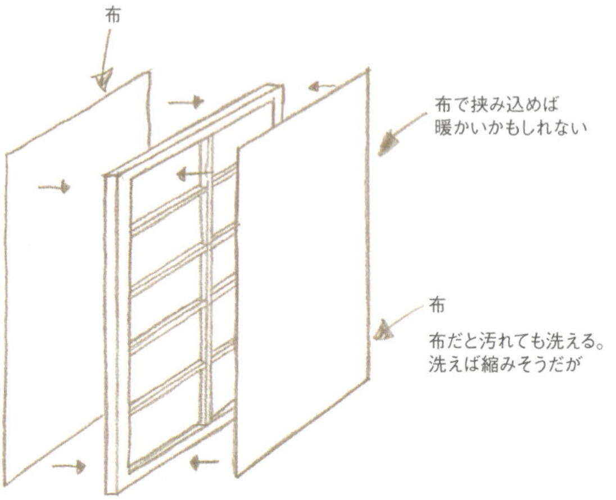
布
布で挟み込めば
暖かいかもしれない
布
布だと汚れても洗える。
洗えば縮みそうだが

大きな開口部は、雨戸と障子の組み合わせ。現在、冬になると障子、夏になると網戸に張り替えている

家づくりはこれでひと段落。それなりの生活が始まり、僕らの毎日は落ち着いてきます。しかし、しばらくすると、家に手を加えたくなります。こうすればもっとよくなると思って、少しだけ作業して、ほんとうに必要なものが加わっていきます。最初からつくり込んだら、こうはいきません。住んでいくなかで状況に合わせ、そのときどきにつくればいいのです。

完成するけど完成しない。家はそれでいいと思います。そこに住んでいる人と同じように変化していくのが、僕の家です。

僕がこれから手を加えていこうと考えていることを紹介します。これもいっぺんにやってしまうのではなく、ほんの少しずつ、少しずつよくしていこうと思っています。

障子を布で太鼓張りにしたい

今は障子紙を年1回張り替えていますが、これを紙から布に変えようと思っています。そして建具を両側から挟む太鼓張りにして空気層をつくります。わずかでも断熱効果が上がるので、薪ストーブで薪を燃やす量も減らせると思います（図1）。

完成したものの、住み始めてみると、不都合なところや直したいところが出てきます。
これからも手を加えて楽しみながら住むのが僕の家です。

図2 自家製太陽熱温水装置

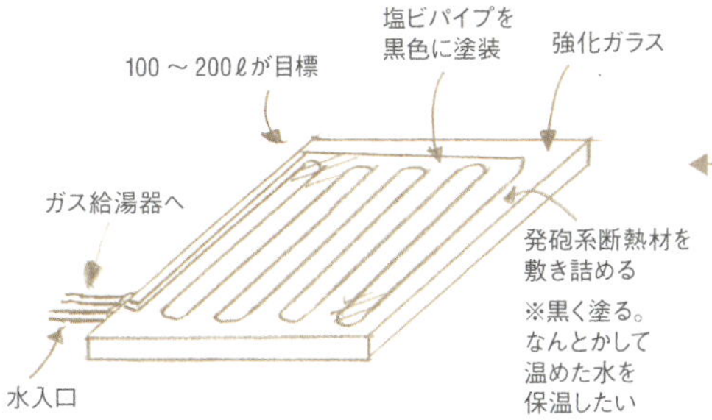

図3 屋上緑化

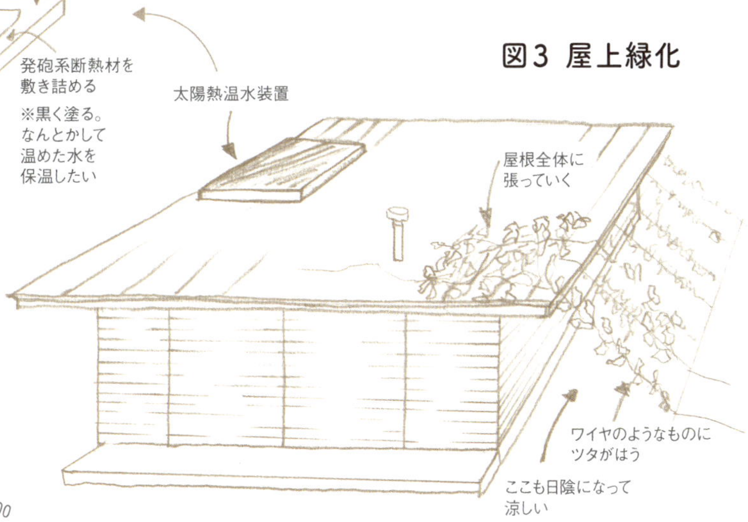

図4 薪小屋

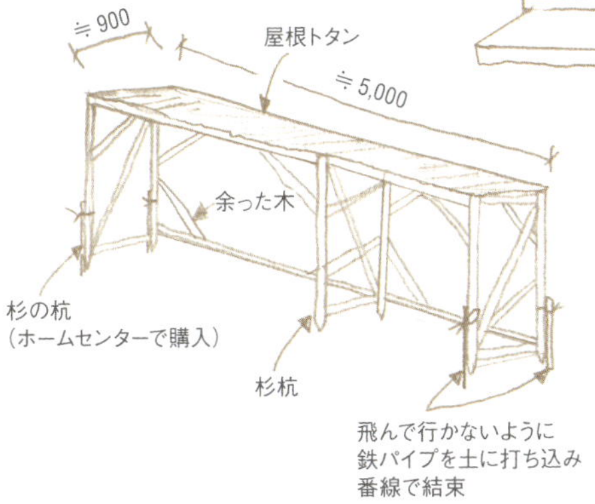

太陽熱温水装置をつくりたい

太陽熱で温水をつくって使います。家で使うすべてのお湯を太陽熱の温水で賄うには、それなりの投資や工事が必要ですが、まずはシンプルに。ガス給湯器に少しでも温かな水を流せば、給湯器の負荷は下がり、ガスの消費量は減ります。是非、挑戦したいのです（図2）。

屋根緑化をしたい

僕の家のまわりのツタの繁殖力はすさまじいものがあります。これを利用して、屋根までツタを這わせたら夏の日差しを遮ることができます。冬は自然に葉が枯れるので、冬の日差しも確保できます。屋根に土を載せる本格的な方法よりも簡単にできないかと考え中です（図3）。

薪小屋をつくりたい

薪ストーブの薪をストックする小屋です。半日くらいでできる簡単なものを計画しています。これも相当ゆるい工作になるでしょう（図4）。

サトルの
ひとりごと

なんだかなつかしい、この思い

不安と苦しみのなかででき上がった僕の家。前に立つと、身体のなかからなにかがこみ上げてきます。家を建てた僕にしかわからない、この思い。ずっしりとした疲れと、ほんの少しの喜び。これまでの何事もなかったようなけだるい生活のなかに、小さな小さな光が見えたような気がします。なんだか、なつかしく感じてしまいました。

サトルの
ひとりごと

住んでみると広い！

でき上がって実際に住み始めると、思いがけない発見があります。僕が建てたのは、15坪の小さな家。わずか畳30畳の家ですが、暮らし始めると、結構大きく感じるのです。自分でつくったので自画自賛的なところはあるでしょうが、十分すぎる広さです。僕の身の丈の大きさです。小さいので、掃除もすぐ済みます。小さいので、薪ストーブですぐ暖まります。小さい家のメリットはたくさんあります。

付録

確認申請提出書類

注：本項中の図面は原寸表示ではないため、表記されている縮尺は正確ではありません。

第二号様式（第一条の三、第二条、第三条、第三条の三関係）

正	副	消

確認申請書（建築物）

（第一面）

建築基準法第６条第１項又は第６条の２第１項の規定による確認を申請します。この申請書及び添付図書に記載の事項は、事実に相違ありません。

○○○○○○○○○○○○
○○○○　　　　　様

平成　　年　　月　　日

申請者氏名　**畠山悟**　　印

設計者氏名　**畠山悟**　　印

※手数料欄			
※受付欄	※消防関係同意欄	※決裁欄	※確認番号欄
平成　年　月　日			平成　年　月　日
第　　号			第　　号
係員印			係員印

（第二面）

建築主等の概要

【1. 建築主】
【イ. 氏名のﾌﾘｶﾞﾅ】ﾊﾀｹﾔﾏ　ｻﾄﾙ
【ロ. 氏名】　　　　**畠山　悟**
【ハ. 郵便番号】000-0000
【ニ. 住所】　　〇〇〇〇〇〇〇〇〇〇〇〇〇〇〇
【ホ. 電話番号】0000-00-0000

【2. 代理者】
【イ. 資格】　　　　　　（　　）建築士　　（　　　　　）登録第　　　　号
【ロ. 氏名】
【ハ. 建築士事務所名】（　　）建築士事務所（　　　）知事登録第　　　　号

【ニ. 郵便番号】
【ホ. 所在地】
【ヘ. 電話番号】

【3. 設計者】
（代表となる設計者）
【イ. 資格】　　　　　　（　　）建築士　　（　　　　　）登録第　　　　号
【ロ. 氏名】　　　　**畠山　悟**
【ハ. 建築士事務所名】（　　）建築士事務所（　　　）知事登録第　　　　号

【ニ. 郵便番号】000-0000
【ホ. 所在地】　〇〇〇〇〇〇〇〇〇〇〇〇〇〇〇
【ヘ. 電話番号】0000-00-0000
【ト. 作成又は確認した設計図書】　**申請書に添付する設計図書一式**

（その他の設計者）
【イ. 資格】　　　　　　（　　）建築士　　（　　　　　）登録第　　　　号
【ロ. 氏名】
【ハ. 建築士事務所名】（　　）建築士事務所（　　　）知事登録第　　　　号

【ニ. 郵便番号】
【ホ. 所在地】
【ヘ. 電話番号】
【ト. 作成又は確認した設計図書】

【イ. 資格】　　　　　　（　　）建築士　　（　　　　　）登録第　　　　号
【ロ. 氏名】
【ハ. 建築士事務所名】（　　）建築士事務所（　　　）知事登録第　　　　号

【ニ. 郵便番号】
【ホ. 所在地】
【ヘ. 電話番号】
【ト. 作成又は確認した設計図書】

【イ. 資格】　　　　　　（　　）建築士　　（　　　　　）登録第　　　　号
【ロ. 氏名】
【ハ. 建築士事務所名】（　　）建築士事務所（　　　）知事登録第　　　　号

【ニ. 郵便番号】
【ホ. 所在地】
【ヘ. 電話番号】
【ト. 作成又は確認した設計図書】

（構造設計一級建築士又は設備設計一級建築士である旨の表示をした者）
上記の設計者のうち、
□建築士法第20条の２第１項の表示をした者
【イ.氏名】
【ロ.資格】構造設計一級建築士交付第　　　　　号
□建築士法第20条の２第３項の表示をした者
【イ.氏名】
【ロ.資格】構造設計一級建築士交付第　　　　　号
□建築士法第20条の３第１項の表示をした者
【イ.氏名】
【ロ.資格】設備設計一級建築士交付第　　　　　号
【イ.氏名】
【ロ.資格】設備設計一級建築士交付第　　　　　号
【イ.氏名】
【ロ.資格】設備設計一級建築士交付第　　　　　号
□建築士法第20条の３第３項の表示をした者
【イ.氏名】
【ロ.資格】設備設計一級建築士交付第　　　　　号
【イ.氏名】
【ロ.資格】設備設計一級建築士交付第　　　　　号
【イ.氏名】
【ロ.資格】設備設計一級建築士交付第　　　　　号

【4.建築設備の設計に関し意見を聴いた者】
（代表となる建築設備の設計に関し意見を聴いた者）
【イ.氏名】
【ロ.勤務先】
【ハ.郵便番号】
【ニ.所在地】
【ホ.電話番号】
【ヘ.登録番号】
【ト.意見を聴いた設計図書】

（その他の建築設備の設計に関し意見を聴いた者）
【イ.氏名】
【ロ.勤務先】
【ハ.郵便番号】
【ニ.所在地】
【ホ.電話番号】
【ヘ.登録番号】
【ト.意見を聴いた設計図書】

【イ.氏名】
【ロ.勤務先】
【ハ.郵便番号】
【ニ.所在地】
【ホ.電話番号】
【ヘ.登録番号】
【ト.意見を聴いた設計図書】

【5. 工事監理者】
（代表となる工事監理者）
【イ. 資格】　　　　　　（　　　）建築士　　　（　　　　　　）登録第　　　　　号
【ロ. 氏名】　　**畠山　悟**
【ハ. 建築士事務所名】（　　　）建築士事務所（　　　　）知事登録第　　　　　号

【ニ. 郵便番号】000-0000
【ホ. 所在地】　〇〇〇〇〇〇〇〇〇〇〇〇〇〇〇
【へ. 電話番号】0000-00-0000
【ト. 作成又は確認した設計図書】　**申請書に添付する設計図書一式**

（その他の工事監理者）
【イ. 資格】　　　　　　（　　　）建築士　　　（　　　　　　）登録第　　　　　号
【ロ. 氏名】
【ハ. 建築士事務所名】（　　　）建築士事務所（　　　　）知事登録第　　　　　号

【ニ. 郵便番号】
【ホ. 所在地】
【へ. 電話番号】
【ト. 工事と照合する設計図書】

【イ. 資格】　　　　　　（　　　）建築士　　　（　　　　　　）登録第　　　　　号
【ロ. 氏名】
【ハ. 建築士事務所名】（　　　）建築士事務所（　　　　）知事登録第　　　　　号

【ニ. 郵便番号】
【ホ. 所在地】
【へ. 電話番号】
【ト. 工事と照合する設計図書】

【イ. 資格】　　　　　　（　　　）建築士　　　（　　　　　　）登録第　　　　　号
【ロ. 氏名】
【ハ. 建築士事務所名】（　　　）建築士事務所（　　　　）知事登録第　　　　　号

【ニ. 郵便番号】
【ホ. 所在地】
【へ. 電話番号】
【ト. 工事と照合する設計図書】

【6. 工事施工者】
【イ. 氏名】　**畠山　悟**
【ロ. 営業所名】　建設業の許可（　　　　　　）第　　　　　号

【ハ. 郵便番号】000-0000
【ニ. 所在地】　〇〇〇〇〇〇〇〇〇〇〇〇〇〇〇
【ホ. 電話番号】0000-00-0000

【7. 備考】　　　**自己施工**
（建築物の名称又は工事名）
【名称ﾌﾘｶﾞﾅ】ﾊﾀｹﾔﾏﾃｲｼﾝﾁｸｺｳｼﾞ
【名称】　　　**畠山邸新築工事**

（第三面）

建築物及びその敷地に関する事項

【1. 地名地番】　〇〇〇〇〇〇〇〇〇〇〇〇〇〇〇〇

【2. 住居表示】　〇〇〇〇〇〇〇〇〇〇〇〇〇〇〇〇

【3. 都市計画区域及び準都市計画区域の内外の別等】
■都市計画区域内（□市街化区域　□市街化調整区域　■区域区分非設定）
□準都市計画区域内　□都市計画区域及び準都市計画区域外

【4. 防火地域】　□防火地域　□準防火地域　■指定なし

【5. その他の区域、地域、地区又は街区】

【6. 道路】
【イ. 幅員】　10.0100　m
【ロ. 敷地と接している部分の長さ】　8.000　m

【7. 敷地面積】
【イ. 敷地面積】　(1)（　389.18）（　）（　）（　）㎡
(2)（　）（　）（　）（　）㎡
【ロ. 用途地域等】　（**地域指定なし**）（　）（　）（　）
【ハ. 建築基準法第52条第１項及び第２項の規定による建築物の容積率】
（　200.00　）（　）（　）（　）%
【ニ. 建築基準法第53条第１項の規定による建築物の建ぺい率】
（　60.00　）（　）（　）（　）%
【ホ. 敷地面積の合計】　(1)　389.18　㎡
(2)　㎡
【ヘ. 敷地に建築可能な延べ面積を敷地面積で除した数値】　200.00　%
【ト. 敷地に建築可能な建築面積を敷地面積で除した数値】　60.00　%
【チ. 備考】

【8. 主要用途】（区分　08010）**一戸建ての住宅**

【9. 工事種別】
■新築　□増築　□改築　□移転　□用途変更　□大規模の修繕　□大規模の模様替

【10. 建築面積】　（申請部分　）（申請以外の部分）（合計　）
【イ. 建築面積】　（　52.17　㎡）（　㎡）（　52.17　㎡）
【ロ. 建ぺい率】　13.41%

【11. 延べ面積】　（申請部分　）（申請以外の部分）（合計　）
【イ. 建築物全体】　（　52.17　㎡）（　㎡）（　52.17　㎡）
【ロ. 地階の住宅の部分】　（　㎡）（　㎡）（　㎡）
【ハ. 共同住宅の共用の廊下等の部分】
（　㎡）（　㎡）（　㎡）
【ニ. 自動車車庫等の部分】（　㎡）（　㎡）（　㎡）
【ホ. 備蓄倉庫の部分】　（　㎡）（　㎡）（　㎡）
【ヘ. 蓄電池の設置部分】　（　㎡）（　㎡）（　㎡）
【ト. 自家発電設備の設置部分】
（　㎡）（　㎡）（　㎡）
【チ. 貯水槽の設置部分】　（　㎡）（　㎡）（　㎡）
【リ. 住宅の部分】　（　52.17　㎡）（　㎡）（　52.17　㎡）
【ヌ. 延べ面積】　52.17　㎡
【ル. 容積率】　13.41　%

【12. 建築物の数】
　【イ. 申請に係る建築物の数】　1
　【ロ. 同一敷地内の他の建築物の数】

【13. 建築物の高さ等】　（申請に係る建築物）（他の建築物　）
　【イ. 最高の高さ】　（　3.044 m）（　m）
　【ロ. 階数】　地上（　1）（　）
　　　　　　　地下（　）（　）
　【ハ. 構造】　**木造**　造　一部　造
　【ニ. 建築基準法第56条第７項の規定による特例の適用の有無】　□有　■無
　【ホ. 適用があるときは、特例の区分】
　　□道路高さ制限不適用　□隣地高さ制限不適用　□北側高さ制限不適用

【14. 許可・認定等】

【15. 工事着手予定年月日】　平成 〇〇年〇〇月〇〇日

【16. 工事完了予定年月日】　平成 〇〇年〇〇月〇〇日

【17. 特定工程工事終了予定年月日】　（特定工程）
　（第 1 回）　平成〇〇年〇〇月〇〇日　（ **小屋組金物取付完了時** ）
　（第　回）　平成　年　月　日　（　）
　（第　回）　平成　年　月　日　（　）

【18. その他必要な事項】

【19. 備考】

（第四面）

建築物別概要

【1. 番号】　1

【2. 用途】　（区分 08010 ）一戸建て住宅
（区分　　　）
（区分　　　）
（区分　　　）
（区分　　　）

【3. 工事種別】
■新築　□増築　□改築　□移転　□用途変更　□大規模の修繕　□大規模の模様替

【4. 構造】　木造　一部　造

【5. 耐火建築物】　その他

【6. 階数】
【イ. 地階を除く階数】　1階
【ロ. 地階の階数】
【ハ. 昇降機塔等の階の数】
【ニ. 地階の倉庫等の階の数】

【7. 高さ】
【イ. 最高の高さ】　3.044m
【ロ. 最高の軒の高さ】　2.956m

【8. 建築設備の種類】 電気・ガス・給排水・換気・し尿浄化槽

【9. 確認の特例】
【イ. 建築基準法第6条の3第1項の規定による確認の特例の適用の有無】□有　■無
【ロ. 適用があるときは、建築基準法施行令第10条各号に掲げる建築物の区分】
第　号
【ハ. 建築基準法施行令第10条第1号又は第2号に掲げる建築物に該当するときは、当該認定型式の認定番号】　第　号
【ニ. 建築基準法第68条の20第1項に掲げる認定型式部材等に該当するときは、当該認証番号】

【10. 床面積】

		（申請部分　）	（申請以外の部分）	（合計　）
【イ. 階別】	（F1階）	（52.17 ㎡）	（　㎡）	（52.17 ㎡）
	（　階）	（　㎡）	（　㎡）	（　㎡）
	（　階）	（　㎡）	（　㎡）	（　㎡）
	（　階）	（　㎡）	（　㎡）	（　㎡）
	（　階）	（　㎡）	（　㎡）	（　㎡）
	（　階）	（　㎡）	（　㎡）	（　㎡）
【ロ. 合計】		（52.17 ㎡）	（　㎡）	（52.17 ㎡）

【11. 屋根】　ｶﾞﾙﾊﾞﾘｭｳﾑ鋼板　厚0.4　瓦棒葺

【12. 外壁】　胴縁　板張り　厚　10

【13. 軒裏】　シナベニヤ　厚　6

【14. 居室の床の高さ】　300（土間ｺﾝｸﾘｰﾄ下地）

【15. 便所の種類】　水洗（浄化槽）

【16. その他必要な事項】住宅用防火機器

【17. 備考】

（第五面）

建築物の階別概要

【1. 番号】 1

【2. 階】 F1

【3. 柱の小径】 105㎜

【4. 横架材間の垂直距離】 2381㎜

【5. 階の高さ】

【6. 居室の天井の高さ】 2100㎜

【7. 用途別床面積】

	（用途の区分）	（具体的な用途の名称）	（床面積）
【イ.】	（ 08010 ）	（一戸建ての住宅）	（ 52.17 ㎡）
【ロ.】	（ ）	（ ）	（ ㎡）
【ハ.】	（ ）	（ ）	（ ㎡）
【ニ.】	（ ）	（ ）	（ ㎡）
【ホ.】	（ ）	（ ）	（ ㎡）
【ヘ.】	（ ）	（ ）	（ ㎡）

【8. その他必要な事項】

【9. 備考】

（第五面）

建築物の階別概要

【1. 番号】

【2. 階】

【3. 柱の小径】

【4. 横架材間の垂直距離】

【5. 階の高さ】

【6. 居室の天井の高さ】

【7. 用途別床面積】

	（用途の区分）	（具体的な用途の名称）	（床面積）
【イ.】	（ ）	（ ）	（ ㎡）
【ロ.】	（ ）	（ ）	（ ㎡）
【ハ.】	（ ）	（ ）	（ ㎡）
【ニ.】	（ ）	（ ）	（ ㎡）
【ホ.】	（ ）	（ ）	（ ㎡）
【ヘ.】	（ ）	（ ）	（ ㎡）

【8. その他必要な事項】

【9. 備考】

計　画　概　要

工事名称	畠山邸　　新築工事
建築主	畠山　悟
建築位置	○○○○○○○○○○○○○○○○○○

面積表	敷地面積	389.18㎡
	建築面積	52.17㎡
	1階床面積	52.17㎡
	延床面積	52.17㎡

地域地区	用途地域なし		防火指定なし
	建ペイ率	60 %	13.41% < 60 %
	容積率	200%	13.41% < 200 %
構造	木造		
高さ	最高高さ	3044	
	最高軒高さ	2956	

設　備　概　要

給水	給水本管より
給温水	ガス給湯器より
排水	合併浄化槽　側溝排水
ガス	厨房用・給湯用としてプロパンガス
住宅用防災機器	厨房・居室、煙式感知器を設置
換気	自然換気・第3種機械換気

付近見取り図を添付

印

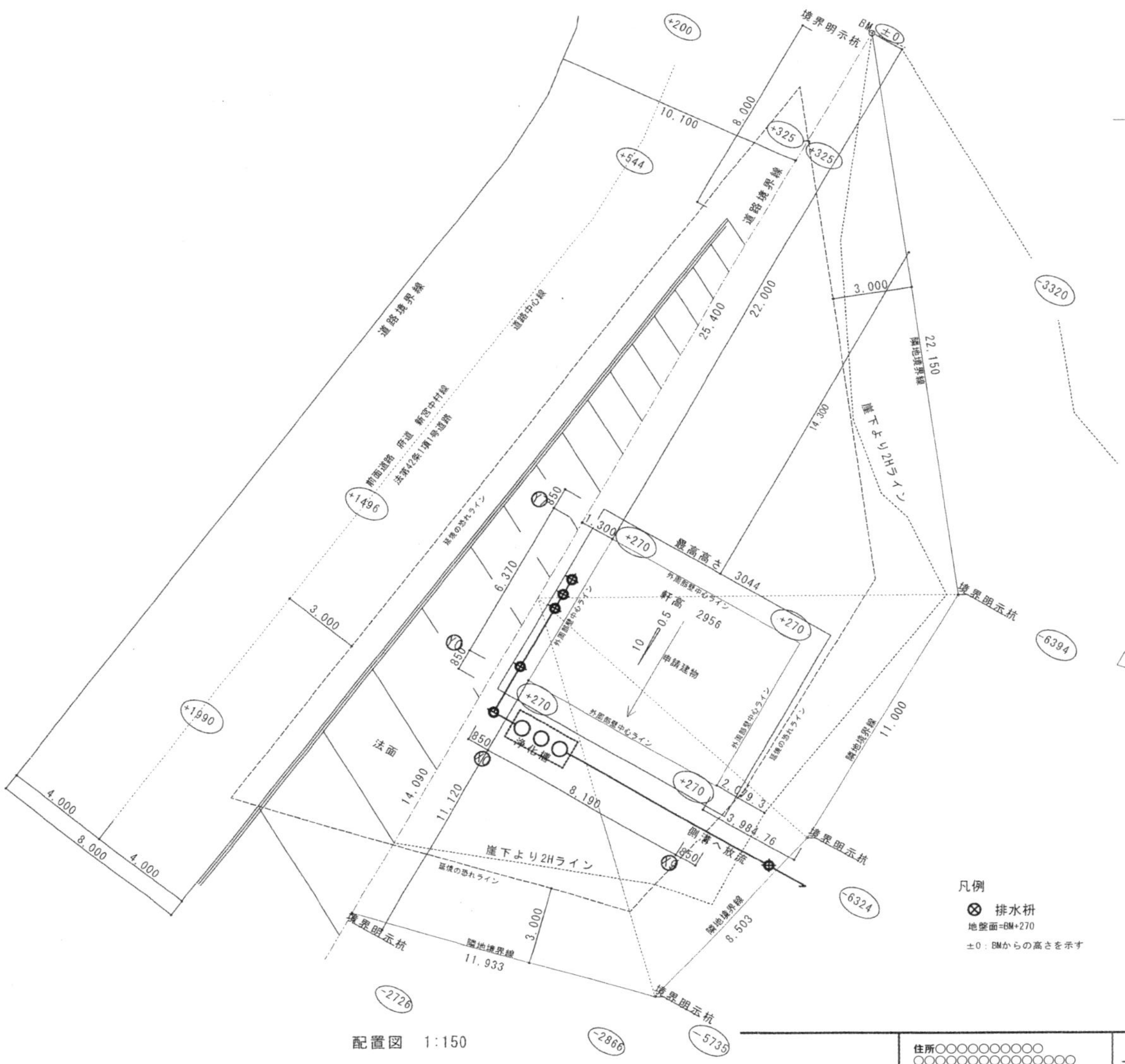

配置図　1:150

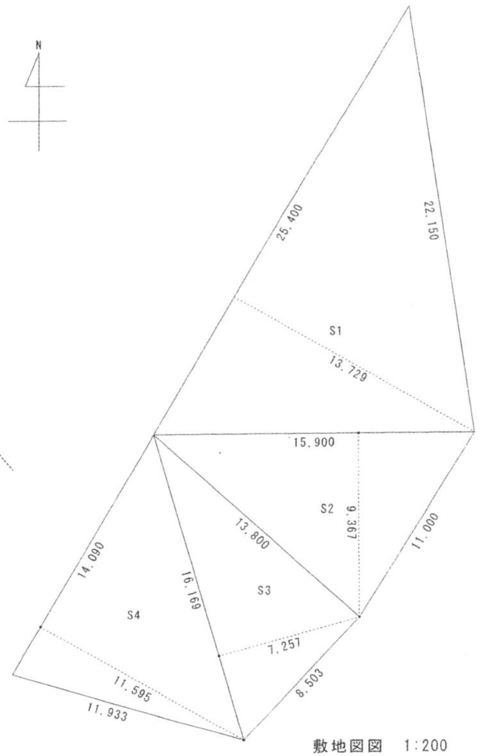

敷地図図　1:200

求　積　表　　　単位（m/㎡）

番　号	底　面	高　さ	面　積
S1	25.400m	13.729m × 0.5	174.358㎡
S2	15.900m	9.367m × 0.5	74.467㎡
S3	16.169m	7.257m × 0.5	58.669㎡
S4	14.090m	11.595m × 0.5	81.686㎡
面積合計			389.18㎡

凡例

⊗ 排水枡

地盤面=BM+270

±0：BMからの高さを示す

住所〇〇〇〇〇〇〇〇〇〇〇 〇〇〇〇〇〇〇〇〇〇〇〇〇〇 畠山　悟　印	畠山邸	新築工事
	面積表　配置図	1：150　1：200

1階床面積求積図　1:100

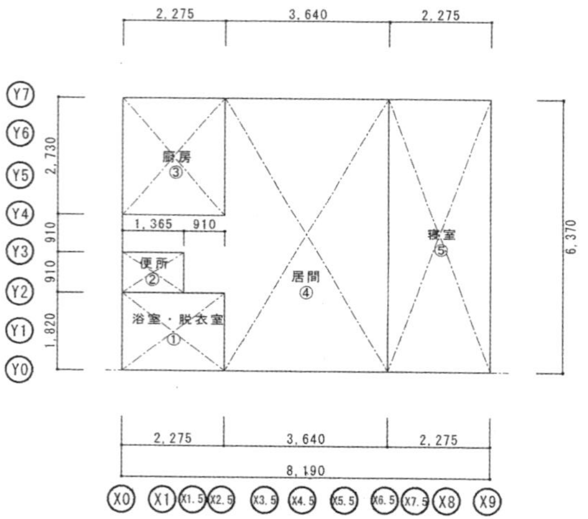

建築面積求積図　1:100

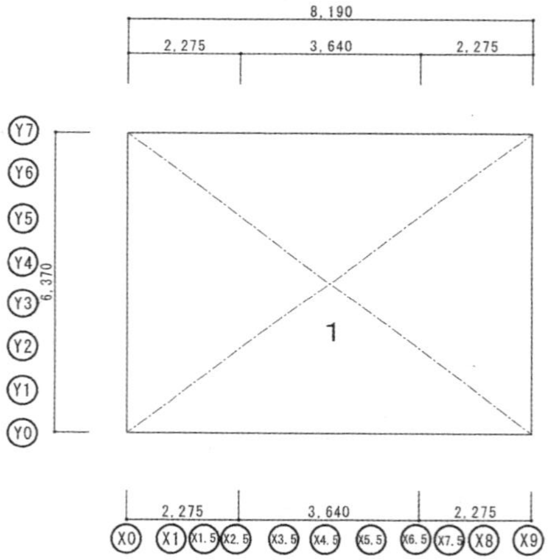

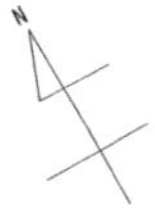

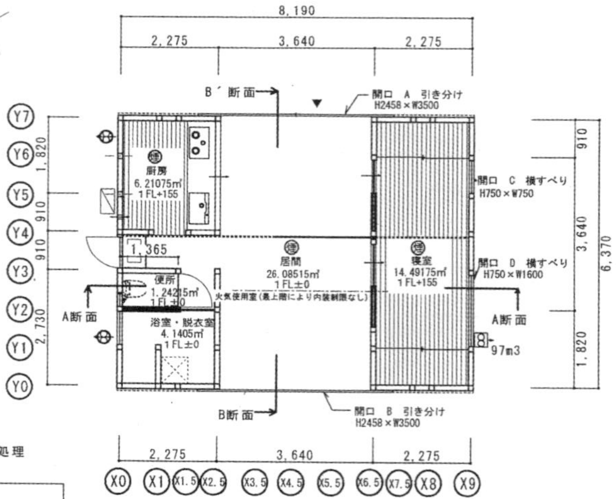

求積算定式　面積表

記号	計算式（横 × 縦 ＝ 面積）	建築基準法に基づく各面積算定
①	2.275＊1.82+＝4.1405	
②	1.365＊0.91＝1.24215	
③	2.275＊2.73=6.21075	
④	3.64＊6.37+2.275＊0.91+0.91＊0.91	床面積　52.17㎡
	=26.08515	①+②+③+④+⑤=52.1703㎡
⑤	2.275＊6.37＝14.49175	容積対象床面積　52.17㎡
		容積率52.17／389.18=13.41%≦200%　OK
		建築面積　6.37×8.19=52.17㎡
		建蔽率　52.17/389.18=13.41%≦60%

■凡例

給気口　㊖住宅用防災機器（煙式感知器）
⑧-換気扇　24時間換気設備　97m3

換気扇
給気口　200角
給湯器
換気経路を示す

■特記

GLより1m以内見え隠れ部分構造材　防腐処理
継ぎ手　仕口は告示1460号による

厨房コンロ　ガスレンジ使用
告示　第1826号　第三による換気計算

フード種類（定数）×LPガス　理論廃ガス量（K）×3口コンロ+魚焼きグリル燃料消費量（Q）=換気量
３０（I型フード）　×　0.93m3/kWh　×　9.73KW　= 271.467m3/h
使用する換気扇有効換気量=420m3/h　420m3/h＞271.467m3/h　OK

住所○○○○○○○○○○○ ○○○○○○○○○○○○○○○○ 畠山　悟　印	畠山邸	新築工事
	面積図　平面図	1：100

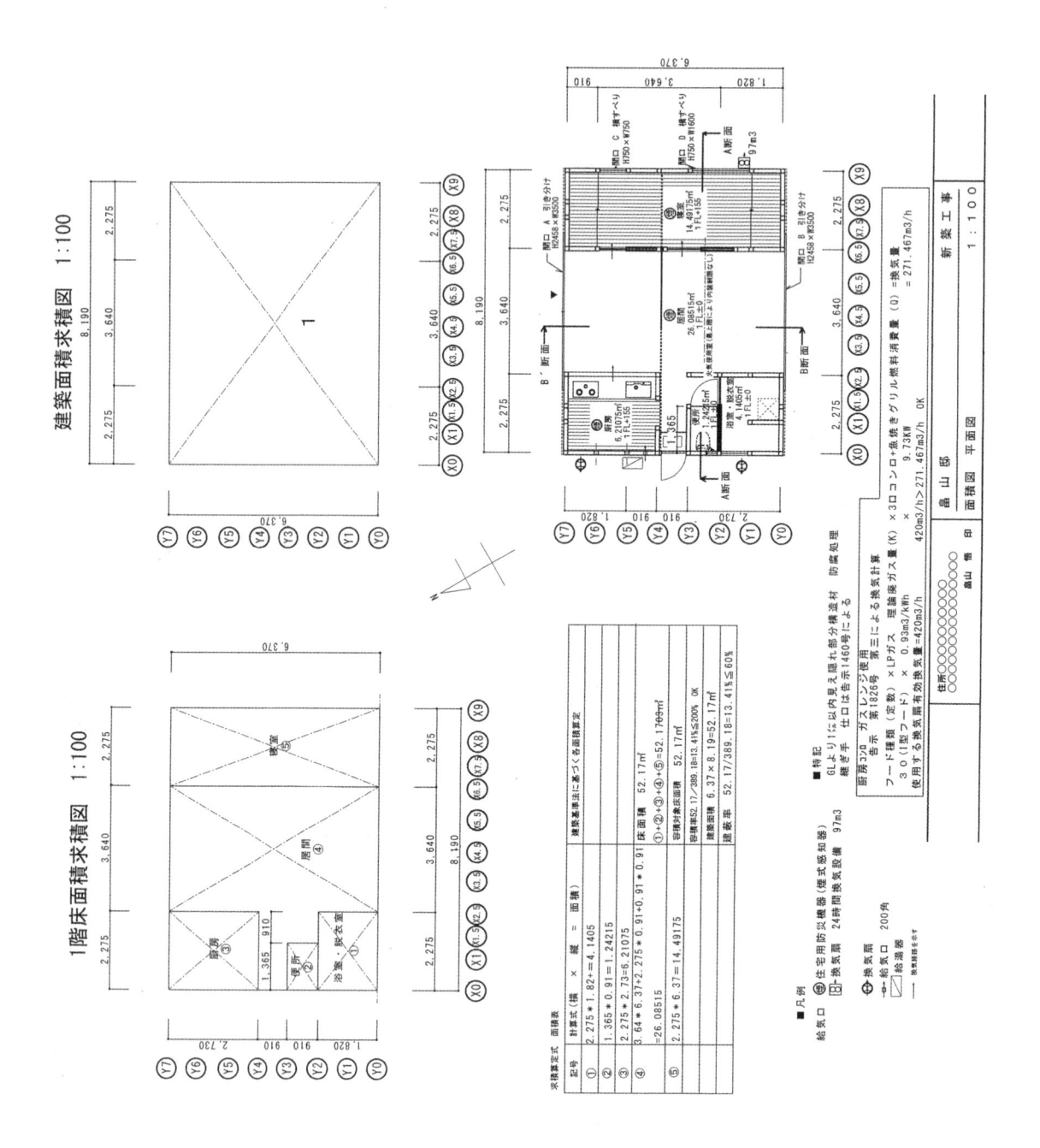

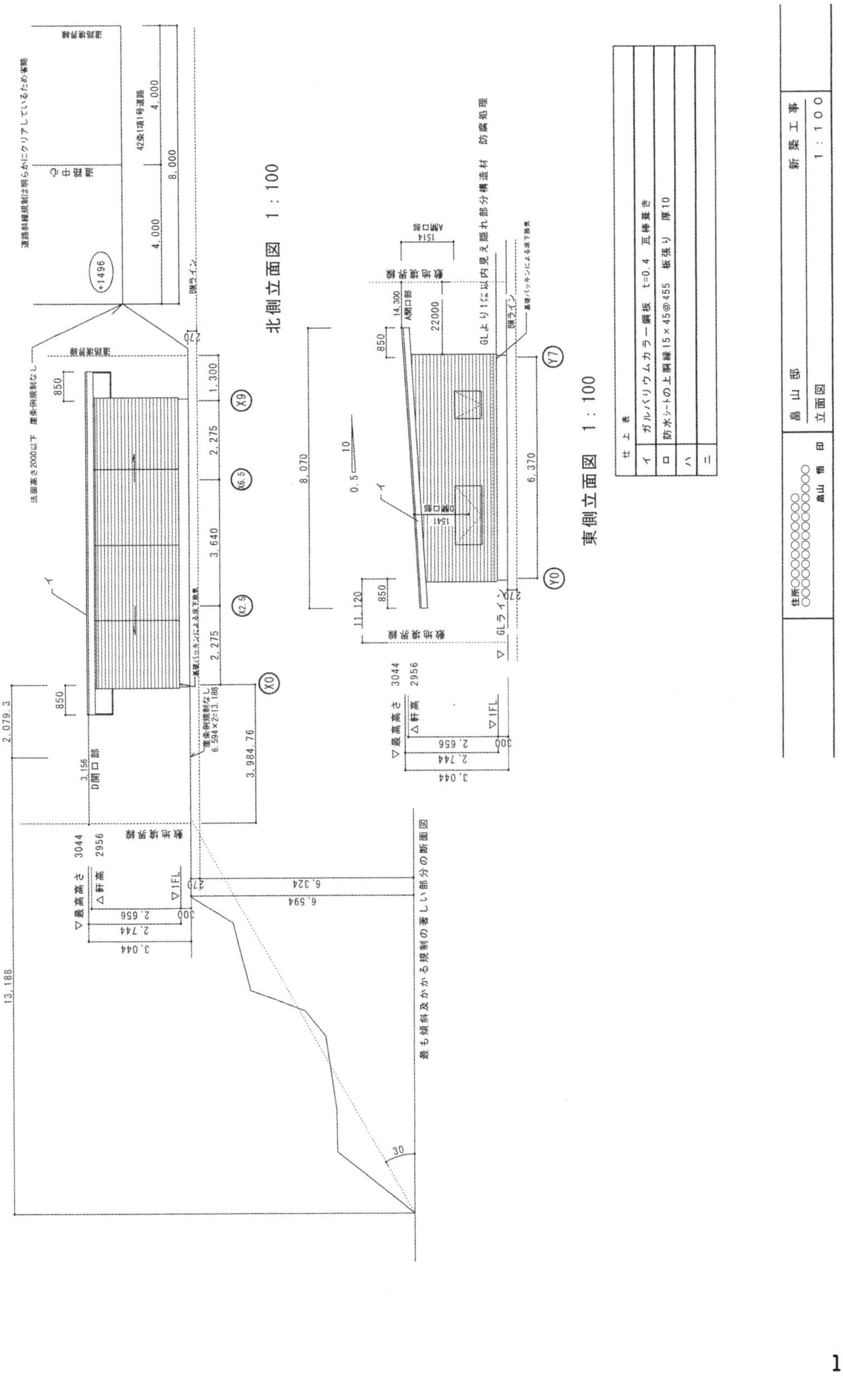
北側立面図 1:100
東側立面図 1:100
最も傾斜及びかかる規制の著しい部分の断面図
GLより1m以内見え隠れ部分構造材 防腐処理
仕上表
イ ガルバリウムカラー鋼板 t=0.4 瓦棒葺き
ロ 防水シートの上胴縁15×45@455 板張り 厚10
ハ
ニ
住所○○○○○○○○○○○○○○○○○○○○○○○○○
畠山 信 印
畠山邸
立面図
新築工事
1:100

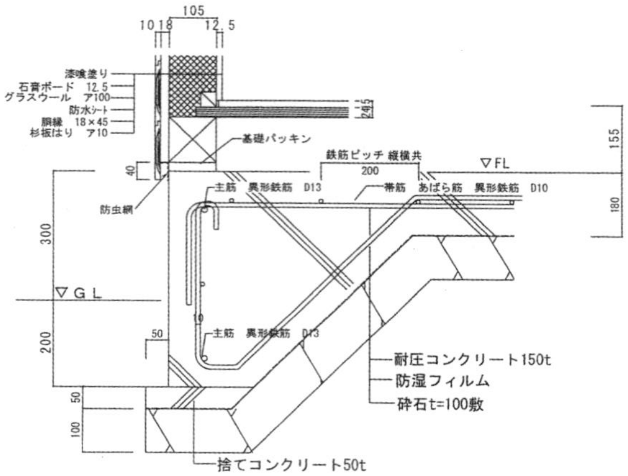

基礎・壁断面図

各室天井平均高　算定表

階数	室名	床面積	気積(m3)	気積/床面積	平均天井高 (m)
1階	居間	26.08515㎡	(2.458+2.140)*6.37/2=14.6446 (見付面積その1) 14.6446*3.64=53.3063m3① (2.321+2.276)*0.91/2=2.0916㎡ (見付面積その2) 2.0916*2.275=4.7584m3② (2.276+2.23)*0.91/2=2.0502㎡ (見付面積その3) 2.0502*0.91=1.8657m3③ ①+②+③=59.9304m3	59.9304/26.08515	2.2975
	厨房	6.21075㎡	2.100*2.73=5.733 (見付面積) 5.733*2.275=13.0425m3	13.0425/6.21075	2.1000
	寝室	14.49175㎡	(2.458−0.155+2.140−0.155) *6.37/2=13.6573㎡(見付面積) 13.6573*2.275=31.0704m3	31.0704/14.49175	2.1440
	浴室・脱衣室	4.1405㎡	(2.230+2.140)*1.82/2=3.9767㎡ (見付面積その１) 3.9767*2.275=9.0470m3	9.0470/4.1405	2.1850
	便所	1.24215㎡	(2.276+2.23)*0.91/2=2.0502㎡ (見付面積) 2.0502*1.365=2.7985m3	2.7985/1.24215	2.2529

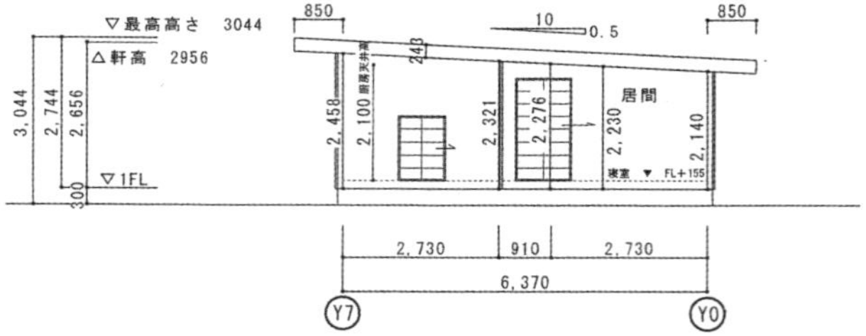

B-B´断面図　1：100

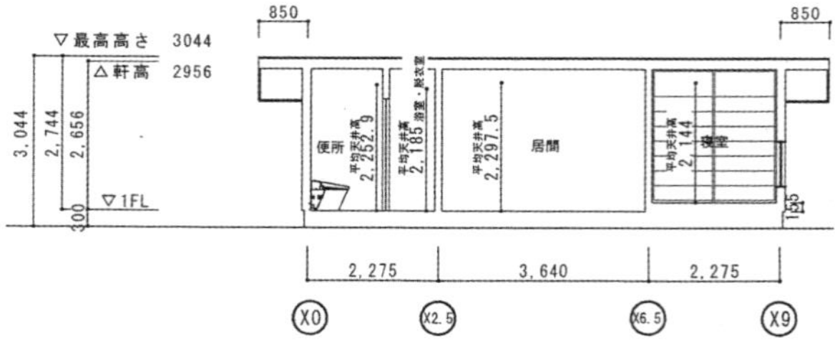

A-A´断面図　1：100

住所○○○○○○○○○○○ ○○○○○○○○○○○○○○○ 畠山　悟　印	畠山邸	新築工事
	断面図　各室算定表	1：100　1：10

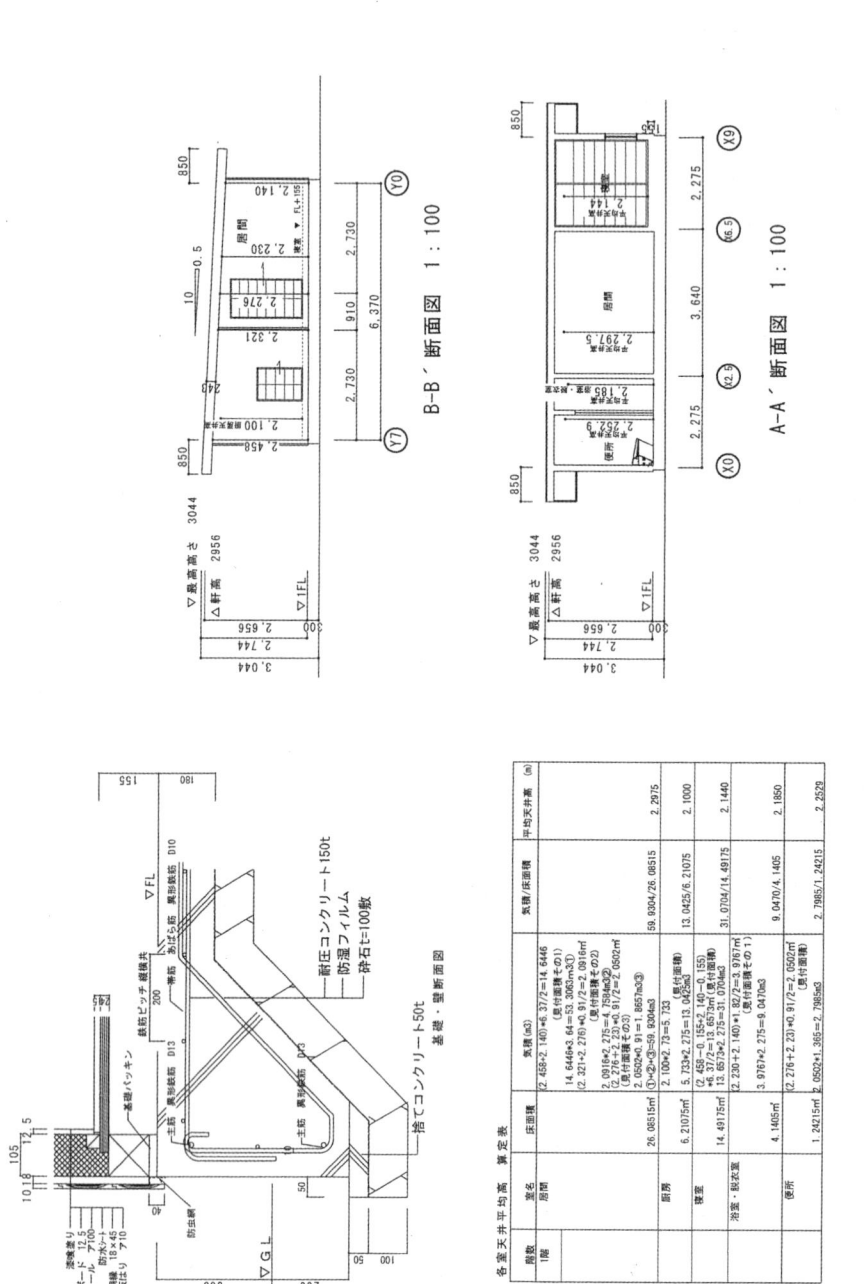

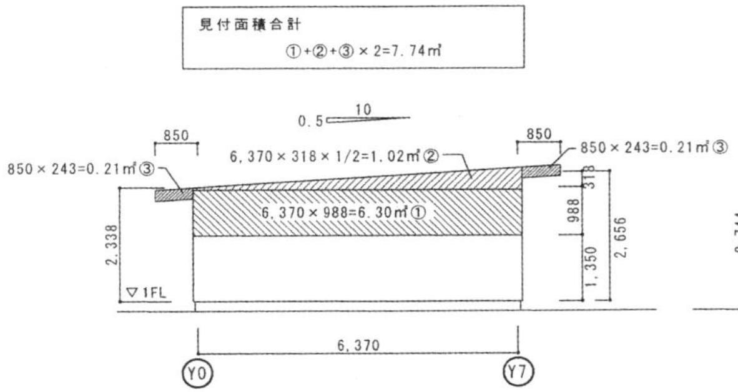

東西方向に対する立面図　1：100

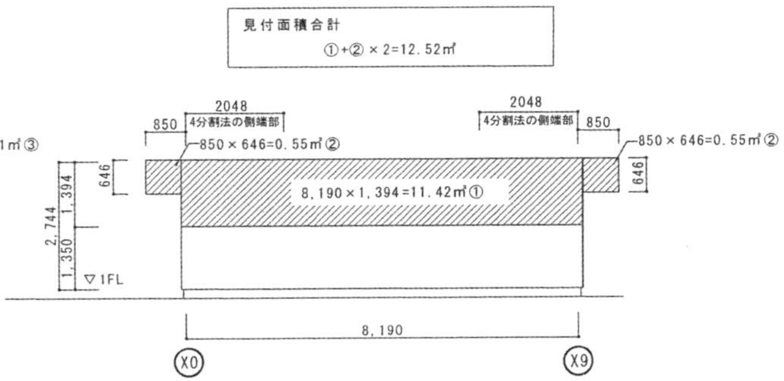

南北方向に対する立面図　1：100

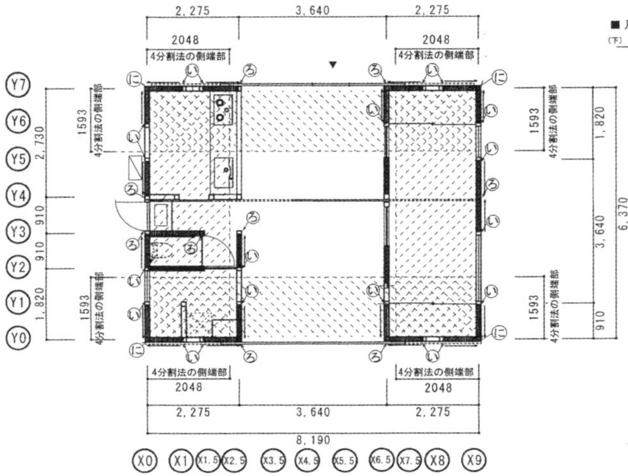

■凡例

(下)(上)耐力壁　30×90　木材筋交い　ハッチ部分耐力壁　1.5倍

ハッチ部分：4分割法の側端部

告示金物　別紙表参照
出隅部分は　㋥　その他の部分は　㋑㋺

住所○○○○○○○○○○ ○○○○○○○○○○○○○○ 畠山　悟　印	畠山邸	新築工事
	筋交い計算見付面積図	1：100

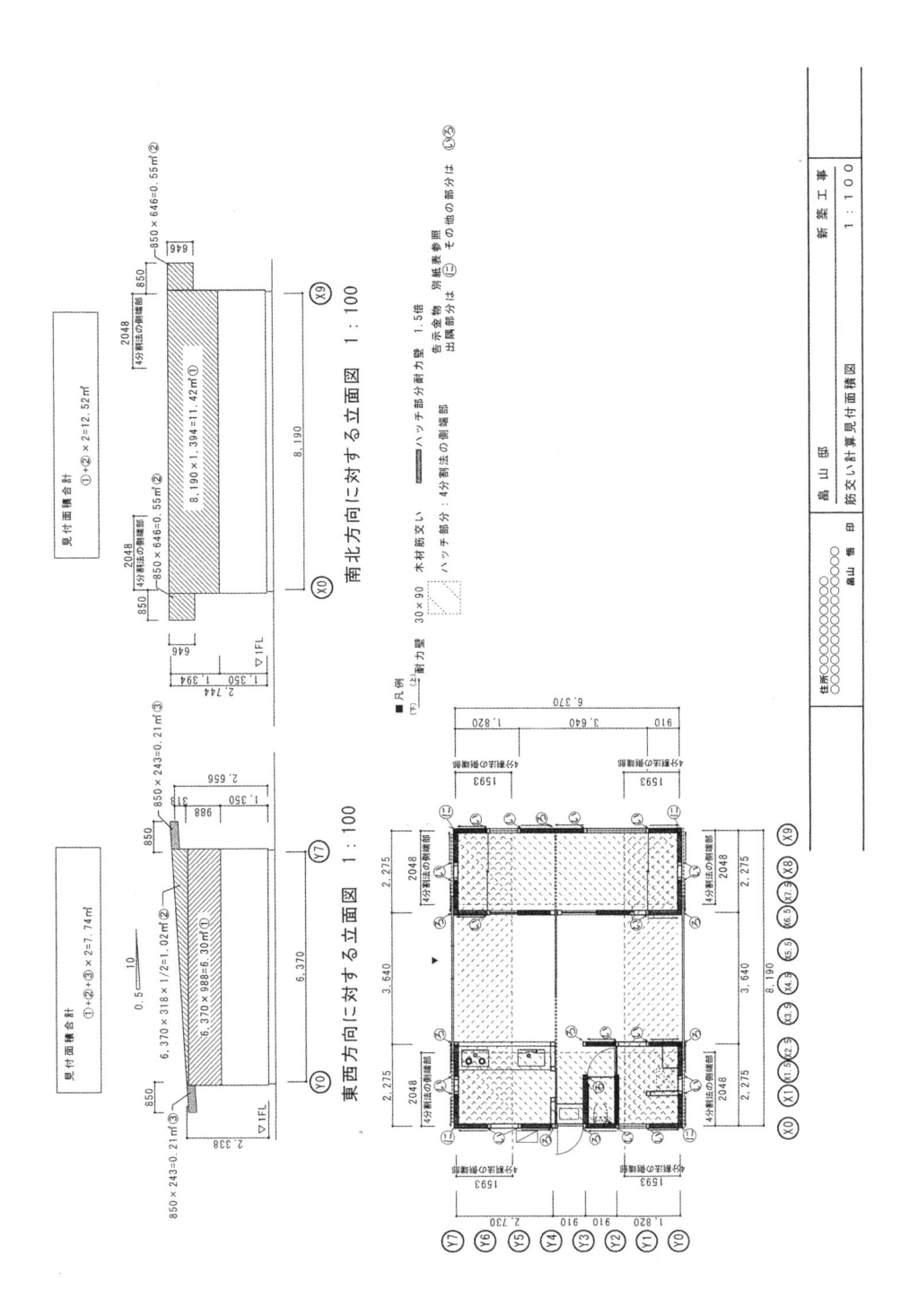

国土交通省告示　1460 号

木造の継手及び仕口の構造方法を定める件	国土交通省告示

表1（平屋部分又は最上階の柱）

<table>
<tr><th colspan="2">軸組の種類</th><th>出隅の柱</th><th>その他の軸組端部の柱</th></tr>
<tr><td colspan="2">木ずりその他これに類するものを柱及び間柱の片面 又は両面に打ち付けた壁を設けた軸組</td><td>表3(い)</td><td>表3(い)</td></tr>
<tr><td colspan="2">厚さ1.5cm以上幅9cm以上の木材の筋かい又は径9mm以上の鉄筋の筋かいを入れた軸組</td><td>表3(ろ)</td><td>表3(い)</td></tr>
<tr><td rowspan="2">厚さ3cm以上幅9cm以上の木材の筋かいを入れた軸組</td><td>筋かいの下部が取り付く柱</td><td>表3(ろ)</td><td>表3(い)</td></tr>
<tr><td>その他の柱</td><td>表3(に)</td><td>表3(ろ)</td></tr>
<tr><td colspan="2">厚さ1.5cm以上幅9cm以上の木材の筋かいをたすき掛けに入れた軸組又は径9mm以上の鉄筋の筋かいをたすき掛けに入れた軸組</td><td>表3(に)</td><td>表3(ろ)</td></tr>
<tr><td rowspan="2">厚さ4.5cm以上幅9cm以上の木材の筋かいを入れた軸組</td><td>筋かいの下部が取り付く柱</td><td>表3(は)</td><td rowspan="2">表3(ろ)</td></tr>
<tr><td>その他の柱</td><td>表3(ほ)</td></tr>
<tr><td colspan="2">構造用合板等を昭和56年建設省告示第1100号別表第1(1)項又は(2)項に定める方法で打ち付けた壁を設けた軸組</td><td>表3(ほ)</td><td>表3(ろ)</td></tr>
<tr><td colspan="2">厚さ3cm以上幅9cm以上の木材の筋かいをたすき掛けに入れた軸組</td><td>表3(と)</td><td>表3(は)</td></tr>
<tr><td colspan="2">厚さ4.5cm以上幅9cm以上の木材の筋かいをたすき掛けに入れた軸組</td><td>表3(と)</td><td>表3(に)</td></tr>
</table>

印

木造の継手及び仕口の構造方法を定める件	国土交通省告示

表3

(い)	短ほぞ差し、かすがい打ち又はこれらと同等以上の接合方法としたもの
(ろ)	長ほぞ差し込み栓打ち若しくは厚さ2.3mmのL字型の鋼鈑添え板を、柱及び横架材に対してそれぞれ長さ6.5cmの太め鉄丸くぎを5本平打ちとしたもの又はこれらと同等以上の接合方法としたもの
(は)	厚さ2.3mmのT字型の鋼鈑添え板を用い、柱及び横架材にそれぞれ長さ6.5cmの太め鉄丸くぎを5本平打ちしたもの若しくは厚さ2.3mmのV字型の鋼鈑添え板を用い、柱及び横架材にそれぞれ長さ9cmの太め鉄丸くぎを4本平打ちしたもの又はこれらと同等以上の接合方法としたもの
(に)	厚さ3.2mmの鋼鈑添え板に径12mmのボルトを溶接した金物を用い、柱に対して径12mmのボルト締め、横架材に対して厚さ4.5mm、40mm角の角座金を介してナット締めしたもの若しくは厚さ3.2mmの鋼鈑添え板を用い、上下階の連続する柱に対してそれぞれ径12mmのボルト締めとしたもの又はこれらと同等以上の接合方法としたもの
(ほ)	厚さ3.2mmの鋼鈑添え板に径12mmのボルトを溶接した金物を用い、柱に対して径12mmのボルト締め及び長さ50mm、径4.5mmのスクリュー釘打ち、横架材に対して厚さ4.5mm、40mm角の角座金を介してナット締めしたもの又は厚さ3.2mmの鋼鈑添え板を用い、上下階の連続する柱に対してそれぞれ径12mmのボルト締め及び長さ50mm、径4.5mmのスクリュー釘打ちとしたもの又はこれらと同等以上の接合方法としたもの
(へ)	厚さ3.2mmの鋼鈑添え板を用い、柱に対して径12mmのボルト2本、横架材、布基礎若しくは上下階の連続する柱に対して当該鋼板添え板に止め付けた径16mmのボルトを介して緊結したもの又はこれと同等以上の接合方法としたもの
(と)	厚さ3.2mmの鋼鈑添え板を用い、柱に対して径12mmのボルト3本、横架材(土台を除く。)布基礎若しくは上下階の連続する柱に対して当該鋼板添え板に止め付けた径16mmのボルトを介して緊結したもの又はこれと同等以上の接合方法としたもの
(ち)	厚さ3.2mmの鋼鈑添え板を用い、柱に対して径12mmのボルト4本、横架材(土台を除く。)布基礎若しくは上下階の連続する柱に対して当該鋼板添え板に止め付けた径16mmのボルトを介して緊結したもの又はこれと同等以上の接合方法としたもの
(り)	厚さ3.2mmの鋼鈑添え板を用い、柱に対して径12mmのボルト5本、横架材(土台を除く。)布基礎若しくは上下階の連続する柱に対して当該鋼板添え板に止め付けた径16mmのボルトを介して緊結したもの又はこれと同等以上の接合方法としたもの
(ぬ)	(と)に掲げる仕口を2組用いたもの

印

建築基準法施行令第46条第4項に基づく筋違計算表(1)

二階建ての一階部分

	南北(下欄は東西方向の数値を記入)	東西(下欄は南北方向の数値を記入)
床面積による必要軸組長さ 小屋裏 Ah/2.1 床面積 52.17 ㎡x 0.11 = 5.7387 屋根軽 0.11 m/㎡ 屋根重 m/㎡	東西方向見付面積による必要壁量 7.74 ㎡x 0.5 m/㎡= 3.87 m 南側端必要壁量 1.593 mx 8.19 mx 0.11 m= 1.435 mx mx m= mx mx m= 合計 1.435 北側端必要壁量 1.593 mx 8.19 mx 0.11 m= 1.435 mx mx m= mx mx m= 合計 1.435	南北方向見付面積による必要壁量 12.52 ㎡x 0.5 m/㎡= 6.26 m 東側端必要壁量 2.048 mx 6.37 mx 0.11 m= 1.435 mx mx m= mx mx m= 合計 1.435 西側端必要壁量 2.048 mx 6.37 mx 0.11 m= 1.435 mx mx m= mx mx m= 合計 1.435

壁、軸組の種類					東西方向の壁長		存在壁量						南北方向の壁長		存在壁量					
							南側			北側					東側			西側		
材種	厚さ	幅	軸組長	倍率	箇所	有効軸組長	箇所	有効軸組長	壁量充足率	箇所	有効軸組長	壁量充足率	箇所	有効軸組長	箇所	有効軸組長	壁量充足率	箇所	有効軸組長	壁量充足率
木材	3	9	0.91	1.5	8	10.92	4	5.46		4	5.46		12	16.38	4	5.46		4	5.46	
襷がけ	3	9	0.91	3		0		0			0									
木材	4.5	9	0.91	2		0		0			0									
襷がけ	4.5	9	0.91	4		0		0			0									
木材	3	9	1.365	1.5	1	2.048		0	3.80		0	3.80					3.80			3.80
						0		0			0									
						0		0			0									
						0		0			0									
						0		0			0									
合計					Ok	12.97	ok	5.46		ok	5.46		ok	16.38	ok	5.46		ok	5.46	
判定							壁比率	1≧0·5　OK							壁比率	1≧0.5 OK				

住所〇〇〇〇〇〇〇〇〇〇〇〇〇〇〇〇〇〇
〇〇〇〇〇〇〇〇〇〇〇

畠山　悟　　　　　　　　印

居室毎時の機械換気設備(第3種換気)※換気経路でない納戸・収納は対象外

換気計算表

階段	室名	床面積(m2)	平均天井高(m	気積(m3)	換気種別	自然吸気	換気機による 排気量(A)(m3/h)	換気回数(n)
1階	居間	26.08515	2.2975	59.93				
	台所	6.21075	2.2	13.66		1ヶ所		
	寝室	14.49175	2.144	31.07	第3種換気方式 (自然吸気及び 機械排気)		97	
	浴室・脱衣室	4.1405	2.185	9.05				
	便所	1.24215	2.2529	2.80				
				0.00				
	合計			116.51			97	0.833 OK

採光・換気算定表①

窓の記号	窓の種類	有効採光(窓面積)		有効換気面積		室名	床面積
		W	× H	窓面積	×有効面積		
A	引き分け	3.5	2.458	8.603	1	居間 厨房	32.2959
		=	8.603	=	8.603		
D	横滑り	1.6	0.75	1.2	1	寝室	14.4918
		=	1.2	=	1.2		

採光・換気算定表②

窓の記号	a必要採光面積 居室面積×係数		b有効採光面積 窓面積×算定値(採光補正係数)		判定 a≦b	c必要換気面積 居室面積×係数		d有効換気面積	判定 c≦d
A	32.2959	1/7	8.603	3		32.2959	1/20		
	=	4.614	=	25.809	OK	=	1.615	8.603	OK
D	14.49175	1/7	1.2	3		14.49175	1/20		
	=	2.070	=	3.6	OK	=	0.725	1.2	OK

採光補正係数	開口部 Aの算定値	14.3/1.514*10-1	=	93.452	>3 算定値 3
採光補正係数	開口部 Dの算定値	3.156/1.541*10-1	=	19.480	>3 算定値 3

住所○○○○○○○○○○○○○○○○○○
○○○○○○○○○○○

畠山 悟 印

■ 排気機による有効換気量計算シート FY-12PFE8D + FY-MCX062

有効換気量	(m^3/h)	97	計算径路	
			管理NO	

			部屋名
			本体吸込
1次ダクト	風量 Q (m^3/h)	(1)	97.00
	基準風量 Qs (m^3/h)	(2)	240
	ダクト径 D (m)	(3)	0.150
	基準動圧 Pv (Pa)	(4)	8.61
	ダクト長さ L (m)	(5)	0.00
	摩擦係数 λ	(6)	0.020
	曲がり部の ζ (R/d)=1	(7)	0.22
	曲がり部の個数	(8)	0
(イ)	=[(6)×(5)/(3)+(7)×(8)]×(4)×[(1)/(2)]^2		0.00
屋外端末	屋外端末 ζ	(9)	1.60
(ロ)	=(9)×(4)×[(1)/(2)]^2		2.25
	Pr=(イ)+(ロ)		2.25

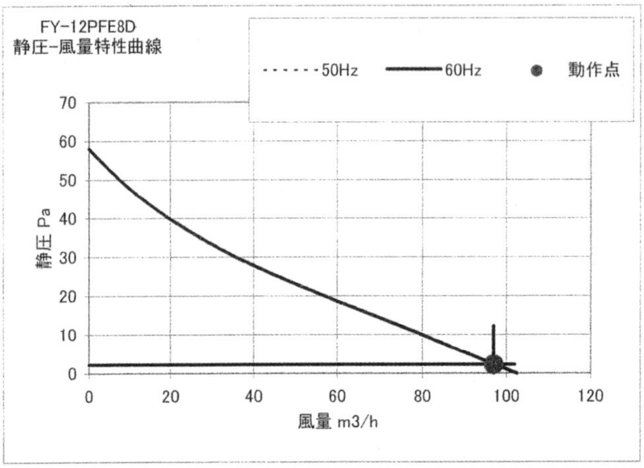

最大圧力損失

2.25 Pa

有効換気量

97.00 m^3/h

運転モード
60Hz強弱なし

※ﾊﾟｲﾌﾟﾌｧﾝの静圧-風量特性曲線には、塩ビ管0.3mの抵抗を含んでいます。(社)日本電機工業会規格(JEM 1386より)

※本計算は建築基準法及び施行令等(シックハウス対策)に基づいた計算値です。
実際の風量は住宅性能、設置条件により異なる場合があります。

パナソニック エコシステムズ株式会社 換気扇

印

■仕　様

定格	1φ　100V	
機能	排　気	
周波数（Hz）	50	60
消費電力（W）	6.7	7.9
電流（A）	0.071	0.081
風量（m^3/h）	103	103
騒音（dB）	31	31
質量（kg）	1.04	
適用パイプ：呼び径	φ150	
電動機形式	2極開放形コンデンサー誘導電動機	
定格時間	連　続	
絶縁階級	E　種	
捲線温度上昇	75K以下	
基準周囲温度	−10〜40℃	
絶縁抵抗	1MΩ以上（d.c.500V）	
絶縁耐力	a.c.1000V　1分間	

(注) 測定数値は静圧0Paにおけるものです。
測定は日本工業規格（JIS C9603）の方法によるものです。

■静圧−風量特性曲線

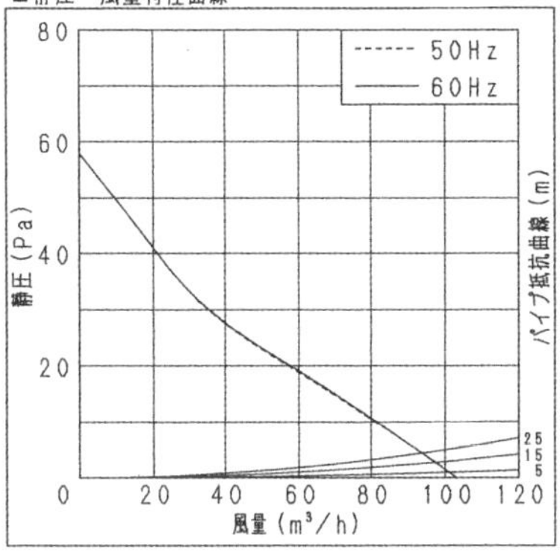

■付属品

付属品名	数量
取扱説明書	1
工事説明書	1
本体固定用ねじ	2

■専用取付部材（別売）

パイプセット（パイプ壁取付用）
FY-PAP061
をご使用頂くと，施工がさらに簡単になります。

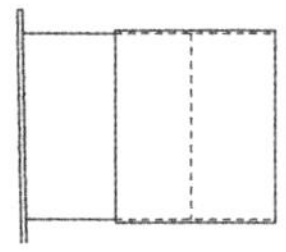

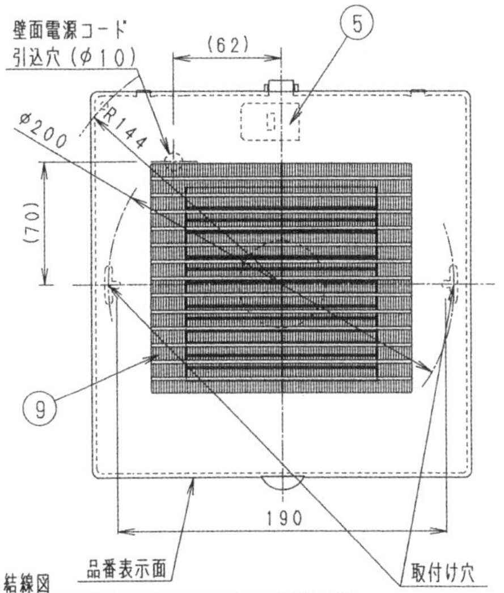

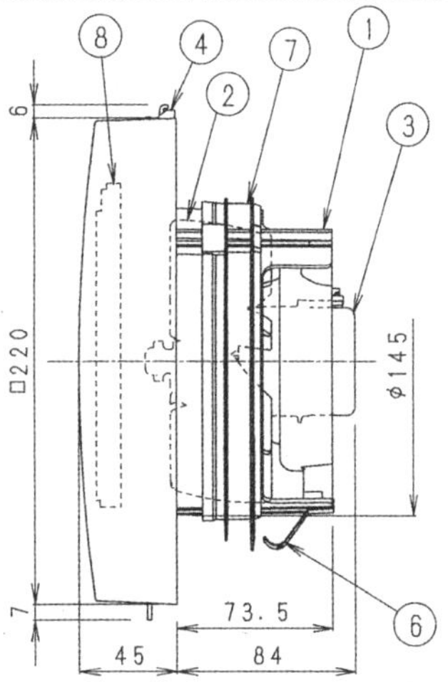

■結線図

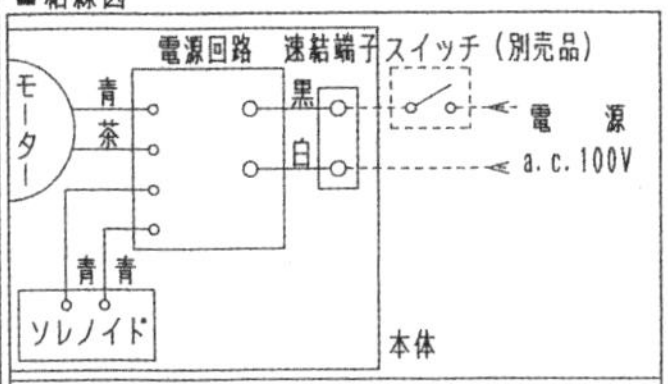

スイッチ（別売品）：FY-SV05W，FY-SV05WC

ルーバー開口面積：126cm^2

	品名	材質	数量	備考
1	フレーム	PP樹脂	1	色：黒
2	羽根	PP樹脂	1	色：黒
3	モーター		1	
4	ルーバー	PP樹脂	1	マンセル値3.2Y8.9/0.6
5	速結端子		1	電源用
6	取付ばね	ステンレス	1	
7	気密リング	エラストマー	1	
8	自動シャッター	ABS樹脂	1	電気式
9	フィルター	PP樹脂	1	マンセル値3.2Y8.9/0.6

・必要壁厚は組み合わせる外壁面用部材により異なります。
・パイプ施工時，パイプは必ず屋外側に勾配をもうけてください。
・壁面・天井面どちらにも取り付けできます。

単位：mm

参考　相当隙間面積αA＝2.4cm^2（停止時）

名称				品番	
パイプファン（居間・トイレ・洗面所用）				FY−12PFE8D	
作成年月日	'07.　1.16	尺度	図面整理番号	DJ−385	改訂NO.
改訂年月日	'08.10.　1	Free			1
パナソニック エコシステムズ株式会社					

サイズA4

印

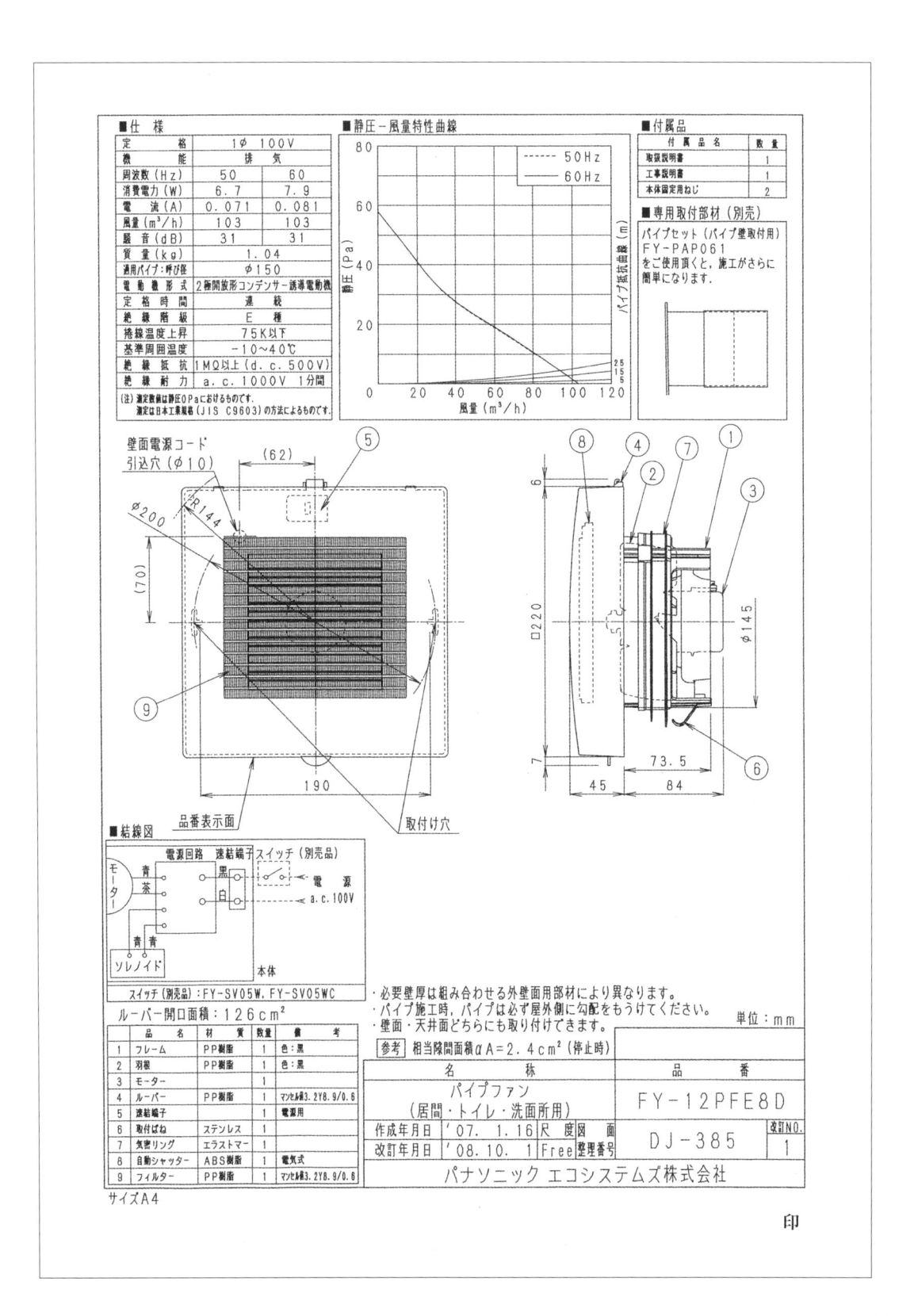

内部仕上表

室名	床 仕上 下地	床 厚 厚	巾木 仕上	巾木 H	巾木 厚	壁 仕上 下地	壁 厚 厚	天井 仕上 下地	天井 厚 厚	備考
1階　浴室　脱衣室	ｺﾝｸﾘｰﾄ仕上げ　規制対象外	150				板張り・プラスターボードの上和紙張り 一部　タイル　規制対象外(F☆☆☆☆)	12.5	シナベニヤ ｹｲｶﾙの上塗装　規制対象外(F☆☆☆☆)	6	
トイレ	ｺﾝｸﾘｰﾄ仕上げ　規制対象外	150				ﾌﾟﾗｽﾀｰﾎﾞｰﾄﾞの上和紙張り 一部　タイル　規制対象外(F☆☆☆☆)	12.5	シナベニヤ 規制対象外(F☆☆☆☆)	6	
厨房	無垢材　無塗装品 根太なし　直貼り　規制対象外	30				板張り・プラスターボードの上和紙張り 一部　タイル　規制対象外(F☆☆☆☆)	12.5	シナベニヤ 規制対象外(F☆☆☆☆)	6	
居間	ｺﾝｸﾘｰﾄ仕上げ　規制対象外	150				板張り　規制対象外(F☆☆☆☆)	12.5	シナベニヤ 規制対象外(F☆☆☆☆)	6	
寝室	無垢材　無塗装品 根太なし　直貼り　規制対象外	30				板張り・プラスターボードの上和紙張り 規制対象外(F☆☆☆☆)	12.5	シナベニヤ 規制対象外(F☆☆☆☆)	6	

ホルムアルデヒドに関する天井裏等の措置

天井裏等＼室名	全ての居室
1F　小屋	規制対象外材使用
1F　床裏	規制対象外材使用
外壁	規制対象外材使用
間仕切壁	規制対象外材使用

ﾎﾙﾑｱﾙﾃﾞﾋﾄﾞの発散による衛生上の支障がないようにするための構造

種類	機械換気設備(第三種換気)
換気回数	(下記による)
居室出入り口の通気措置	ﾄﾞｱのｱﾝﾀﾞｰｶｯﾄ1cm
機械換気最終設置場所	寝室

外部仕上表

		備考
基礎	鉄筋コンクリート造ベタ基礎	
外壁	防水・透湿シート　通気用横胴ぶち　45×18 板貼り　厚10	
軒裏	シナベニヤ	
外部開口部	木製建具	
屋根	野地板：構造用合板特類　厚24mm	
	アスファルトルーフィング940	
	ｶﾞﾙﾊﾞﾘｭｳﾑｶﾗｰ鋼板　厚0.4mm　瓦棒葺き	

住所○○○○○○○○○○ ○○○○○○○○○○○○○○○ 畠山　悟　印	畠山邸	新築工事
	仕上げ表	1：100

記号	変更履歴	技連番号	年月日	担当
△A				
△B				
△C				
△D				
△E				

付属品

座付ねじ(φ5.1x45)- 4本
排気口 ------ 1個
ふさぎ板 ----- 1個
吊り金具 ----- 2個
ソフトテープ --- 1個

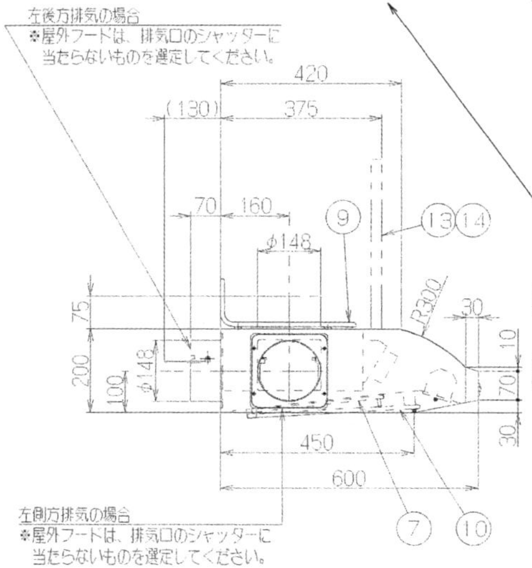

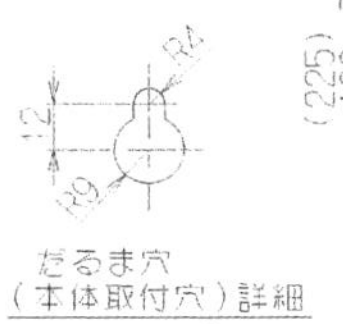

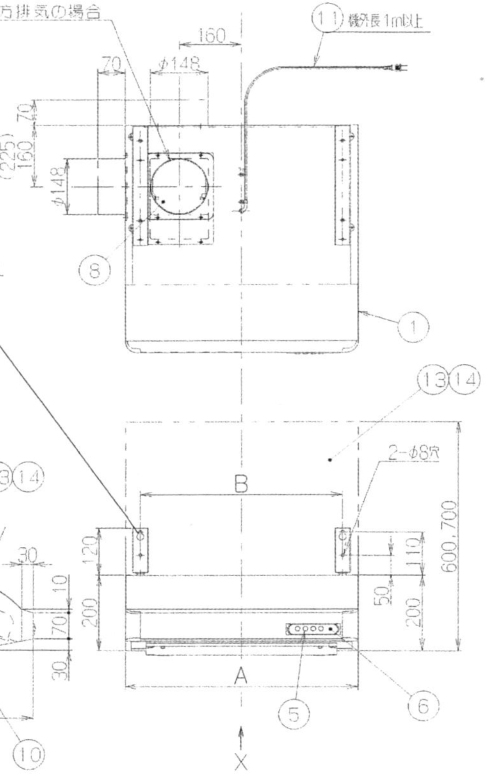

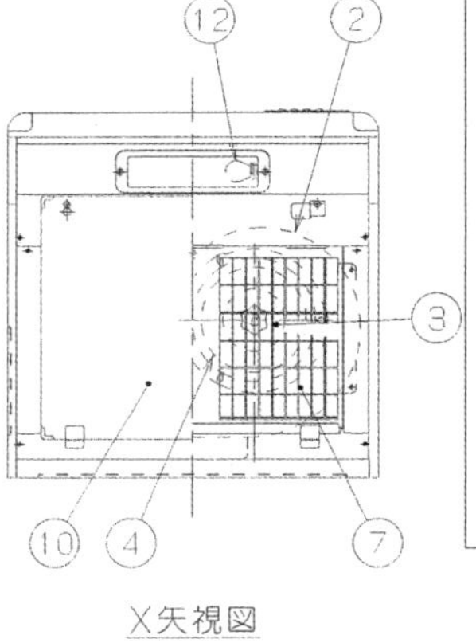

X矢視図

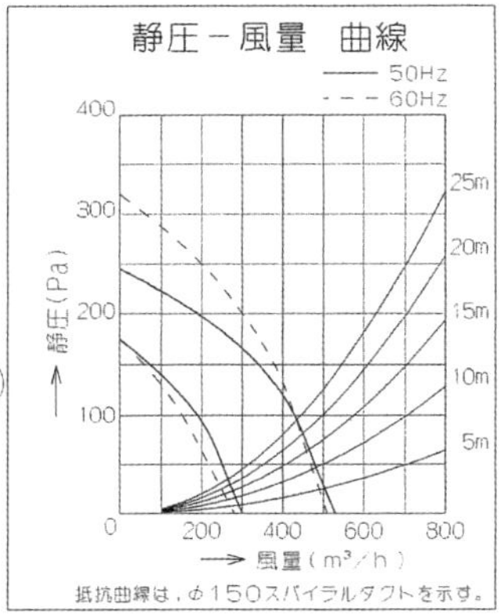

主要部品一欄表

品番	部品名	材質	表面処理	色調
1	フード	亜鉛めっき鋼板	フッ素塗装	表題欄による
2	ケーシング	亜鉛めっき鋼板		
3	モーター	4極コンデンサ誘導電動機E種		
4	羽根	亜鉛めっき鋼板(シロッコファン)		
5	スイッチ	押しボタン式(切，弱，強，照明)		
6	化粧板	ポリカーボネート　バックプリント		
7	フィルター	鋼板製スロットフィルター1層(ファンシークリーン仕上：黒)		
8	排気口	亜鉛めっき鋼板	逆風防止シャッター付	※付属品
9	吊り金具	亜鉛めっき鋼板		※付属品
10	整流板	亜鉛めっき鋼板	ファンシークリーン仕上げ	黒
11	電源コード	プラグ付ビニル平形コード0.75mm²・2心		
12	照明装置	ミニ電球 1ケ付属(100V 40W 口金:E17)		
13	鋼板幕板	亜鉛めっき鋼板(注1)	ポリエステル塗装	※別売部品
14	化粧パネル			※客先手配

(注1)材質は亜鉛めっき鋼板もしくは、カラー鋼板のいずれかとする。

特性表

型名	定格電圧(V)	ノッチ	定格周波数(Hz)	消費電力(W)	風量(m³/h) 0Pa時	風量(m³/h) 100Pa時	騒音(dB)	製品質量(kg)
BFR-3C-601L	100	強	50	95	530	430	45	14
			60	110	510	430	44	
BFR-3C-751L		弱	50	45	300	—	33	16
			60	47	280	—	32	

電動機形式	4極コンデンサー誘導電動機	絶縁抵抗	10MΩ以上(500Vメガー)	耐電圧	AC1000V 1分間	絶縁区分	E種

風量値はJIS C9603 チャンバー法による

B寸法	A寸法	型名	製品コード	色調		区分No.
670	750	BFR-3C-751LSI	13956900	シルバーメタリック(SメタリックC)		KA132
670	750	BFR-3C-751LBK	11964300	ブラック(ブラックFJ)		KA132
670	750	BFR-3C-751LW	11964200	ホワイト(C-202)		KA132
520	600	BFR-3C-601LSI	13956800	シルバーメタリック(SメタリックC)		KA132
520	600	BFR-3C-601LBK	11964100	ブラック(ブラックFJ)		KA132
520	600	BFR-3C-601LW	11964000	ホワイト(C-202)		KA132

作成	2000/ 7/ 6	型名	BFR-3C-601/751L 平型レンジフード(Lタイプ)
更新	2008/10/10	図番	1190082
富士工業株式会社	三角法 尺度 1/10	図名	製品姿図

印

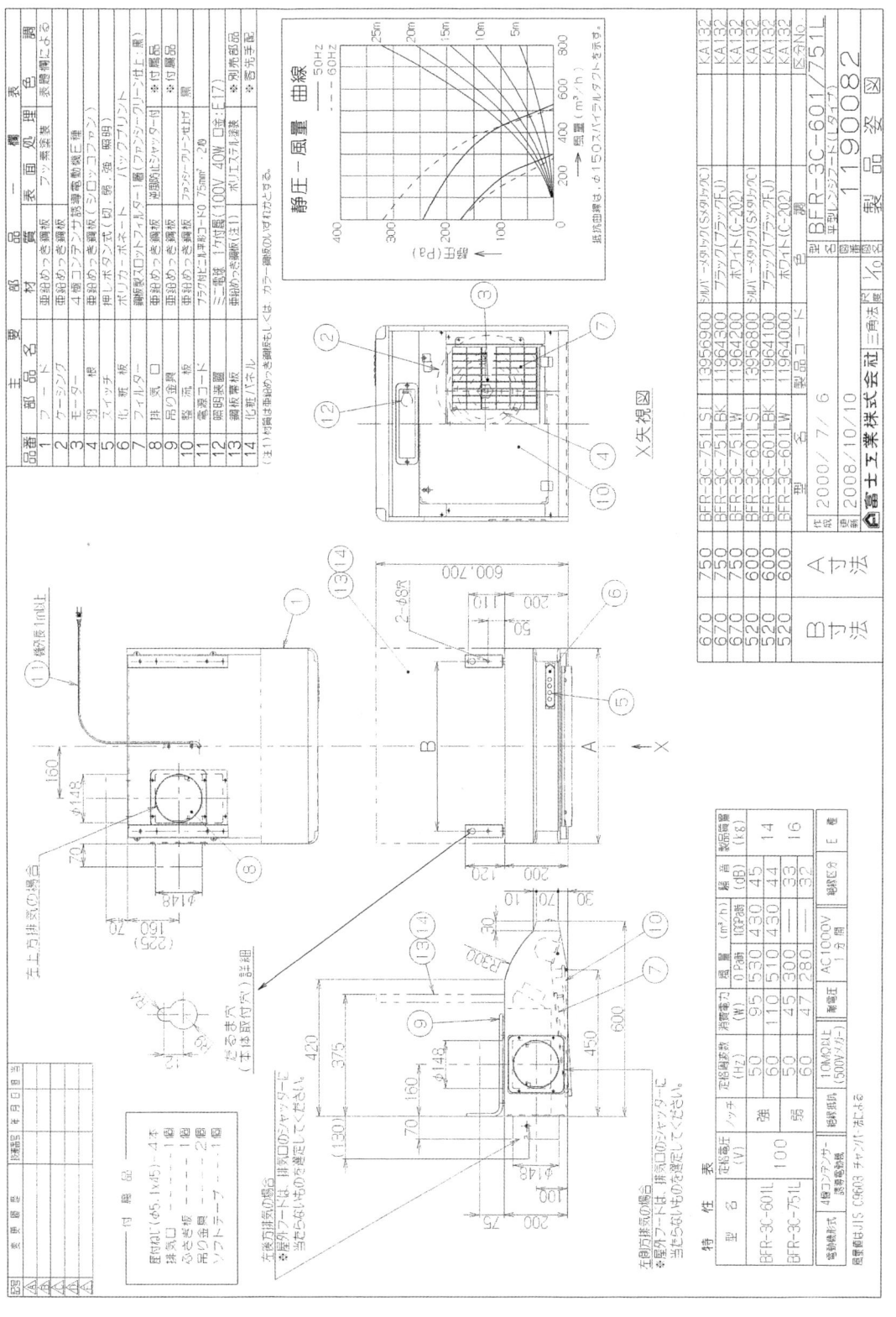

プレカット図面

物件情報

物件番号	09-2648			
氏　名	畠山様邸　柱・土台加工データ＊			
建築場所				
流通コード	AA	基礎高		300㎜
地域名称				1階
建物仕様名	新築工事	階　高		2230㎜
発注者		和室	床　高	0㎜
設計者			天井高	0㎜
入力者	○○		建具取付高	2000㎜
坪　数	22.76坪	洋室	床　高	0㎜
階　数	平屋建		天井高	0㎜
入力日	0000年00月00日		建具取付高	2000㎜
モジュール	910㎜	屋根勾配		0.5

材種名	樹種	等級	材巾×材成
土台	米栂	防腐防蟻処理	105×105
火打土台	米栂	防腐防蟻処理	90×45
大引	米栂	防腐防蟻処理	105×105
梁	ドライビーム	1等	105×105
火打梁	ドライビーム	1等	90×90
管柱（大壁）	杉乾燥	特選	105×105
間柱（大壁）	米松乾燥	1等	105×30
1F筋違	米松乾燥	1等	30×90
窓台	米松乾燥	1等	105×45
窓まぐさ	米松乾燥	1等	105×45

土台伏図

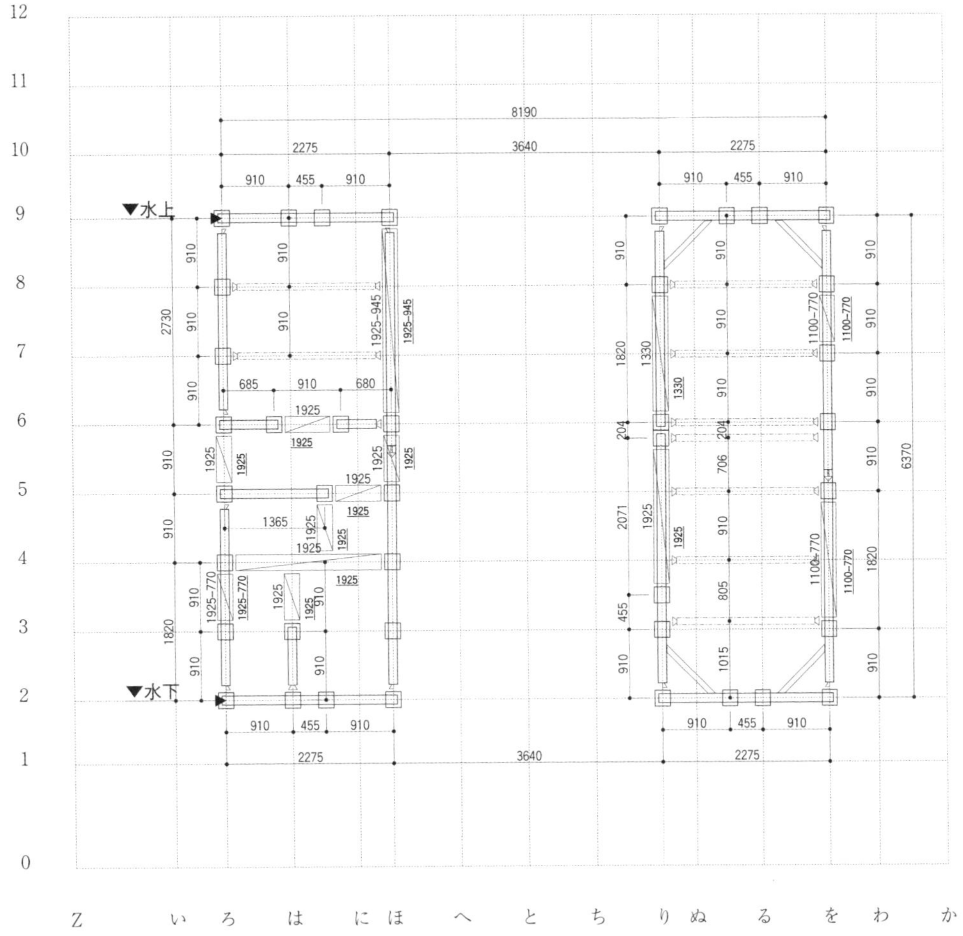

◯土台:米栂防腐 105角
◯大引:米栂防腐 105角
◯火打土台:米栂防腐 90×45
◯管柱(大):杉KD 105角
※羽柄加工:窓台マグサ
※大引き未加工納材:90×90×3m…1本
※未加工納材
・間柱・筋かい・仮筋
・基礎パッキン(KP-100→1ケース)
◯1F階高:2,230mm(土台天～小屋梁天)

母屋伏図

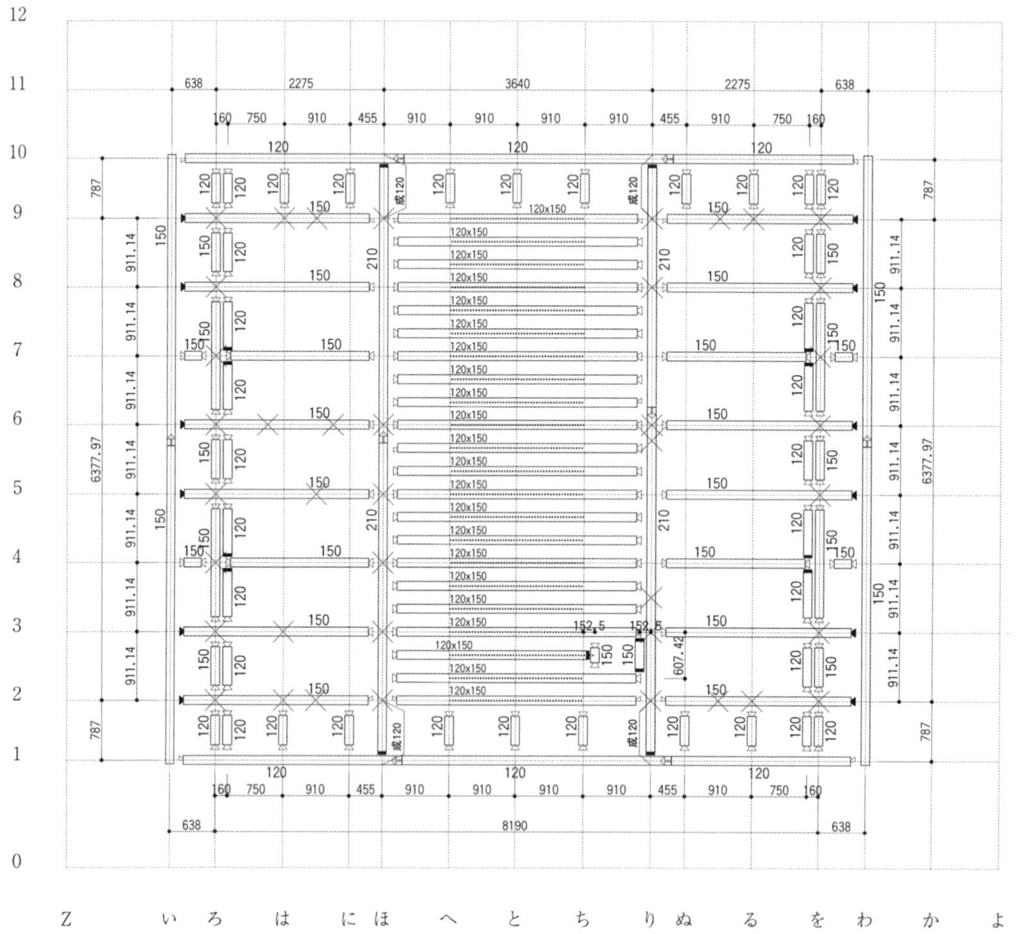

◯屋根勾配:0.5寸
◯梁・桁:米松KD 105巾
◯軒の出:787mm (梁芯～梁心)
◯妻の出:638mm (梁芯～梁心)
※野地板加工:910×1,820×24(実付)
※野地の出
軒先(水平):軒の出+70mm
妻先:妻の出+60mm
※梁天間柱欠き:105×45×9 @303
(点線部分以外全て)
※梁下端間柱欠き:105×30 @455.57
(1F壁部分)

家づくりにかかった費用

基礎工事

単位：円

砕石〈1台分〉	14,000
土間シート	6,760
鉄筋	50,000
基礎コンクリート	184,275
型枠リース料	30,000
ランマーリース料	3,000
ワイヤーメッシュ	1,800
犬走りコンクリート	33,000
犬走り砕石	5,000
差金アンカー	2,480
ケミカルアンカー〈2個〉	819
バラ板 貫板〈4m×12mm ×57mm 2束〉	4,620
水糸	310
コンクリートドリル	736

コンクリートビス	580
結束線	180
アンカーボルト M12	830
丸釘	200
番線	456
寸切りボルト3/8	1,320
寸切りボルト1/2	436
座金	1,254
ナット	409
振動ドリルリース	500
その他	9,226
基礎工事 小計	352,191

木　材

プレカット構造材	
土台・柱・梁	
間柱・筋かい	
窓台・まぐさ	
野地板・仮筋かい	
基礎パッキン・金物	927,655
その他	
杉板 破風板〈4m×35mm ×165mm 8本〉	14,557
杉板 破風板〈3m×35mm ×165mm 6本〉	8,177
杉材 外壁胴縁〈4m×18mm ×45mm 60本〉	17,010

杉材 壁下地材〈4m×35mm ×35mm 45本〉	15,592
杉柱〈3m 105mm角 4本〉	9,660
米松〈4m×30mm ×105mm 3本〉	3,055
杉材〈4m×40mm ×40mm 1束〉	2,520
赤松 胴縁〈4m×18mm ×45mm 4本〉	1,272
構造金物	
筋かい金物・柱梁金物等〈一式〉	18,949
木材 小計	1,018,447

その他の建材

針葉樹合板実付〈厚24mm 16枚〉	26,530
カネライト断熱材〈厚50mm 14枚〉	36,225
グラスウール〈16kg㎥ 7本〉	47,040
見切り（幅木）〈17本〉	1,785
コンパネ〈厚12mm 4枚〉	4,546
ラワンベニヤ〈2.5mm 3尺×6尺 1枚〉	735
杉板〈4m×35mm ×200mm〉	1,890
シナベニヤ〈4mm 3尺×6尺 62枚〉	64,393
シナベニヤ〈4mm 1m×2m 8枚〉	16,800
石膏ボード〈12.5mm 3尺×6尺 1枚〉	388
石膏ボード〈12.5mm 3尺×8尺 13枚〉	7,780
耐水石膏ボード〈12.5mm 3尺×8尺 5枚〉	5,670
桧材	1,244
焼杉〈2箱 幅135 厚10〉	23,100
杉板 外壁〈23束〉	210,015
内装 漆喰〈4袋〉	7,560
プライマー〈3kg×2個〉	3,990
壁下地 パテ〈一式〉	3,000
グラスファイバーテープ〈1本〉	1,575
米栂〈1.82m×12×12 11本〉	2,398

米栂〈0.91×6mm×24mm 2本〉	256
杉板〈1.82m×12mm×30mm 5本〉	1,490
杉板	1,510
防水テープ 両面〈3個〉	2,972
防水テープ 片面〈8個〉	6,432
透湿防水シート〈1本〉	3,480
水性ペイント（白）〈1個〉	598
外壁塗料〈1缶〉	34,400
刷毛	1,268
ヘラ	248
マスカー	533
マスキングテープ	380
塗料カップ	95
缶 塗料入物	198
薄め液 ラッカー	448
薄め液 ペイント	298
ローラー	1,788
その他の建材 小計	523,058

家具・建具

外部注文建具〈一式 建具8本〉	200,000
内部注文建具〈8本〉	104,000
金物代〈一式〉	144,107
家具下地等〈一式〉	89,712
フラッターレール〈5本〉	3,858
スライド丁番〈12個〉	2,890
網戸用 網〈一本〉	4,000
和紙	11,400
でんぷん糊	264
回転ピン	260
運搬費	10,000
その他	2,100
家具・建具 小計	572,591

給排水

Vu φ50	3,551
Vu φ100	7,744
Vu φ150〈2m〉	3,548
排水枡 90Y〈2個〉	4,180
排水枡 45Y	2,702
排水枡 90L	2,009
桝蓋〈5個〉	3,465
断熱パイプカバー〈13mm用 2m 5個〉	2,886
給水本管分岐工事〈一式〉	135,000
配管止め金具	1,500
HIVP給水管〈13mm 3個〉	2,191
HI・HTボンド	1,438
HT給湯管	15,893
水道用シールテープ	146
HIVPソケット〈13mm〉	48
化粧バルブ	1,450
フリーチューブ管〈2本〉	870
その他	25,483
給排水 小計	214,104

水まわり

接着剤入りモルタル〈2缶〉	15,120
薄塗りモルタル〈3袋〉	4,095
セメント〈3袋〉	1,024
砂〈8袋〉	1,874
耐水合板〈7枚〉	12,127
浴室照明	1,880
シャワー水栓セット	25,032

FRP・硝子マットプライマー共〈一式〉	20,785
セメントレンガ〈4個〉	200
タッピングビス	298
ワントラップ	1,280
タイル	7,224
タイル目地	1,533
タイルボンド	3,180

キッチン天板	70,350

レンジフード換気扇	44,100
キッチン水栓	15,750
止水栓	5,880
トイレ便器	104,000
洗面排水金物	3,843
洗面器	15,000
洗面塗装	2,100
洗面水栓	12,530

洗面止水栓	5,395
ダクトφ150	2,730
洗濯機水栓	1,280
洗濯機排水トラップ	2,580
丸型フード〈3個〉	3,240

水まわり 小計	384,430

※給湯器はもらい物のため、今回の費用には入っていない

屋　根

アスファルトルーフィング〈5本〉	12,700
屋根瓦棒葺〈一式〉	280,000
煙突工事〈一式〉	3,675

屋根 小計	296,375

電　気

電線VVFケーブル〈2.0mm〉	5,600
電線VVFケーブル〈1.6mm〉	3,100
絶縁ステップル	135
スイッチボックス〈7個〉	406
電線コネクター〈3本用 1箱〉	948
絶縁テープ〈2個〉	96
リングスリーブ	58
ハサミ金具〈2個〉	146
スイッチ〈7個〉	2,056
スイッチダブル〈4個〉	2,184
ダブルコンセント〈8個〉	1,985
トリプルコンセント〈2個〉	716
シングルコンセント〈4個〉	779
防水コンセント〈2個〉	1,760

コンセントカバープレート〈14個〉	1,345
取り付け枠金具〈1個〉	52
LED電球〈1個〉	2,980
LED電球 スポットライト〈2個〉	3,295
照明器具 ダウンライト〈8個〉	17,200
スポットライト〈1個〉	2,550
軒下ダウンライト〈1個〉	3,350
パイプファン〈1個〉	5,480
パイプファン〈1個〉	6,090
分電盤〈1個〉	14,720
電源接続及び電源引込工事 メーターボックス等〈一式〉	29,400

電気 小計	106,431

雑費

確認申請	18,000
中間検査	23,000
完了検査	23,000
仮設電気申請	12,075
仮設電気料金	2,683
水道加入金	39,900
水道料金	976
レンガ 浄化槽〈2個〉	156
スライドボックス〈15個〉	1,050
軍手	614
釘	1,912
ラス〈4枚〉	756
モルタル埋込定規〈5本〉	514
防食テープ	1,596
マスク	198
ビス	10,680
紙やすり	108
塩ビ用のこぎり	1,296
エースクロス	548
墨汁	100
のこぎり刃	1,451
ボードやすり	2,180
ボード面取り	980
カッター刃	396
アンカー〈39個〉	800
アンカー打ち棒	1,180
ビット	3,426
六角ナット	710
ステップル	520
セメダインボンド	275
かすがい	115
コーキングプライマー	598

コーキング〈6本〉	3,472
マスキングテープ	490
カッター	256
パイプレンチ	1,780
ボンド系	4,088
ポリ袋	128
金折金物	512
害虫駆除	698
基礎石	810
砥ぎ石	520
ロングあおり止め	416
中塗りこて	420
電気丸のこぎり	11,800
墨つぼ	1,764
インテリアバール	880
グラインダー	4,560
フィニッシュネイル	2,620
エンジンオイル〈バイク用〉	880
洗剤	1,554
白木ワックス	790
アリの巣コロリ	498
ブルーシート	398
グラインダー刃	190
ダイヤモンドカッター	1,980
養生テープ	928
水平器	980
ほうき	398
機械リース	10,000
ごみ処分	10,000
ガソリン代	25,257
その他	27,431
雑費 小計	268,291

総合計 3,735,918円

2009年現在。浄化槽は含まず

あとがき

プーライエを訪ねて

東京に来ることなんてめったにない。田舎暮らしをしている僕には、東京は宇宙に行くくらい遠い存在です。

僕は東京・新宿のリビングデザインセンターOZONEで行われたイベント「週末みんなでつくる家」に参加するために上京しました。このイベントでは、展示期間中に一般の人たちとのワークショップで小さな家（のようなもの）を建てるというもので、イベント後には解体した木材を宮城県石巻市で再構築し、ブックカフェとして活用するという計画で行われました。

この会期中に鯨井勇さんにお会いしました。鯨井さんは39年前にセルフビルドで自分の家を建て、ずっと建築の設計をされている方です。しかもお宅に訪問させていただくことになりました。『昭和住宅メモリー　そして家は生き続ける。』（エクスナレッジ刊）という本で拝見していましたが、まさか実際に伺えるなんて、夢にも思ってみませんでした。

「プーライエ」というその家は、東京の西のほうにあります。電車で向かいながら胸が高鳴ってきました。セルフビルドということで、どこかつながっているのでしょうか、うれしくなります。もう少しきれいな恰好で来たほうがよかったのかなぁ。

駅を降りるともう夕暮れで、社会科見学に向かう小学生のような軽い足取りで坂道を上がります。着いたら、まずは家の周りを一周。「煙突があるからストーブか暖炉があるんだな」なんて家や屋根の形を見て想像します。窓からは白熱灯の温かな明かりがぼんやりと灯り、なんだかシチューが食べたくなりました。玄関のドアが開かれると、外の空気がなんだか変わったような不思議な気分です。

玄関から階段を上がりきると食卓に到着します。スピーカーからはジャズが流れています。ビル・エヴァンスの音楽がいっそう黄昏を深くします。外から見た白熱灯がこれだったのです。手づくりの照明がいろいろな影をつくり、落ち着いた明るすぎない「ほどよい暗さ」です。探検している気分で、自分の好きな場所を放浪します。

「あった、あった、暖炉」

なんだか満足です。暖炉も鯨井さんご夫妻でつくられたようで、そのときのことを話してくれます。そうそう、これなんです。自分でつくれば、それごとに思い出があって一つひとつ語れるのです。お二人で作業したと聞いて、僕の家ではパートナーと二人で作業して仲が悪くなったことを思い出しました。二人の共同作業とは、お互いが欠けているところを補いながら１つのものをつくっていくこと。それは生きていくうえで不可欠なことのように感じがしてならないのです。

外に出ると庭には畑があり、香味野菜や果物がなっています。ついつい畑を確かめます。僕の家もレモンを植えようかな、いや、真似をしているようだからスダチにしようかな、なんてくだらないライバル心も湧いてきます。それにしても、決して大きすぎず小さすぎない「ほどよい大きさ」の庭。心地よい大きさとは、こんな感じなのかな。

畑から見ると家には梯子が付いていて、屋上のベランダに上がれます。鯨井さんも一緒に上がって、ここから見える景色とこの家について、ぽつりぽつりと語ってくれます。富士山が見えるのに感動して、後ろを振り返れば東京タワーやスカイツリーまで見える。ここにいたら、もう東京観光はしなくていいなぁ、なんて思いました。

家のなかに戻って、探検を続けます。1階の床下にある小さなアトリエには子どものように気持ちがワクワクします。一人入れるだけの隠れ家的空間。ここに座り込んでいれば外界からちょっと離れることができて、いろ

プーライエの屋上に上がっていく、なんともへっぴり腰な僕。左が香味野菜などを育てている庭で、いろいろな料理が楽しめそう。白熱灯の光が心地よく、家の暖かさを感じます♠

■プーライエ外観

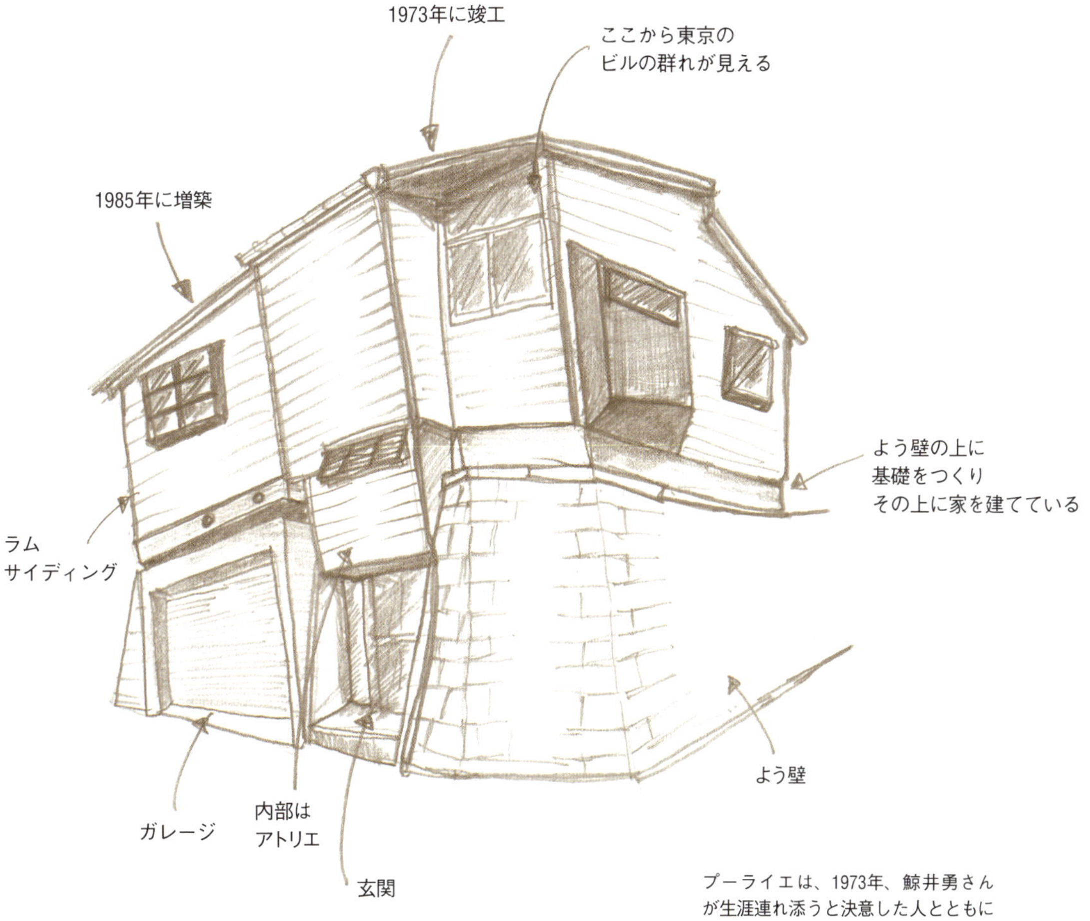

プーライエは、1973年、鯨井勇さんが生涯連れ添うと決意した人とともにセルフビルドでつくった家。木造1階＋ロフト。解体現場からもらってきた木材を使い、宅地造成地の石段を内部にすっぽり取り込んでしまったユニークな家。

んな創造ができそうな気がします。鯨井さんのパートナーの佳子さんが料理をされているキッチンをのぞかせてもらいます。料理好きな僕なので、キッチンは是非見ておきたいのです。こまごました道具などが乱立することなく、こざっぱりとしていて、ここも「ほどよい広さ」です。

料理の匂いがしてきます。鯨井さんは早々とワインの栓を抜いています。ありがたき幸せ。僕はすっかりここになじんでしまい、ついついあつかましくなってしまいます。なにより佳子さんの自然な振舞いは、周りの人たちの肩の力をやんわりとほぐしてくれます。落ち着きます。料理を運ぶのを手伝えばよかった。そうすればここで生活している感触が味わえたかもしれません。そうして悪さをして佳子さんに叱られたら、もっと幸せな気分になるに違いない、と勝手な妄想をふくらませます。

ほどよい、ホドヨイ…。すべてが大きすぎることなく、かといって小さくて不便でもなく、ほどよいのです。

この家が使われ始めて、もう39年。僕と同じくらいの歳です。プーライエと僕の家が生まれた時代は違うけれども、その根底にある部分はどこか共通するところがあって、親しみを感じずにはいられません。家は建てられた瞬間から、建て主と一緒に歳をとっていき、そこで行われるできごとの記憶が染みついていきます。「彼」はただ黙って住んでいる人々を見守っているのです。楽しいことも悲しいことも、すべて受け入れてくれる。まさに「彼」は生きているのです。

僕の家には、この「ほどよい」感じはあるのだろうか。僕の家もこれからずっと手を入れながら完成に向かっていくのだろうけれど、「ほどよい」感じや住んでいる人との馴染み具合などをつくっていけるだろうか。ただ「家を自分で建てたい」とだけ願っていた20歳くらいのときには想像もつかなかった感触です。僕の家がこの先、どのように変わっていくのか、僕自身もわからない。家が老いていく姿をいとおしく思えるような人間でいたいし、僕自身も歳をとっていくことで「ほどよい」感じを手探りしていきたい、と思うのです。

鯨井さん、佳子さん。お忙しいなか、ほんとうに楽しい時間をありがとうございました。心から感謝しています。

最後になりますが、この本をデザインしてくださった山田達也さんと林慎悟さん、編集をしてくださった中野照子さん、イベントの合間に事務所で作業したのはいい思い出です。現実的に本の企画を立てて、すべてを総括してくださった大須賀順さん、この本を作成するのに協力してくださったすべての皆さんに、心からお礼を申し上げます。

2012年12月　畠山サトル

畠山サトル（はたけやま・さとる）

1974年、京都府生まれ。10代後半に、将来は自分の家をつくろうと思うようになる。「自分の家を自分でつくるぞ」といっても、友だちは冗談だと思っていたようだけど。
それから住宅業界に入り、営業や家のプラン作成、現場監督に明け暮れる。最初のうちは家を建てる思いは持ち続けたものの、仕事がハードになり疲れてくると、そんな夢みたいなことから少し遠ざかっていた。
その頃、あるリフォーム現場でお施主さんと一緒に壁塗りに挑戦。初めてのことでくたくたになったが、なんだか少し心地よい気分になる。若い頃、考えていたことがふつふつと甦《よみがえ》り、とうとう家を建ててしまった。
その家が「住まいの環境デザイン・アワード2012」の住空間デザイン最優秀賞を受賞。このことがきっかけとなり、セルフビルドが大きく広がっていけば、と少しずつ活動を始める。

デザイン和《わ》倶《ぐ》
京都府宮津市

★

350万円で
自分の家をつくる

〔改訂カラー版〕

2015年 2 月 9 日 初版第1刷発行
2015年 4 月13日 第2刷発行
2016年12月13日 第3刷発行
2019年 9 月17日 第4刷発行
2021年 9 月10日 第5刷発行

著者 畠山 サトル
発行者 澤井聖一
発行所 株式会社エクスナレッジ
〒106-0032 東京都港区六本木7-2-26
https://www.xknowledge.co.jp/
問合せ先 編集 Tel 03-3403-1381 Fax 03-3403-1345
info@xknowledge.co.jp
販売 Tel 03-3403-1321 Fax 03-3403-1829